高职高专旅游类专业系列教材

旅游市场营销学

主　编　林绍贵
副主编　赵　鑫　王建平　王　剑

南开大学出版社
天　津

图书在版编目(CIP)数据

旅游市场营销学 / 林绍贵主编. —天津:南开大学出版社,2013.9

高职高专旅游类专业系列教材

ISBN 978-7-310-04261-6

Ⅰ.①旅… Ⅱ.①林… Ⅲ.①旅游市场—市场营销学—高等职业教育—教材 Ⅳ.①F590.8

中国版本图书馆 CIP 数据核字(2013)第 175579 号

南开大学出版社出版发行

出版人:孙克强

地址:天津市南开区卫津路 94 号 邮政编码:300071

营销部电话:(022)23508339 23500755

营销部传真:(022)23508542 邮购部电话:(022)23502200

*

天津泰宇印务有限公司印刷

全国各地新华书店经销

*

2013 年 9 月第 1 版 2013 年 9 月第 1 次印刷

260×185 毫米 16 开本 10.375 印张 264 千字

定价:24.00 元

如遇图书印装质量问题,请与本社营销部联系调换,电话:(022)23507125

前　言

旅游业是21世纪最具活力的朝阳产业，中国也正由世界旅游大国向旅游强国迈进。在旅游业迅速发展的大背景下，我国旅游教育的发展也迎来了新的机遇和挑战。教育部《关于全面提高高等职业教育教学质量的若干意见》(〔2006〕16号文件）颁布以后，我国旅游高等职业教育遵循“以就业为导向、工学结合”的人才培养指导思想，在人才培养模式、专业建设、课程改革、教材建设等方面取得了一系列有突破性的成果。

旅游业的迅速发展，以及旅游市场的进一步拓展，需要旅游人才做支撑，而教材建设是旅游人才教育的基础。但是，已经出版的高职旅游管理教材的高职特色不够明显，还没有真正过渡到以培养学生的专业应用能力为主。一些教材仍是本科教材的改头换面，偏重理论而缺乏实用知识，缺少对学生能力、素质和技能的培养。为了适应高等旅游职业教育的发展，为社会和旅游企业输送更多优秀的旅游人才，旅游教材的建设显得尤为重要。《旅游市场营销》一书正是适应这一需要而编写出版的。

本书内容共分五大部分。

第一部分为第一章，介绍有关市场、市场营销、企业经营理念和旅游市场营销的基础理论知识。第二部分为第二章，介绍旅游市场调研和旅游市场预测的基本理论与方法。第三部分包括第三章至第五章，主要是分析问题，内容包括：旅游市场营销环境分析、旅游者旅游消费行为分析、旅游市场细分与目标旅游市场的选择。第四部分包括第六章至第十章，主要是解决问题，内容包括：旅游市场营销战略；旅游产品策略，旅游产品价格策略，旅游促销策略，旅游产品营销渠道策略。第五部分为第十一章，介绍旅游市场营销的管理。

本教材是根据教育部高职高专旅游管理人才培养的要求编写的，以旅游市场营销知识介绍和旅游营销素质与能力的培养为主导，以基本知识够用为度，突出实用性。具体表现为如下特点：

一是新颖性。本书借鉴整合了营销传播等研究成果，并紧密结合当前旅游业的发展和最新的理论研究成果，增添了不少新的内容和新的营销理念。

二是实用性。本书在教学内容中穿插了较多旅游营销案例，且在项目最后提供了一些思考题和案列，以利于学生更好地理解所学内容，培养学生运用所学知识分析问题和解决问题的能力。

三是专业性。本书力求运用市场营销的基本原理来解决旅游市场营销中的基本问题，在学习中重点突出旅游企业和旅游市场自身的特点。

本书由中州大学管理学院林绍贵老师任主编，确定教材的框架体系和编写大纲。中州大学管理学院赵鑫老师、升达经贸管理学院王建平老师和中州大学管理学院王剑老师任副主编。具体分工如下：林绍贵编写第一、二、七、十章，赵鑫编写第三、四、五章，王建平编写第

六、八、九章，王剑编写第十一章。

本书在编写的过程中广泛借鉴了有关专家、学者的研究成果，在此一并表示诚挚的谢意。由于编者水平所限，书中有不妥之处，敬请各位专家和读者批评指正。

编 者

2013 年 3 月

目　录

第一章　导　论

学习目标

1. 掌握市场与市场营销两个基本概念

2. 了解市场营销学的界定及具体研究对象

3. 了解市场营销学诞生的年代、奠基人和标志性事件

4. 掌握生产观念、产品观念、推销观念、市场营销观念、生态营销观念和大市场营销观念等企业经营观念

5. 了解旅游市场营销学的产生与发展

6. 熟悉学习旅游市场营销的方法

案例导入

学习《旅游市场营销》的好处

小李是某旅游学校旅游管理专业的毕业生，大学毕业后应聘到一家著名的五星级饭店的餐饮部工作，小李不仅形象气质佳，且待人接物落落大方，每天都微笑地面对每一位客人，工作非常积极。一年多就被酒店提拔为销售部市场主管，负责酒店产品的市场开发工作。然而不到一个月小李就高兴不起来，原因是酒店新推出的几个菜品不受顾客欢迎，作为市场主管的小李受到酒店领导的严厉批评。小李回到宿舍将大学所学的《旅游市场营销》一书找出来细细研读了两天后，终于意识到由于在整个新菜品的开发工作中酒店的市场营销工作有些不到位，譬如：前期调研不太认真，对营销环境缺乏分析，新菜品的特色不明显，价格有些偏高，促销不到位等。总结这些问题后，小李接下来针对以上问题重新调整了新菜品的营销方案，很快新菜品的销售额迅速上升。

随着市场经济的不断发展，人们逐步探索出了一些市场营销学的一般原理。但由于行业不同，企业所采取的营销方式亦有所不同，因此，逐渐形成了不同行业的市场营销学。而旅游市场营销学就是将市场营销学的基本原理与旅游企业的具体实践相结合而产生的一门应用学科。

第一节　市场营销与市场营销学

一、市场与市场营销

（一）市场

1. 市场的含义

在市场营销学中，研究市场是从商品的生产者和销售者的角度来认识与理解的，其研究

的主要内容是如何采取有效的措施满足消费者的需求，因此，在市场营销学中，市场是某种产品或服务所有的现实与潜在的购买者的集合，即：

市场＝需求＝买方

2. 市场的分类

从不同的角度可以对市场进行不同的分类：

（1）根据产品或服务的具体用途可将市场分为：生活资料市场、生产资料市场、服务市场、技术市场。

（2）根据购买者的身份和购买者目的的不同可将市场分为：消费者市场、生产者市场、中间商市场、政府市场。

（3）根据市场上商品流通的区域范围可分为：地方市场、国内市场、世界市场。

（4）根据消费者需求的差异不同程度可分为：同质市场、异质市场。

（5）根据市场竞争的状况可分为：完全竞争市场、不完全竞争市场、完全垄断市场、寡头垄断市场。

①完全竞争市场：是指同一产品在市场上有多个卖方和买方，且卖方的产品较为相似，自由竞争。卖方和买方对价格有完全信息。这种市场较少出现。

②不完全竞争市场：是指同一产品在市场上有多个卖方和买方，但卖方的产品各有一定的特色和优势，存在一定的竞争，价值规律起较大作用。这种市场较为常见。

③完全垄断市场：是指同一产品在市场上有一个卖方和买方，市场不能对称平衡，唯一的卖主或买主能完全控制市场价格，形成完全垄断（如故宫、长城等）。除少数国家垄断经营的产品和行业以外，这种市场很少存在。

④寡头垄断市场：是指同一产品由为数不多但却占有相当大份额的大企业所构成的市场，这些大企业对市场价格具有相当大的影响力，同时，各企业在制定价格时都需考虑别的企业的反应。

（二）市场营销

1. 市场营销的含义

（1）不同学者的解释

①杰罗姆·麦卡锡在 1960 年将市场营销定义为：市场营销是“企业经营活动的职责，它将产品及劳务从生产者直接引向消费者或使用者以便满足顾客需求及实现公司利润”。

②菲利普·科特勒在1984年将市场营销定义为：市场营销是指企业的一种职能，即“认识目前未满足的需要和欲望，估量和确定需求量大小，选择和决定企业能最好地为其服务的目标市场，并确定适当的产品、劳务和计划（或方案），以便为目标市场服务”。

③美国市场营销协会在 1985 年对市场营销定义为：市场营销是“对思想、产品及劳务进行设计、定价、促销及分销的计划和实施的过程，从而产生满足个人和组织目标的交换”。

从以上列举的定义可以看到，随着社会经济的发展和认识的深化，市场营销的内涵和外延已极大地丰富和扩展，其过程向前延伸到生产领域和产前的各种活动，向后延伸到流通过程结束后的消费过程。其内容扩大到市场调研、市场细分、产品开发、价格制定、选择分销渠道和促销方式、售后服务、信息反馈等诸多方面。其目的在于保证消费者的需要得到全部和真正满足，并为社会创造更好的生活标准，实现更好的企业效益和社会效益。

（2）综合定义

市场营销是指企业在变化的市场环境中，为了满足顾客的需要和实现企业的目标，综合运用各种营销手段，将企业的产品与服务整体地销售给顾客的一系列市场经营活动与过程。

理解此概念应把握以下几点：

①市场营销是一个动态的活动过程，包括：市场调研、产品开发、产品价格制定、产品促销、产品销售、售后服务、信息反馈等。

②市场营销以顾客的需求为基础和中心，以顾客为终点，更以顾客为起点。

③市场营销的核心是交换。

2. 市场营销的功能

（1）现代市场营销应以消费者为中心，因此，发现和了解消费者的需求是市场营销的首要功能。

（2）企业通过开展市场调研等营销活动，分析企业的内外部环境，了解消费者的购买动机，为企业的经营决策提供依据。

（3）企业通过市场细分以及市场促销等活动，更好地满足消费者的需求，增加销售，开拓市场。

（4）充分满足顾客的需要，是企业开展市场营销活动的中心和出发点，也是市场营销的基本功能。

3. 不同需求状态下的市场营销

菲利普·科特勒认为，消费者的需求存在着八种不同的状态，因此，企业的市场营销工作亦不相同。

（1）否定需求与开导性营销

消费者厌恶某些产品并设法予以回避，企业的市场营销工作应设法开导消费者的需求并对产品进行重新设计。

（2）无需求与刺激性营销

消费者对某些产品不感兴趣，漠不关心，那么就需要企业的市场营销工作开展刺激性营销，设法将产品与消费者的兴趣联系起来，创造需求。

（3）潜在需求与开发性营销

消费者对某些产品有一定的渴求，但缺乏购买条件和购买能力，企业的市场营销工作就要开展开发性营销，设法开发与消费者需求一致的产品。

（4）下降需求与扭转性营销

消费者对某些产品有需求但呈下降趋势，企业的市场营销工作便是扭转性营销，设法开发新产品或开辟新市场。

（5）不规则需求与同步性营销

消费者对某些产品的需求随时间的变化高低起伏较大，企业的市场营销工作应开展同步性营销，设法通过价格等策略来调整消费者的需求。

（6）充分需求与维持性营销

消费者对某些产品的需求与企业最佳业务量一致时，企业的市场营销工作是开展维持性营销，设法保持现有需求与供给水平，保证质量，提高顾客满意度。

（7）超饱和需求与低营销

消费者对某些产品的需求超过了企业的供给能力，此时企业的市场营销工作是低营销，通过提高价格，减少推销，降低需求水平或提高供给能力，使供需关系趋于平衡。

（8）不健康需求与破坏性营销

某些产品对消费者的健康有害，企业的市场营销工作是要及时开展破坏性营销，拒绝提供不健康的产品。

二、市场营销学

（一）市场营销学的产生与发展

市场营销学是对企业市场营销活动实践的理论性总结，是系统研究企业市场经营问题的独立经济学科。其理论是建立在企业大量的经营实践基础之上，是依附于企业实践活动的不断创新而发展起来的。

市场营销学最初在20世纪初诞生于美国，自产生以来，它在全世界得到了不断的发展。随着世界各国经济的发展及世界经济全球化的推进，市场营销学的研究日益深入，理论更加成熟，并发生了根本性的变化。它的理念从传统经营理念演变为现代市场营销理念，它的应用领域从营利性的组织扩展到非营利性的组织。现如今，市场营销学已发展成为同企业管理学、经济学、行为科学、人类学、数学等学科相结合的应用型交叉管理学科。其产生与发展大体可分为四个阶段：

1. 萌芽阶段及功能研究阶段

20世纪初期，西方主要的资本主义国家经过工业革命，生产力迅速提高，市场经济迅猛发展，商品需求增长迅速，一度出现了商品供不应求的局面，企业产品销售不成问题，但销售渠道和产品宣传介绍之类的市场问题引起了一些学者的注意。早在1902年，美国密执安大学、加州大学和伊利诺伊大学的经济系开设了市场学课程，以后相继在宾夕法尼亚大学、匹茨堡大学、威斯康星大学开设此课。在这一时期，出现了一些市场营销研究的先驱者，其中最著名的有阿切·W. 肖（Arch W. Shaw）、巴特勒（Ralph Star Bulter）、约翰·B. 斯威尼（John B. Swirniy）及赫杰特齐（J. E. Hagerly）。哈佛大学教授赫杰特齐走访了大企业主，详细了解他们是如何进行市场营销活动的，于1912年出版了第一本销售学教科书，它是市场营销学作为一门独立学科出现的里程碑。这本教材同现代市场营销学的原理、概念不尽相同，它主要涉及分销和广告学。

阿切·W. 肖于1915年出版了《关于分销的若干问题》一书，率先把商业活动从生产活动中分离出来，并从整体上考察分销的职能。但当时他尚未使用“市场营销”一词，而是把分销与市场营销视为一回事。

韦尔达、巴特勒和斯威尼在美国最早使用“市场营销”这一术语。韦尔达提出“经济学家通常把经济活动划分为三大类：生产、分配、消费……生产被认为是效用的创造”，“市场营销应当定义为生产的一个组成部分”，“生产是创造形态效用，营销则是创造时间、场所和占有效用”，并认为“市场营销开始于制造过程结束之时”。这一阶段的市场营销理论同企业经营哲学相适应，即同生产观念相适应。其依据是传统的经济学，是以供给为中心的。

20世纪三四十年代，出现了以营销功能为特点的研究。最著名的代表者有克拉克（F. E. Clark）、韦尔达（L. D. H. Weld）、亚历山大（Alexander）、瑟菲斯（Sarfars）、埃尔德（Ilder）及奥尔德逊（Alderson）。1932年，克拉克和韦尔达出版了《美国农产品营销》一书，对美国农产品营销进行了全面的论述，指出市场营销的目的是使产品从种植者那儿顺利地转到使用者手中。这一过程包括三个重要又相互有关的内容：集中（购买剩余农产品）、平衡（调节供需）、分散（把农产品化整为零）。其中包括七种市场营销功能：集中、储藏、财务、承担风险、标准化、推销和运输。1942 年，克拉克出版的《市场营销学原理》一书，在功能研究上有创新，把功能归结为交换功能、实体分配功能、辅助功能等，并提出了推销是创造需求的观点，实际上是市场营销的雏形。

2. 形成和巩固阶段

20 世纪 50 年代前后市场营销研究的代表人物有范利（Vaile）、格雷特（Grether）、考克斯（Cox）、梅纳德（Maynard）及贝克曼（Beckman）。1952 年，范利、格雷特和考克斯合作出版了《美国经济中的市场营销》一书，全面地阐述了市场营销如何分配资源、指导资源的使用，尤其是指导稀缺资源的使用；市场营销如何影响个人分配，而个人收入又如何制约营销；市场营销还包括为市场提供适销对路的产品。同年，梅纳德和贝克曼在合著的《市场营销学原理》一书中，提出了市场营销的定义，认为它是“影响商品交换或商品所有权转移，以及为商品实体分配服务的一切必要的企业活动”。梅纳德归纳了研究市场营销学的五种方法，即商品研究法、机构研究法、历史研究法、成本研究法及功能研究法。由此可见，这一时期已形成了市场营销的基本原理及研究方法，传统市场营销学已经形成。

奥尔德逊在 1957 年出版了《市场营销活动和经济行动》一书，书中提出了“功能主义”。霍华德在《市场营销管理：分析和决策》一书中，率先提出从营销管理角度论述市场营销理论和应用，从企业环境与营销策略之间的关系来研究营销管理问题，强调企业必须适应外部环境。麦卡锡在 1960 年出版了《基础市场营销学》一书，对市场营销管理提出了新的见解。他把消费者视为一个特定的群体即目标市场，而企业制定市场营销组合策略，适应外部环境，满足目标顾客的需求，以实现企业经营目标。

3. 协同和发展阶段

这一时期，市场营销学逐渐从经济学中独立出来，同管理科学、行为科学、心理学、社会心理学等理论相结合，使市场营销学理论更加成熟。

在此时期，乔治·道宁（George S. Downing）于 1971 年出版了《基础市场营销：系统研究法》一书，提出了系统研究法，认为公司就是一个市场营销系统，“企业活动的总体系统，通过定价、促销、分配活动，并通过各种渠道把产品和服务提供给现实的和潜在的顾客”。他还指出，公司作为一个系统，同时又存在于一个由市场、资源和各种社会组织等组成的大系统之中，它将受到大系统的影响，同时又反作用于大系统。

1967 年，美国著名市场营销学教授菲力普·科特勒（Philip Kotler）出版了《市场营销管理：分析、计划与控制》一书，该著作更全面、系统地发展了现代市场营销理论。他对营销管理下了精辟的定义：营销管理就是通过创造、建立和保持与目标市场之间的有益交换和联系，以达到组织的各种目标而进行的分析、计划、执行和控制过程；并提出，市场营销管理过程包括分析市场营销机会，进行营销调研，选择目标市场，制定营销战略和战术，制定、执行及调控市场营销计划。

菲力普·科特勒突破了传统市场营销学认为营销管理的任务只是刺激消费者需求的观点，进一步提出了营销管理任务还影响需求的水平、时机和构成，因而提出营销管理的实质是需求管理，还提出了市场营销是与市场有关的人类活动，即适用于营利组织，也适用于非营利组织，扩大了市场营销学的范围。

1984 年，菲力普·科特勒根据国际市场及国内市场贸易保护主义抬头、出现封闭市场的状况，提出了大市场营销理论，即 6P's 策略：原来的四大策略（产品、价格、分销及促销）加上两个 P，即政治权力及公共关系。他提出了企业不应只被动地适应外部环境，而且也应该影响企业的外部环境的战略思想。

4. 分化和扩展阶段

在此期间，市场营销领域又出现了大量丰富的新概念，使得市场营销这门学科出现了变形和分化的趋势，其应用范围也在不断地扩展。

1981 年，莱维·辛格和菲力普·科特勒对“市场营销战”这一概念以及军事理论在市场营销战中的应用进行了研究，几年后，列斯和特罗出版了《市场营销战》一书。1981 年，瑞典经济学院的克里斯琴·格罗路斯发表了论述“内部市场营销”的论文，科特勒也提出要在企业内部创造一种市场营销文化，即使企业市场营销化的观点。1983 年，西奥多·莱维特对“全球市场营销”问题进行了研究，指出：过于强调对各个当地市场的适应性，将导致生产、分销和广告方面规模经济的损失，从而使成本增加。因此，他呼吁多国公司向全世界提供一种统一的产品，并采用统一的沟通手段。1985 年，巴巴拉·本德·杰克逊提出了“关系市场营销”、“协商推销”等新观点。1986 年，科特勒提出了“大市场营销”这一概念，提出了企业如何打进被保护市场的问题。在此期间，“直接市场营销”也是一个引人注目的新问题，其实质是以数据资料为基础的市场营销，由于事先获得大量信息和电视通讯技术的发展才使直接市场营销成为可能。进入 90 年代以来，关于市场营销、市场营销网络、政治市场营销、市场营销决策支持系统、市场营销专家系统等新的理论与实践问题开始引起学术界和企业界的关注。

进入 21 世纪，互联网的发展和应用推动着市场营销手段的进步与革新，利用互联网的网络营销得以迅猛发展。

（二）市场营销学的研究对象与内容

1. 市场营销学的研究对象

关于市场营销学的研究对象，中外学者有不同的表述。概括地说，市场营销学的研究对象是企业怎样摸透市场变化的规律以及如何有效地从事和管理市场营销活动。具体就是研究企业如何识别、分析评价、选择和利用市场机会，从满足目标市场顾客需求出发，有计划地组织企业的整体活动，通过交换，将产品从生产者手中转到消费者手中，以提高企业的经济效益，求得生存和发展，实现企业营销目标。因此，市场营销学的全部研究都是围绕以消费者为中心，如何让产品适销对路、扩大市场销售而展开的，并为此提供理论、思路和方法。

2. 市场营销学的研究内容

市场营销学的主要研究内容大体可以归纳为三个部分：环境与市场分析，营销活动与营销战略及策略研究，市场营销计划、组织与控制。

环境与市场分析着重研究企业与市场的关系，分析影响和制约企业营销活动的各种环境因素，研究各类购买者的行为，进而提出企业进行市场细分和选择目标市场的理论与方法，并就市场调查和市场需求预测作介绍。

企业营销活动与营销战略及策略研究，是市场营销学的核心内容，其任务在于论述企业如何运用各种市场营销手段以实现企业的预期目标，因而全部都是围绕企业经营决策展开的。市场营销活动中所包含的可控制变数很多，美国学者尤金·麦卡锡把这些变数概括为 4 个基本变数，即产品、价格、（销售）地点和促销，简称为 4P′s，对 4P′s 策略的研究，构成了营销活动研究的四大支柱。这部分内容不仅就每个基本变数可供选择的营销策略进行了分析，而且提出了“市场营销组合”这一十分重要的概念，强调 4 个基本变数不是彼此孤立的、分割的，必须依据外部环境的动向进行产品、定价、分销及促销四大策略的最佳组合，以保证从整体上满足顾客的需求。

市场营销计划、组织与控制的研究，主要阐述了企业为保证营销活动的成功而应在计划、组织、控制等方面采取的措施与方法。

（三）市场营销学的研究方法

市场营销学的研究方法是随着市场营销学的发展而改变的。在 20 世纪 50 年代以前，对市场营销学的研究主要采用传统的研究方法，包括产品研究法、机构研究法、功能研究法。50 年代以后，市场营销学从传统市场营销学演变为现代市场营销学，研究方法也随之改变为现代科学方法，它包括管理研究方法、系统研究方法及社会研究方法。

1. 传统市场营销的研究方法

传统市场营销的研究方法包括产品研究法、机构研究法和功能研究法。

（1）产品研究法：是以产品为中心的研究方法。以产品为主体，对某产品诸如农产品、工业品、矿产品、消费品及劳务等分别进行研究，主要研究这些产品的设计、包装、厂牌、商标、定价、分销、广告及各类产品的市场开拓。这种研究方法可详细地分析研究各类产品市场营销中遇到的具体问题，但需耗费大量人力、物力和财力，而且重复性很大。

（2）机构研究法：是一种以人为中心的研究方法。这种方法以研究市场营销制度为出发点，研究渠道制度中各个环节及各种类型的市场营销机构，诸如代理商、批发商、零售商等市场营销问题。

（3）功能研究法：是从市场营销的各种功能，诸如交换功能(购买与销售)、供给功能（运输与储存）、便利功能（资金融通、风险承担、市场信息等）以及企业执行等各种功能中必定或可能遇到的问题，来研究和认识市场营销问题。

2. 现代市场营销的研究方法

进入 20 世纪 50 年代以后，市场营销学发生了革命，研究市场营销学的方法也随之发生了变化，主要采取的是管理研究法、系统研究法和社会研究法。

（1）管理研究法：是一种从管理决策的角度来分析、研究市场营销问题的方法，它综合了产品研究法、机构研究法和功能研究法。从管理决策的观点看，企业营销受两大因素的影响：一是企业不可控制因素，诸如人口、经济、政治、法律、物质、自然、社会文化等因素；二是企业可控制因素，即产品、价格、分销及促销。企业营销管理的任务在于全面分析外部不可控制因素的作用，针对目标市场需求特点，结合企业目标和资源，制定出最佳的营销组合策略，实现企业赢利目标。

（2）系统研究法：是系统理论具体应用的一种研究方法，是从企业内部系统、外部系统以及内部和外部系统如何协调来研究市场营销学的。企业内部系统主要研究企业内部各职能部门诸如生产部门、财务部门、人事部门、销售部门等如何协调，以及企业内部系统同外部系统的关系如何协调；外部系统主要研究企业同目标顾客外部环境的关系。内部与外部系统又是通过商品流程、货币流程、信息流程联结起来的，只有市场营销系统的各组成部分相互协调，才能产生好的营销效益。

（3）社会研究法：主要是研究企业营销活动对社会效益的影响。市场营销活动，一方面带来了社会经济繁荣，提高了社会及广大居民的福利；另一方面造成了某些负面效应，诸如污染社会环境及自然环境，破坏生态平衡。因此，有必要通过社会研究方法，寻求使市场营销的负面效应减少到最低限度的途径。

第二节 企业经营观念的演变

企业经营观念是企业的经营哲学，亦可称职位经营理念或经营信条，是指企业在开展经营活动时处理企业、消费者、社会三者利益时所奉行的指导思想。企业的营销活动总是在一定的营销理念指导下进行的，一般来说，有什么样的营销理念就会有什么样的营销行为。例如，“质量就是生命”、“客人永远是对的”等，

企业市场营销观念随着企业经营活动和市场经济的发展经历了一个演变的过程。无论是西方国家企业还是我国企业，经营思想都经历了由“以生产为中心”转变为“以顾客为中心”，从“以产定销”转变为“以销定道”的演变过程。企业经营观念的演变过程，既反映了社会生产力及市场的发展趋势，也反映了企业对市场营销发展客观规律认识的深化。

一、生产观念

生产观念是一种较为古老的企业经营哲学。这种经营观念大体产生于 20 世纪 20 年代以前。当时，资本主义社会生产力相对落后，市场趋势是求大于供的卖方市场，产品的销售实现不成问题，因而，企业经营哲学不是从消费者的需求出发，而是从企业自身的生产出发，企业经营管理的主要任务是改进生产技术，改革劳动组织，提高劳动生产率，降低成本，增加销售量。其主要表现是“我生产什么，就卖什么”。

二、产品观念

产品观念也是一种较早的企业经营哲学。这种经营观念大体产生于 20 世纪 20 年代。这种观念认为，消费者会欢迎质量最优、性能最好和功能最多的产品。因此，企业的任务是致力于制造优良产品并经常加以改进。这些企业认为只要产品好就会顾客盈门，因而经常迷恋自己的产品，而未看到市场需求的变化。

三、推销观念

推销观念这一经营哲学产生于 20 世纪 20 年代后期至 50 年代。当时，社会生产力有了巨大发展，市场趋势由卖方市场逐渐向买方市场过渡，尤其在 1929~1933 年的经济危机期间，大量产品销售不出去，因而迫使企业重视采用广告术与推销术去销售产品。推销观念表现为“我卖什么，顾客就买什么”。这种观念虽然比前两种观念前进了一步，开始重视广告术和推销术，但其实质仍然是以生产为中心的。

四、市场营销观念

20 世纪 50 年代以后，世界趋于和平，社会生产力迅速发展，市场趋势表现为供过于求

的买方市场；同时，广大居民个人收入迅速提高，有可能对产品进行选择，企业之间为实现产品扩大销售的竞争加剧，许多企业开始认识到，必须转变经营哲学，才能求得生存和发展。市场营销观念认为，要达到企业目标，关键在于摸清目标市场的需要和欲求，并且尽最大努力满足消费者的需求。可见，市场营销观念是以了解和满足顾客需求为出发点的，即“顾客需要什么，就生产什么”。

市场营销观念的产生，使企业经营观念发生了重大变化。这无异于发生了一次市场营销革命。市场营销观念同推销观念相比具有根本性的差别。在此以前的营销观念是以企业为出发点、以产品为中心的，而市场营销观念则是以市场为出发点、以顾客需求为中心的。市场营销观念认为首先要满足消费者需求企业才能获得利润，销售成功靠的是消费者满意；以前的营销观念靠的则是推销技巧和手段。

五、社会营销观念（生态营销观念）

20 世纪 70 年代，由于竞争越来越激烈，企业为了扩大销售略及竞争的需要，一味地追求销售量，出现了假冒伪劣产品和欺骗性广告，甚至破坏了生态与环境，危及消费者身体健康，从而引起了广大消费者不满。由此而掀起的保护消费者权益运动及保护生态平衡运动，迫使企业在营销活动中必须考虑整体消费者及社会的长远利益，把企业、消费者与全体社会利益有机地结合起来。社会营销观念被经济发达国家和地区的企业广泛采纳。以前，一些企业片面强调满足顾客的消费需要，忽视了企业所应承担的社会义务，在生产、运输、销售、使用过程中造成了环境的破坏和污染，打破了原有的生态平衡，使全社会消费者的长期利益受到极大威胁，因此兴起了绿色消费风潮。

以上五种营销观念，每种营销观念的出现都有其特定的历史背景和一定的现实意义，应对其作客观的评价。前三种属传统营销观念，后两种属现代营销观念。

第三节 旅游市场营销

一、旅游市场营销

（一）旅游消费的特点

1. 旅游消费必须有“钱”、“闲”的同时支持，即旅游消费必须要求旅游消费者同时具备可自由支配的收入与闲暇时间。

2. 旅游消费者的消费计划性较强，消费指向比较明确。

3. 旅游消费属精神消费，旅游消费者每次旅游获得的是旅游经历、感受和体验，属精神消费。因此，可以反复消费。

4. 旅游消费不同于一般的产品消费，旅游者必须离开家庭所在地前往旅游产品所在地进行消费。

5. 旅游产品的供给受时间影响较大，旅游消费的季节性较为明显。

6. 旅游消费属精神消费，具有一定的时尚性。

（二）旅游市场营销的特征

旅游不是人们日常生活的必需消费项目，它是在物质生活提高到一定水平才发生的消费要求，是高品质生活的一种体现。由于旅游市场的特点和旅游消费的特性，使得旅游市场营销具有如下特征。

1. 人的个性差异对旅游市场营销有极大影响。旅游是一种面对面的服务消费，顾客与旅游服务人员有着互动关系，相互影响很大。人的思想、文化、道德、修养、性格、心理、习惯、素质等差异很大，同时人的行为和情感也容易受个体所处环境的影响和感染。在市场开发和旅游服务中，旅游消费者的需求和服务人员的业务素质千差万别，因此，既要对旅游消费者仔细甄别，认真归类，精心安排和组织，同时对服务人员也要采取一切必要的管理手段进行鼓励，使他们的主观能动作用得到更大的发挥，搞好服务，保证服务质量。旅游企业提供的“个性化服务”、“特色服务”就是针对这一特征而设计的。旅游企业必须贯彻“以人为本”的思想开展市场营销活动。

2. 旅游企业内部管理在市场营销中处于核心地位。搞好旅游市场营销的关键是企业能够提供优质的服务，使顾客满意。旅游服务不像普通商品那样通过测量可以检验其质量是否合乎标准，而是通过顾客感受到的满意程度来衡量其质量。正如上一特征所讲，它的差异性大，具有不确定性。旅游企业除了规范的服务外，更多地要靠服务人员“用心”去服务才能达到质量的最高标准。做到这一点靠的是企业加强内部管理，让企业内部员工和各个部门相互配合、相互促进、相互支持，形成企业上下整体营销的态势。所谓“三分经营七分管理”就是这个道理。

3. 信息传递极为重要。旅游信息传递包括旅游者需求信息向旅游企业传递和旅游企业信息向旅游消费者传递两个相反方向。这两种传递都需要旅游企业来操作，一个叫信息的收集，一个叫信息的传播。由于旅游需求是差异化的、分散的，而旅游消费者又需移动到旅游目的地，为了便于顾客的集中，旅游市场总是按地理区域划分的，为此，旅游企业就要深入各地调查，找出一个地区旅游消费者的共同需求作为市场开发目标。旅游景区和旅行社推出的旅游产品不是生活必需品，再加上旅游消费又是主动的消费，需要消费者劳神费力才能得到精神享受，开展旅游市场营销仅仅采用一般的广告宣传收不到理想的效果，需要展开详细的、全面的、连续的、诱导式的宣传，让消费者受到强烈的刺激与诱惑才能收到良好的效果。因此说旅游市场营销较之有形商品市场营销更要重视信息的传递。

（三）当代旅游市场营销的特点

在世界经济不断迈向全球化、知识化的时代，知识、智力和能力将在旅游市场营销中起关键作用，旅游市场与旅游营销也日益呈现出新的特点：

1. 旅游者的需求多样化、个性化。随着旅游大众化和旅游者旅游水平的不断提高，旅游者的旅游消费需求越来越多，日趋个性化。

2. 旅游市场竞争全球化。我国已经加入 WTO，酒店业、旅游交通业、旅行社业已逐步开放，旅游业面临国际旅游企业的竞争。

3. 品牌成为通往国际市场的通行证。当今社会，旅游者认牌消费的现象较为普遍，在国际旅游市场上，假日、希尔顿、香格里拉等知名饭店品牌，对旅游者有较大的吸引力。

4. 旅游企业营销组织扁平化（垂直结构有层次多、信息传递时间长等局限性）。扁平化是营销组织重构的一大趋势，其优点是层次少，传递信息较快，灵敏度大。

5. 旅游市场管理趋向柔性化。传统的“权力控制型”旅游企业管理模式将被“学习型”、“创新型”管理模式所取代，“知识经济以人为本”。

二、旅游市场营销学

（一）旅游市场营销学的产生与发展

第二次世界大战结束以后，世界旅游业飞速发展，尤其是20世纪60年代，旅游业进入了发展的高峰期，旅游企业的竞争日趋激烈，于是旅游业导入市场营销学的基本理论，开始研究旅游市场营销中的问题。到目前为止，旅游市场营销学的发展大致可以分为以下三个阶段：

1. 旅游业市场营销学的导入阶段（20世纪60～70年代）

这一阶段是旅游营销学刚从市场营销学中分立出来的时期。这一阶段主要研究的问题是旅游产品与有形实物产品的异同、旅游特征、旅游市场营销学与原有市场营销学研究角度的差异。

2. 旅游市场营销学的理论探索阶段（20世纪80年代中期）

这一阶段主要探讨旅游的特征如何影响消费者购买行为，尤其集中于消费者对旅游服务的特质、优缺点及潜在的购买风险的评估。这一阶段具有代表性的学术观点主要是：（1）旅游服务的顾客评估如何有别于有形产品评估；（2）如何依据服务的特征将服务划分为不同的种类；（3）可感知性与不可感知性差异序列理论；（4）顾客卷入服务生产过程的高卷入与低卷入模式；（5）旅游营销学如何跳出传统的市场营销学的范畴而采取新的营销手段等。在这一阶段，美国亚利桑那州州立大学成立了第一个跨州服务营销学研究中心，它标志着旅游业对服务营销理论探索的深入。

3. 旅游市场营销学的理论突破及实践阶段（20世纪80年代后期至今）

这一阶段，学者们在第二阶段对旅游服务的基本特征取得共识的基础上，集中研究了在传统的4P′s组合不能满足推广服务的情况下，究竟要增加哪些新的组合变量的问题。这一阶段具有代表性的学术观点是：（1）服务营销应包括7种变量组合，即在传统的产品、价格、分销渠道和促销组合之外，还要增加“人”、“服务过程”和“有形展示”三个变量，从而形成7P′s组合。（2）由“人”（包括顾客和企业员工）在推广服务以及生产服务的过程中所扮演的角色，衍生出两大领域的研究，即关系营销和服务系统设计。这一观点首先给服务质量以新的解释，确认服务质量由技术质量和功能质量组成，前者指服务的硬件要素，后者指服务的软件要素。接着阐述了服务接触的一系列观点，包括服务员工与顾客相互之间沟通时的行为及心理变化，服务接触对整项服务感受的影响，如何利用服务员工及顾客双方的“控制欲”、“角色”和对投入服务生产过程的期望诸因素来提高服务质量等问题。（3）从对7P′s研究的深化，到强调加强跨学科研究的至关重要，服务营销学强调从人事管理学、生产管理学、社会学以及心理学等学科领域观察、分析和理解服务行业中所存在的各种市场关系。（4）特殊的服务营销问题，如服务价格如何确定，服务的国际化营销战略，信息技术对服务的生产、管理及市场营销过程的影响等。

旅游市场营销学是一门年轻的、实践性很强的科学。我国的旅游市场营销始于20世纪90年代。在此之前，我国旅游业经历了两个完全不同的阶段。1978年以前，我国旅游企业属于外事接待的事业性质，只有上级下派的任务，而无任何营销活动可言。改革开放以后，我国旅游企业逐步进行了产业化改造，即以企业身份进入市场，旅游市场开始形成，旅游企业以市场机制展开经营活动，在经营活动中遇到了诸如市场开发和竞争问题，这时市场营销理论也被引进我国经济界，旅游企业随之展开有关旅游企业的市场营销研究和运用。特别是进入90年代后期，全国各地掀起了发展旅游的热潮，“假日经济”又带动了旅游市场的蓬勃发展，竞争日趋激烈，这就更加刺激了旅游市场营销活动的开展，旅游市场营销学的研究也更加深入。

（二）旅游市场营销学的研究内容

1. 导论：介绍市场学的产生与发展，阐述企业奉行的经营观念的演变，旅游市场营销的特点及旅游市场营销学的发展。

2. 旅游营销的方法：旅游营销调研与营销预测。

3. 旅游营销分析：旅游营销环境分析，旅游消费者购买行为分析，旅游市场细分及目标旅游市场的选择。

4. 旅游营销战略与营销策略：旅游营销战略概述及战略的类型，旅游产品策略，旅游产品价格策略，旅游促销策略，旅游营销渠道策略。

5. 旅游市场营销管理：旅游企业的营销组织，旅游市场营销计划，旅游市场营销控制。

（三）旅游市场营销学的研究方法

研究旅游市场营销需要科学的方法，下述几种方法值得借鉴：

1. 定性分析与定量分析相结合；

2. 宏观分析与微观分析相结合；

3. 理论研究与实践分析相结合；

4. 借鉴吸收与开拓创新相结合。

旅游市场营销学是一门理论性和实践性都比较强的科学，这就要求我们在学习的时候既要对理论进行深入的学习，又要和旅游实践相结合，真正做到“学以致用”。

本章小结

1. 市场营销学是研究企业的市场营销活动规律的科学，现代市场营销学强调企业必须以消费者的需求作为企业营销活动的中心和出发点。能否满足消费者的需求，是企业生存和发展的关键。企业和消费者之间的辨证关系以及相互的协调，是现代市场营销学的核心。

2. 企业奉行什么样的营销观念来指导企业的营销行为，与企业的兴衰成败关系极大。企业的营销观念经历了生产观念、产品观念、推销观念、市场营销观念、生态营销观念和大市场营销观念的发展过程。

3. 旅游市场营销学就是将市场营销学的基本原理与旅游企业的具体实践相结合而产生的一门新的应用学科。

复习思考题

一、名词解释

市场　市场营销　企业经营理念　旅游市场

二、思考题

1. 试比较市场营销与推销的联系与区别。
2. 试阐述企业营销观念的演变。
3. 试阐述旅游市场营销学的基本内容。

第二章　旅游营销调研与预测

学习目标

1. 了解市场调研与市场预测两个基本概念
2. 熟悉市场调研的类型及调研对象
3. 了解市场调研的方法、步骤和调研内容
4. 熟悉旅游市场调研问卷的设计
5. 掌握旅游市场调研报告的撰写
6. 了解旅游市场预测的性质和地位
7. 掌握定性预测和定量预测中各种预测方法
8. 了解旅游市场调研和旅游市场预测的意义

案例导入

“闭门造车”的结局

2012“十一”黄金周来临之前，郑州市一家旅行社联合另外几家旅行社共同推出“万人旅游超市”的营销计划，希望能在国庆黄金周大赚一把。该旅行社将设计的百余条长途旅游线路推向市场，并提前与各大航空公司、铁路运输企业、公路运输企业签订订票合约，与旅游目的地旅游酒店签订定房协议。但事与愿违，报名的客人寥寥无几，旅行社派出人员调查方知当地客人偏爱近郊游。最终该旅行社由于事先没有进行市场调研，不了解游客的需求变化，闭门造车，造成巨大经济损失。

旅游市场营销是一个动态的企业活动过程，其环节包括最初的市场调研，之后的产品开发、产品促销和销售等很多环节，而在这些环节中，旅游营销调研应是最为重要的一环。旅游企业只有通过市场调研，充分了解市场和需求，生产出旅游消费者需要的旅游产品，才能更好地开展营销活动。

第一节　旅游营销调研

一、旅游营销调研的概念及意义

（一）旅游营销调研的概念

旅游营销调研是运用科学的方法，有目的、有计划地搜集、整理和分析与旅游企业市场营销有关的各种信息、情报和资料，为旅游企业的营销决策提供依据的信息管理活动。理解此概念应把握以下两点：

1. 旅游营销调研必须运用科学的方法和手段；

2. 旅游营销调研的目的是为旅游营销决策提供依据。

（二）旅游营销调研的意义

1. 旅游市场调研能及时探明旅游市场需求变化的特点，掌握市场供求平衡情况，为旅游企业编制旅游营销计划、制定科学的旅游营销决策提供依据。市场需求不是一成不变的。旅游企业通过旅游市场调查研究，获取有关旅游产品被旅游消费者认可的程度、吸引力大小、销售量大小、产品定价水平、同类产品等市场需求信息资料，有利于旅游企业把握旅游产品的市场地位，为选择目标市场、确立进入市场时机、制定价格策略、采用适当的促销手段、建立分销渠道和开发旅游新产品提供决策依据。

2. 旅游市场调研能充实和完善旅游企业的旅游市场信息系统，有助于开拓新市场。旅游企业通过旅游市场调查，系统、连续地搜集来自市场各方面的信息资料并输入到旅游市场信息系统中，使之不断充实和完善，凭借全面、完整的旅游信息系统，开展旅游市场预测。当一种旅游产品在某种特定客源市场上还未达到饱和状态时，旅游企业就应开始着眼于更远、更多的客源市场，寻找新的旅游产品开发契机。

3. 旅游市场调研能促进旅游企业改善经营管理，提高经营效益。旅游产品效益功能不单单局限于经济效益，它所带来的社会效益和生态效益在某种程度上远远高于经济效益。因此，旅游企业开展经营活动，要进行充分的市场调研，不断收集和获取新的信息，以增进企业自身在市场竞争中的能力，减少劳动耗费，取得最大的经济、社会和环境效益。

二、旅游营销调研的类型及内容

（一）旅游营销调研的类型

根据所调研问题的目的、性质和要求不同，旅游营销调研的类型一般可以分为描述性调研、因果性调研、探索性调研和预测性调研。

1. 描述性调研

描述性调研是通过初步的市场调研，对旅游市场营销活动的某个方面进行客观的描述。它对已经找出的问题如实地反映和具体回答。多数的旅游市场营销调研都为描述性调研，如对旅游市场潜力、市场占有率和竞争对手的状况描述等。在调研中，收集与市场有关的各种资料，并对这些资料进行分析研究，揭示市场发展变化的趋势，为企业的市场营销决策提供科学的依据。描述性调研的目的较为明确，研究的问题相对具体。在研究之初，通常根据决策的内容，把研究的问题进一步分解。描述性调研需要事先拟定周密的调研方案，并做详细的调研计划和提纲，包括各项准备工作，以确保调研工作的顺利进行。对旅游企业的当前状况进行总体性描述，以认识其性质和水平，为决策提供基本依据。即对问题“知其然”。

2. 因果性调研

在旅游企业的营销活动中，许多因素存在着因果关系，对这些关系的调研叫因果性调研。描述性调研可以客观说明某些因素的存在状况，但要说明某种状况是否影响或决定着其他因素变化，就要通过因果性调研才能明确。因果性调研的目的就是找出各因素之间的因果关系，弄清营销问题原因，揭示和鉴别某种营销因素的变化究竟受哪些条件影响，以及这些条件产生影响的程度。因果性调研同样要有详细的计划并做好各项准备工作。因果性调研目的是为了找出旅游市场营销活动或旅游市场营销环境中出现问题的原因，力求发现各种现象中的因果关系。即对问题“知其所以然”。

3. 探索性调研

探索性调研用于探询旅游企业所要研究问题的一般性质。旅游企业在研究之初，对所要研究的问题或范围还不很清楚，不能确定到底要研究些什么问题。探索性调研主要是发现问题和提出问题，以便确定调研的重点。探索性调研的目的是明确的，在调研方式上比较灵活，事先不需要进行周密的策划，在研究过程中可根据情况随时进行调整。但研究的问题缺少焦点，且调查范围比较大。探索性调研一般都通过收集第二手资料，或请教一些同行、专家，让他们发表自己的意见，谈自己的看法，或参照过去类似的实例来进行，多以定性研究为主。探索性调研是当旅游营销人员对所面临的问题不太清楚时进行的试探性的调研，大多是为了寻找企业经营中存在的问题。一般目标就是获得针对某类问题的答案，通过把复杂的、模糊的问题简单化、具体化，进而形成对问题的理解和观点。

4. 预测性调研

通过分析资料，对市场的发展趋势极其变化幅度做出科学的预测。旅游企业在制定市场营销方案和市场营销决策之前，必须对未来市场的需求进行估计，以避免较大的风险和损失。预测性调研就是为了对旅游市场未来发展状况做出预测而进行的调研，它对企业制定有效的营销计划有特殊的意义。预测性调研涉及的范围比较大，可采用的方法很多，也很灵活。

（二）旅游营销调研的内容

在旅游营销调研中，凡是直接和间接影响旅游营销的情报资料，都要进行系统的搜集、整理和研究，以便为经营者科学决策提供依据。从这个角度上看，旅游营销调研的内容是极其广泛的。具体包括以下几个方面：

1. 旅游企业经营环境调研

政治法律环境调研：政治环境的稳定性，政府有关法规，政府的有关方针、政策，旅游消费者的政治倾向性，旅游市场营销行为给旅游目的地或旅游客源国带来的政治影响；社会经济环境调研：社会经济制度及其特点，国民生产总值、国民收入、人均收入，城市居民存款情况，居民的消费水平和消费结构，物价水平及其结构；自然地理环境调研：旅游企业的地理位置状况，当地的地形、地貌，物产状况，气候条件等。

2. 旅游消费者调研

旅游消费者调研包括对旅游消费者的性别、年龄、民族、受教育程度、职业、宗教信仰以及人口统计变量对消费者购买行为的影响等因素的调查研究，主要有旅游消费者的人口分布特点调研，旅游消费者的宗教信仰、民族、风俗习惯、审美观调研，旅游消费者的家庭人口结构和家庭生命周期调研，旅游消费者受教育的程度和文化水平调研，旅游消费者的购买能力、个人可支配收入、消费水平及消费结构调研，旅游消费者对本企业产品的忠诚程度调研，旅游消费者的欲望与购买动机调研，旅游消费者的购买习惯、购买季节调研。

3. 同行竞争对手和相关行业的调研

对同行竞争对手的调研有助于旅游企业做出合理而及时的营销决策。了解对手在以什么形式、何种价格提供何种旅游产品，对手采取了什么促销策略和分销渠道，在产品开发和营销活动中有何创新等，这些将是旅游企业在竞争中立于不败之地的有效保证。另外，还可以将市场调研的触角伸向与本行业以及本企业服务相关的其他行业和领域。虽然所处的行业和领域可能有所不同，但经济上的联系总会使不同行业、不同企业之间存在可以互相借鉴和学习的地方。

4. 旅游企业经营效果调研

旅游企业经营效果调研包括对总体经营效果的衡量和对各经营项目的有效性的研究。主要有市场销售量及份额调研、促销效果调研等。

三、旅游营销调研的程序

一般情况下，旅游市场调研的全过程大体可以分为三个阶段，即调研的准备阶段、调研的实施阶段和调研的结果处理阶段，每个阶段又可以分为若干个具体步骤。

（一）调研准备阶段

调查准备阶段的重点是解决调研的目的、要求、范围、规模及调研力量的组织等问题，并在此基础上，制定一个切实可行的调研方案和调研工作计划。这个阶段的工作步骤如下：

1. 提出需要调研的课题，在开展调研之前，企业要根据决策、计划的要求，或者根据营销活动中发现的新情况和新问题，提出需要调查研究的课题。

2. 分析有关问题的情况，对调研本身进行可行性研究，营销调研部门对初步提出来需要调研的课题，要收集有关资料并做进一步分析研究，必要时还可以组织非正式的探索性调研，弄清究竟应当调研什么，才能为营销活动提供客观依据。同时，要根据调研的目的，周密考虑调研的范围和规模，调研的力量、时间和费用等，这一步，实际上就是对调研本身进行可行性研究，以免调研工作走弯路，甚至调研结果和取得的信息资料不能发挥应有的作用，造成人力、财力和物力的浪费。

3. 制定调研方案和工作计划，在对旅游市场调研课题经过上述分析之后，如果决定进行正式调研，就应制定调研方案和工作计划。调研方案是对某项调研本身的设计，它包括调研的目的和要求、调研的具体对象、调研的内容提纲和调研的地区范围、调研资料的收集方法等。调研工作计划是指对某项调研的组织领导、人员配备和考核、工作制度、完成时间和费用预算等的预先安排，目的是使调研工作能够有计划、有秩序地进行，以保证调研方案的实现。一般来说，大型的旅游市场调研需要分别制定调研方案和调研工作计划；对于一些内容不很复杂、范围较小的旅游市场调研，可以把两者结合起来，只制定一个调研计划，附以调研方案提纲即可。

（二）调研实施阶段

旅游市场调研方案和调研计划经旅游企业的有关部门或领导批准以后，就进入了旅游营销调研实施阶段。这个阶段的主要任务就是，组织调研人员深入实际，依照调研方案或调研提纲的要求，系统地收集各种客观的资料和数据，听取被调查者的意见。这一阶段大体包括以下具体步骤：

1. 建立市场调研组织，集中调研人员，组织学习或培训班，成立调研小组并对调研人员进行培训，培训的内容主要包括：明确调研方案，掌握调研技术和方法，了解与调研目标有关的方针、政策和必要的经济知识及业务技术知识等。对调研人员进行培训，是保证市场调查质量的一项十分重要的措施。

2. 组织调研人员，收集有关资料。旅游市场调研资料一般分为一手资料和二手资料。一手资料是指旅游企业进行市场营销调研时从调研一线所得到的资料。它要求收集的资料是任何其他（二手的）资料中找不到的。二手资料是已有的资料，收集二手资料必须保证资料的准确性和可靠性。一般说来，收集二手资料比收集一手资料快捷省钱。

3. 确定调研范围和方法。在旅游市场调研中，应当根据调研方案所确定的方式，先选择好调研单位，然后运用各种不同的调研方法取得第一手资料。旅游市场调研一般可采用普遍调查、重点调查、典型调查和抽样调查等方式。对调查单位进行调查的方法一般有观察法、询问法、实验法等。

（三）分析和总结阶段

旅游营销调研资料的分析和总结阶段，是得出调研结果的阶段。这一阶段的工作如果抓得不紧或者草率从事，会导致整个调研工作前功尽弃。它是调研全过程的最后一环，也是旅游市场调研能否充分发挥作用的关键。这一阶段包括以下步骤：

1. 整理分析资料，旅游市场调研所获得的大量信息资料往往是分散的、零星的，某些资料也可能是片面的、不真实的，必须系统地加以整理分析，去粗取精、去伪存真，才能客观地反映被调查事物的内在联系，揭示问题的本质和各种市场现象间的因果关系。对于调查所得的数据，可以运用多种统计方法加以分析，并制成统计表。

2. 撰写调研报告，旅游营销调研报告是对某件事情或某个问题调查研究之后编写的书面报告。它是调研的最后成果，是用客观材料对所调研的问题做出系统的分析说明并提出结论性的意见。撰写一份有分析、有说明的调研报告，是旅游营销调研最后阶段最主要的工作。

3. 总结经验教训，旅游营销调查全过程结束以后，还要认真回顾和检查各个阶段的工作，总结经验和教训，以便改进今后的调研工作。

四、旅游营销调研的资料来源与调研的对象选择

（一）旅游营销调研的资料来源

1. 一手资料，是指一个旅游企业为制定决策而专门进行市场营销调研所得到的资料。一手资料收集工作难度大。

2. 二手资料，是指政府统计报告、行业协会调研报告、商业性出版商的市场调研报告等。二手资料收集工作较容易。

（二）旅游营销调研的对象选择

1. 全面调研

全面调研是对调研对象中所有单位无一例外地进行调研的方式。全面调研能取得比较全面系统的总量资料，但调研的难度一般较大，比较适用于对旅游市场的宏观了解。

2. 非全面调研

非全面调研是对调查对象中的部分单位进行调研的方式。所选单位应具有充分的代表性，有利于最终获取较全面的总体资料。非全面调研又分为重点调研、典型调研、抽样调研等几种形式。

（1）重点调研：在被调研对象中选择一个或几个市场现象比较集中、对全局具有决定性作用的重点单位进行调研的方式。

（2）典型调研：根据调研的目的和任务，从对象总体中选择一个或若干个具有典型代表意义的单位进行深入调研的方式。

（3）抽样调研：在调研任务确定的范围内抽选部分对象作为样本进行调查研究，用所得样本结果推断总体结果的调研方式。根据调研对象总体中每一个体单位被抽取的概率是否相等，又分为随机抽样调研和非随机抽样调研。

五、旅游营销调研方法

旅游营销调研的方法主要有：

（一）间接调研法

间接调研法又称文案调研法，它是通过搜集旅游企业内部和外部各种现有的信息数据与情报资料，从中择取与市场调研课题有关的内容，进行分析研究的一种调研方法。这种方法常被作为旅游营销调研的首选方法，几乎所有的旅游营销调研都可始于收集现有资料。

（二）直接调研法

直接调研法又称实地调研法，是在周密的调研设计和组织下，由调研人员直接向被调查者搜集一手资料的调研方法。

1. 观察法。观察法是调研者在现场对被调研对象和事物进行直接观察或借助仪器设备进行记录，以获取旅游市场信息资料的调研方法。这种方法的最大特点是被调研者并不感到正在被调研，心理干扰较少，能客观地反映被调研对象的实际行为，资料的真实性高。一般说来，利用观察法对车站、港口、景点的游客数量进行调查效果较好。

2. 询问调研法。询问调研就是市场调研人员采用访谈询问的方式向被调研者了解旅游市场情况的一种方法，又称访谈法。访谈询问成功与否，取决于被调研者的配合以及调研者的准备工作和访谈技巧。询问调研法又可分为：面谈调研法、电话调研法、留置问卷调研法、邮寄问卷调研法等。

（1）面谈调研法：即调研人员通过与被调研者面对面地交谈、提问亦或讨论获得有关信息的调研方法。

（2）电话调研法：电话调研就是调研人员通过电话与被调研者交谈获取相关资料的调研方法。

（3）留置问卷调研法：留置问卷调研是调查者将调研表当面交给被调研者，说明调研意图和要求，由被调研者自行填写答案，再由调研者按约定日期收回的一种调研方式。

（4）邮寄问卷调研法：邮寄问卷调研是将调研问卷邮寄给被调研者，由被调研者根据调研表的要求填好后寄回，从而获取信息的调研方式。

3. 实验法。实验法起源于自然科学研究的实证方法。实验法是指把调研对象置于特定的控制环境下，通过控制外来变量和检验结果差异来发现变量间的因果关系，并获取信息资料的调研方法。这种方法对于研究变量之间的因果关系非常有效。由于实验法是在小规模的环境中进行实验，所以在管理上比较好控制，并且完全由客观方法得到资料，数据的可信度高、可靠性强。

六、旅游营销调研问卷的设计与调研报告的撰写

（一）旅游营销调研问卷的设计

1. 调研问卷的设计原则

（1）紧扣目标：设计调研问卷时，必须遵循的原则首先是紧扣调研目标来设置问题。问卷必须问什么、不必问什么都应根据调研目标决定，要防止问题偏离调研目标。

（2）合乎逻辑：设计调研问卷时，有关调研问题的排列要依照一定的逻辑顺序，如时间顺序、类别顺序等。

（3）保持中立：在调研问卷设计中，设计人员应当时刻保持中立的立场，选用词句时，要坚持客观的态度，不可以使用带有某种感情色彩的词句，更不可以使用暗示性或诱导性的词句。

（4）容易回答：设计调研问卷时，要从被调研者的角度考虑问题及其形式的设计，问题的难度要适合被调研对象的理解能力、接受水平和心理特征，要使他们便于理解、容易回答、愿意合作。

（5）篇幅适当：设计调研问卷时，篇幅应适当。一般情况下，街头拦截式调研的问卷则要短些，留置调研和邮寄调研的问卷可适当长些。

（6）便于统计：在调研问卷的设计中，还要考虑被调研者对问题的回答是否便于进行最后的统计和分析。如果调研问卷的结果是一大堆难以统计的定性资料，那么要从中得出规律性的结论就十分困难，导致最终不能获得理想的效果。

2. 调研问卷的内容

调研问卷可以有不同的样式，但一份完整的调研问卷在内容上应包括以下几个部分：

（1）问卷的标题。问卷的标题是本项调研主题和内容最直接的概括，需要用最简洁、最鲜明、最准确的语言表达出来。

（2）被调研者的基本情况。收集被调研者背景资料的目的是为了在分析研究调研结果时作为统计分析的依据。主要包括被调研者性别、年龄、婚姻状况、文化程度、职业、消费水平、消费结构、消费心理、消费习惯等方面的资料。

（3）工作记录。大型调研时，在调研问卷的封面上，一般还要设计可供记录调研工作的条目。这一部分有两项内容：一项是记录调研者、复核员、编码员、录入员的姓名或工号；另一项是用来记录被调研者姓名、联系电话、家庭地址和调研起止时间等。后一项也可以列在问卷的最后，即使放在问卷的封面上，其填写时间也要放在调研结束时。

（4）调研问卷的说明。在问卷的开头部分，一般有一个简短的说明，主要说明本次调研的目的、意义、内容，答题的要求、方式和时间等，以消除被调研者的紧张和顾虑，请求被调研者对本次调研给予支持和合作。

（5）调研主题内容。这一部分是调研问卷的主体部分，由各种形式的问句组合而成，是问卷内容的重点，调研主题内容设计的水平高低，将直接影响被调研者的回答率、问卷的回收率和信息的有效性，进而影响整个调研价值的有无和大小。因此，要求问题的设计在内容、形式、措词、编排等方面尽可能做到完美无缺。

3. 调研问卷主题内容问题设计的形式及要求

（1）问题设计的形式

①封闭式问题：被调研对象在调研人员已设计好的问题中进行作答，一般分为选择性问题、顺位性问题和语意差别性问题等。

②开放式问题：被调研对象自由回答问题，不受限制。

（2）问题设计的要求

问题设计的要求一般包括：避免一般性问题、避免多义性问题、避免困窘性问题、避免假设性问题、避免引导性问题。

（二）旅游营销调研报告的撰写

1. 调研报告撰写的原则

（1）实事求是。调研报告要如实地反映情况和问题，对报告中引用的事例和数据资料，要反复核实，必须确凿、可靠。

（2）内容必须紧扣调研主题，突出重点。结构要条理清楚，语言要准确精练，务必把所说的问题写得清楚透彻。

（3）要集思广益。从分析材料、草拟报告提纲和初稿，直到最后修改定稿，都要听取调研组内外各方面的意见，以提高调研报告的质量。

（4）调研结论要明确。调研结论切忌模棱两可，不着边际。要善于发现问题，敢于提出自己的见解，向领导或有关部门提出建议，以供决策者参考，发挥调研报告应有的作用。

2. 调研报告撰写的内容

（1）调研单位的基本情况。

（2）所调研问题的事实材料及分析说明。

（3）调研所得的结论和建议。

3. 调研报告撰写的格式

（1）导言：包括标题、前言和目录表。

（2）报告主体：包括调研目的、调研方法说明、调研结果描述及调研结论。

（3）建议事项：提出可以采取的措施、方案。

（4）附件：正文的补充或详细说明，包括样本的分配、图表、附录等。

第二节　旅游营销预测

一、旅游营销预测的概念及内容

（一）旅游营销预测的概念

旅游营销预测就是在旅游营销调研获取的各种一手资料和二手资料的基础上，运用科学的方法，针对旅游企业的需要，对旅游市场未来一段时期内的发展趋势做出的分析与判断。旅游营销预测与旅游营销调研有着密切的联系，要进行旅游营销预测，首先必须搞好旅游营销调研，只有通过营销调研获得大量可靠的数据并对数据进行分析与处理，才能对未来的旅游市场做出比较切合实际的预测。

（二）旅游营销预测的内容

1. 旅游营销环境预测：主要对旅游企业的宏观环境和微观环境的发展变化进行分析与判断。

2. 旅游市场需求预测：主要对旅游消费者对企业产品的市场需求状况进行分析与判断。

3. 旅游市场竞争情况预测：主要对旅游企业所面临的竞争状况进行预测。

4. 旅游企业经营状况预测：对旅游企业的经营状况进行分析和判断。

二、旅游营销预测的分类及步骤

（一）旅游营销预测的分类

1. 根据预测的时间长短可分为：短期预测、中期预测和长期预测。

2. 根据预测的范围可分为：宏观预测和微观预测。

3. 根据预测方法的性质可分为：定性预测和定量预测。

（二）旅游营销预测的步骤

1. 确定预测的目标。旅游营销预测程序的第一个环节就是确立企业要预测的目标。通常包括预测的项目、预测的范围、主要对象、预测的期限、预测的各种指标及其精确度要求等。

2. 收集、整理预测的资料。根据确定的预测目标，收集各种有关资料，使之系统、全面、准确；并对所收集资料数据进行认真的核实、整理、审查，以保证预测的质量。

3. 选择预测的方法，建立预测模型。应根据预测目标和所掌握资料数据的特点，以及各种预测方法的适用范围，确定切实可行的预测方法。

4. 实施预测。将收集的旅游企业资料数据进行外延类推或逻辑判断，对未来加以分析和判断。

5. 分析预测误差。预测得出的结果，必然存在误差，对预测误差的分析就是综合判断误差产生的原因，及时修改模型或改用其他预测方法，直至达到许可的误差范围为止。

6. 提出预测报告。预测报告是对预测结果的文字说明，可以采用图表与文字相结合的形式来表达。阐述力争简单明了，注重事实，说清问题。

三、旅游营销预测的方法

（一）定性分析预测法

定性分析预测法是指预测人员根据历史资料和自身经验来分析判断，对有关市场需求指标的变化趋势和未来结果进行预测的方法。具体方法有：

1. 主观概率法

主观概率法是预测人员对预测事件发生的概率做出主观的估计，以此对预测的对象做出推断的一种定性预测方法。主观概率法是一种心理评价，受人的心理影响较大，判断的正确与否主要取决于预测者的经验、知识水平等，判断中带有明显的主观性。对于同一现象，不同的人会对其做出不同的评价，因此，主观概率法适用于营销预测过程中缺乏足够的资料、难以进行科学的定量分析。通过具有丰富经验的市场调查人员、营销人员或市场分析专家对旅游市场行情及趋势的判断，做出接近于实际的预测。

2. 专家预测法

专家预测法是基于专家对旅游营销预测有丰富的知识经验与分析判断能力，在分析各方面资料的基础上，对未来旅游市场发展变化的趋势做出的预测。专家预测法在具体操作上有许多方式，如头脑风暴法、专家意见法、德尔菲法。下面重点介绍具有代表意义的德尔菲法。

德尔菲法也称专家小组法或专家意见征询法，是美国兰德公司开发的建立在专家综合意见基础上的著名预测方法。它采用大量匿名调查表的方式，通过函询征求专家意见，对各种意见汇总整理，将其作为参考资料再匿名反馈给各位专家，不断征询、不断修改，反复多次，得到多次的补充和完善，直到取得一套完整的预测方案。与其他专家预测法相比，德尔菲法有三个明显的特征：一是匿名性。在整个预测过程中，参加预测的各位专家并不直接见面，彼此不发生横向联系。预测的组织者采用背靠背的方式分头征询专家意见，专家也以匿名方式发表意见。这种方式有利于充分发挥个人意见，从而提高预测质量。二是反馈性。德尔菲法并不是一次性征询专家的意见，而是多次反复征求意见。每一次征询意见后，预测组织者都要将该次征询意见的情况进行汇总整理，再反馈给各位专家。通过反馈的信息，让专家在背靠背的情况下，了解其他专家的意见，从而开拓思路，得到启发。三是量化性。经过多轮反馈后，各位专家的意见有可能趋向于一致或比较稳定。在此基础上，运用数学的方法，进行量化处理，可得到所需的预测值。

德尔菲法的预测工作程序一般分为三个阶段。

（1）准备阶段：首先，在该阶段成立预测领导小组。因为德尔菲法采用的是书信方式，以函询为主，工作量比较大，比较复杂，必须成立领导小组。其次，应确立预测目标，准备背景资料，选定专家。在这里，选择好专家是预测成败的关键，所以，应当选择对预测对象和预测问题有比较深入研究的具有丰富专业知识与经验、思维活跃、具有较强判断能力的专家；同时要注意参加预测的专家应当是自愿的，专家的来源也是广泛的；人数控制在 5～10 人为宜。最后，意见征询表是专家回答问题的主要依据，同时征询表设计是否科学、恰当，直接影响调查结果的质量。征询表设计应有前言，说明调查的目的与任务，要向专家提供尽可能详细的背景资料和相关的企业信息。

（2）征询阶段：当准备工作就绪后，就进入反复征询的阶段。第一轮征询是把整理好的背景资料和征询表发给各位专家，请专家就所预测的问题做出明确的答复，并提出自己的见解。在既定的时间内收到专家们的反馈后，预测领导小组对各种问题进行汇总和整理，做出定量的归纳，在此基础上提出下一轮的预测要求。第二轮征询是把第一轮的预测结果以及预测领导小组的意见一并寄给各位专家。这一轮主要让各位专家了解和参考其他专家的意见，以便修正原来的意见。同时，也可以将某些分歧较大的问题进行深入讨论，说明自己的意见。在收到专家们的第二轮意见后，预测领导小组再次进行整理和汇总并提出下一轮的预测要求。第三轮征询是将第二轮的汇总意见反馈给专家，专家收到后会按领导小组的意见进行深入思考。经过前两轮的征询意见与反馈，预测的问题更加趋于明确，意见更加趋于一致，因此，第三轮征询意见并收到专家的反馈后，就可以进行最后的总结处理了。

（3）预测结果的最终处理阶段：在这一阶段，预测领导小组对最后一轮的专家意见进行整理分析，做出最终判断。通常采用中位数方法求出专家较为集中的意见，作为最有代表性的预测结果；最后写出预测的分析报告。

德尔菲法是一种科学性比较强的定性与定量相结合的方法，它可以预测目标在未来发展的各种可能趋势和方向，其预测效果一般较为准确。

（二）定量分析预测法

定量分析预测法也叫统计预测法，是指在掌握大量的历史和现实的数据资料的基础上，利用统计方法和数学模型近似地揭示所要预测对象的数量变化程度及其结构关系，对旅游市场的未来变化趋势做出数量测算的一种预测方法。定量分析预测法通常又可分为时间序列分析预测法和回归分析（因果关系）预测法两大类。

1. 时间序列预测法

时间序列预测法是依据旅游市场调研资料编制的时间序列，通过分析，建立数学模型，依据惯性原理进行推断，对预测对象进行定量的预测。这种方法只能预测一次，只要预测第 t+1 期的预测值，必须提供 t 期以前的历史数据才能进一步预测。该方法主要包括平均数预测法、变动趋势预测法。

（1）平均数预测法：是以一定时期内预测目标的时间序列数值的平均数作为预测目标下一期的预测值。

①简单平均法：以历史数据的算术平均数作为预测值的方法。其公式表达为：

$Y_{t+1}=1/n(Y_1+Y_2+\cdots+Y_t)$

式中：Y_{t+1} 表示预测值，Y_i 表示观察值，n 表示时间期数。

例题：某旅游饭店某年 7～12 月的营业收入分别为 65 万元、70 万元、85 万元、95 万元、80 万元、75 万元，试用简单平均法预测该饭店次年 1 月的营业收入。

依据上述资料和预测公式可得预测值：

$Y_{t+1}=1/n(Y_1+Y_2+\cdots+Y_t)$

$=1/6(65+70+85+95+80+75)$

$=78.33$（万元）

②移动平均法：是利用过去若干期的实际值来求取其平均值，作为预测期的预测值。每测一次，在时间上逐次往后推移，每期预测均取若干期实际值的平均值作为当期的预测值。移动平均法是在简单平均法的基础上发展起来的一种方法。它实际上是对历史数据分段移动平均，得出若干预测值，以反映预测对象的变化趋势。其公式表达为：

$Y_{t+1}=1/n（Y_t+Y_{t-1}+Y_{t-n+1}）$

式中：Y_{t+1} 表示预测值，Y_t 表示观察值，n 表示时间期数。

例题：某酒店某年 7～12 月的营业收入分别为 75 万元、80 万元、95 万元、105 万元、90 万元、85 万元，试用移动平均法预测酒店该年 10 月至次年 1 月的营业收入（n=3）。

依据上述资料和预测公式可得预测值：

10 月份的预测值 $=1/n（Y_t+Y_{t-1}+Y_{t-n+1}）$

$=1/3（95+80+75）=83.33$（万元）

11 月份的预测值 $=1/n（Y_t+Y_{t-1}+Y_{t-n+1}）$

$=1/3（105+95+80）=93.33$（万元）

12 月份的预测值 $=1/n（Y_t+Y_{t-1}+Y_{t-n+1}）$

$=1/3（90+105+95）=96.67$（万元）

1 月份的预测值 $=1/n（Y_t+Y_{t-1}+Y_{t-n+1}）$

$=1/3（85+90+105）=93.33$（万元）

③加权平均法：参与预测的一组历史数据中，一般远期数据影响小，近期数据影响大，为减少预测误差，按各个数据影响程度的大小赋予权数，并以加权算术平均数作为预测值的方法。其计算公式为：

$Y_{t+1}=Y_1W_1+Y_2W_2+\cdots+Y_nW_n/（W_1+W_2+\cdots+W_n）$

例题：某旅游饭店某年 1～6 月的营业收入分别为 35 万元、40 万元、45 万元、50 万元、60 万元、55 万元，试用加权平均法预测该饭店 7 月的营业收入（1～6 月的权数分别为 1、2、1、2、1、2）。

依据上述资料和预测公式可得预测值：

$Y_{t+1}=Y_1W_1+Y_2W_2+\cdots+Y_nW_n/$（$W_1+W_2+\cdots+W_n$）

$=35\times1+40\times2+45\times1+50\times2+60\times1+55\times2/$（$1+2+1+2+1+2$）

$=44$（万元）

④指数平滑法：它是一种特殊的加权平均法，以前期的实际值和预测值的加权平均数作为后期的预测值。其公式表达为：

$Y_{t+1}=Q_tw+(1-w)Y_t$

式中：Y_{t+1} 表示第 t+1 期的指数平滑数，即预测值；Q_t 表示第 t 期的实际数据；w 表示平滑系数；Y_t 表示第 t 期的预测值。

例题：某旅游酒店 2 月份营业收入的预测值为 300 万元，而该月的实际值为 308 万元，如 w=0.2，用指数平滑法预测该酒店 3 月份的营业收入。

依据上述资料和预测公式可得预测值：

$Y_{t+1}=Q_tw+(1-w)Y_t$

$=308\times0.2+$（$1-0.2$）$\times300$

$=60.16+240$

$=300.16$（万元）

（2）变动趋势预测法：在移动平均数的基础上考虑市场趋势因素，趋势因素仍然采用平均值，据此做出预测。其具体应用过程为：将若干期历史数据资料进行移动平均；将移动平均值逐期比较，其差额即为变动趋势值；将若干期的变动趋势值进行移动平均，求出趋势平均数；最后求取趋势预测值。计算公式为：

$Y_t=M_t+nQ_t$

式中：Y_t 表示第 t 期的趋势预测值，M_t 表示第 t 期的移动平均数，Q_t 表示第 t 期的变动趋势平均数，n 表示移动平均期数。

例题：某旅游地某年各月的旅游收入（n=3）如表 2-1 所示，试用变动趋势预测法预测次年 1 月份的旅游收入。

表 2-1　某旅游地某年每月旅游收入一览表

月份	销售收入	移动平均数	变动趋势值	趋势平均数
1	56			
2	58			
3	62			
4	61	58.67		
5	60	60.33	1.66	
6	62	61	0.67	
7	64	61	0	
8	66	62	1	
9	67	64	2	
10	68	65.67	1.67	
11	70	67	1.33	
12	72	68.33	1.33	
次年 1 月		70		1.44

依据上述资料和预测公式可得次年 1 月的营业收入：

$Y_t=M_t+nQ_t$

$=70+3\times1.44$

$=74.42$（万元）

2. 回归分析预测法

回归分析预测法亦称因果关系预测法。在社会经济活动中，任何现象的产生和变化总是由一定的原因引起的，或者说，各种社会经济活动总是存在于一定的关系之中。这种方法有两个或两个以上的变量，一（几）个变量（自变量）的变化会导致另一（几）个变量（因变量）的变化。根据是否存在数值对应关系，可分为相关关系和函数关系。

（1）相关关系，亦称非确定性关系，是指变量之间相互关系中不存在数值对应的非确定的依存关系。对相关关系而言，一个变量值确定后，与其有相关关系的另一个变量对应值并不确定。例如，商品的供求与商品的价格之间的关系即为相关关系。

（2）函数关系，亦即确定性关系，表示事物间的数量变化关系是可以用函数关系式表示的，也就是说，对自变量每一个确定的值，因变量总有唯一的确定的值与之对应。

一元线性回归分析预测法：研究的因果关系只涉及两个变量，并且变量间存在确定的线性关系形态。应用此方法进行预测的步骤是：

第一步：确定预测目标和影响因素，收集历史统计资料数据。

第二步：建立一元线性回归方程，即：$y=a+bx$。

式中：y 表示因变量，即预测值；x 表示自变量，通常为时间标值；a、b 为回归参数（a 为直线截距，b 为趋势线斜率）。

第三步：根据标准方程，用历史统计资料数据求 a、b 直线回归参数。

标准方程为：

$\sum y=na+b\sum x$

$\sum xy=a\sum x+b\sum x^2$

第四步：用回归方程进行预测，并对预测结果进行分析。

例题：某旅游饭店某年 7 月至 12 月的营业收入如表 2-2 所示，预测次年 1 月、2 月、3 月的营业收入（万元）。

表 2–2　某旅游饭店某年 7～12 月营业收入

月份 n	期数 x	收入 y	收入期数 xy	期数平方 x^2
7	1	55	55	1
8	2	65	130	4
9	3	75	225	9
10	4	80	320	16
11	5	100	500	25
12	6	85	510	36
n＝6	$\sum x=21$	$\sum y=460$	$\sum xy=1740$	$\sum x^2=91$

解：第一步：收集历史统计资料数据（表中已给出）；

第二步：建立标准方程：y=a+bx；

第三步：依据标准方程和表中数据可得：a=50.67，b＝7.43。

故 y=a+bx 可表示为：y=50.67+7.43x。

第四步：次年 1～3 月的 x 分别为 7、8、9，代入可得：

$y_{1月份}$＝50.67+7.43×7=102.68（万元）

$Y_{2月份}$＝50.67+7.43×8=110.11（万元）

$Y_{3月份}$＝50.67+7.43×9=117.54（万元）

本章小结

1. 旅游营销调研是指运用科学的方法和手段，有目的、系统地收集、记录、整理、分析和总结与旅游市场变化有关的各种旅游消费需求以及旅游营销活动的信息、资料，以了解现实旅游市场和潜在旅游市场，并为旅游企业经营决策者提供客观决策依据的活动。

2. 旅游营销预测是在旅游市场调研获取的各种一手资料和二手资料的基础上，运用科学方法，针对旅游企业的需要，对旅游市场未来一段时期内的发展趋势做出的分析与判断。

复习思考题

一、名词解释

旅游市场调查　旅游市场预测　定性预测　定量预测

二、思考题

1. 旅游营销调研的意义何在？旅游营销调研的类型有哪些？

2. 旅游营销调研的程序包括哪几个步骤？

3. 旅游营销调研的范围应如何确定？调研的方法有哪些？各有什么优缺点？

4. 在设计调研问卷时应遵循哪些原则？

5. 一份完整的调研报告应包括哪几部分内容？

6. 简述旅游营销预测的概念和方法。

三、计算题

1. 某旅游酒店某年 2 月的营业收入预测值为 80 万元，后实际值为 87 万元，试用指数平滑法预测 3 月的营业收入。（w=0.3）

2. 某旅游景区某年 1～12 月的门票收入分别为：50 万元、55 万元、60 万元、85 万元、90 万元、85 万元、90 万元、105 万元、125 万元、135 万元、100 万元、95 万元。

（1）试用变动趋势预测法预测次年 1 月的门票收入。（n=3）

（2）根据 7～12 的数据，用一元回归分析预测法预测下一年 1～3 月的门票收入。

第三章　旅游市场营销环境

学习目标

1. 了解旅游市场营销环境的含义
2. 熟悉旅游市场营销环境的特点
3. 掌握旅游市场营销宏观环境因素
4. 掌握旅游市场营销微观环境因素

案例导入

钓鱼岛争端不断升级 影响日本旅游业

随着中日围绕钓鱼岛问题争端不断升级，取消赴日旅行的中国游客越来越多，给日本旅游业造成了重大影响。

钓鱼岛事件已经严重影响了中国人来日本旅游。日本从日中旅游协议会了解到，事件发生后，中国人来日游客大约比以往减少了 30%。而进入 9 月份，东京都内的一些中国游客常住的酒店，中国游客的入住取消率已经超过了一半。

日中旅游协议会的一位官员称，9 月份开始，日本进入美丽的秋季，本来这是中国游客来日的旅游旺季，日本方面期待每一个月有 20 万中国游客能来日本。但是，从目前的情况看，估计 10 月份来日本旅游的中国游客都难以达到 10 万人。

中国一部分游客中止来日本旅游，给日本的旅游业带来了强烈的冲击。据日本观光厅根据中国游客今年 4~6 月份在日本的消费总额估算，中国游客每一个月在日本消费 170 亿日元(约 13 亿元人民币)，如果中国游客减少一半的话，将给日本的观光市场和消费市场带来巨大的损失。

受冲击的不仅仅是旅游市场和消费市场，航空市场也受到了冲击。日本航空公司社长大西贤指出，日中航线已经有 1000 人取消了原先已经购买的机票。而全日空公司也透露，该公司经营的日中航线，已经有 3000 多乘客取消了原先的机票。日中航线是日本上述两大航空公司最挣钱的航线，中国游客的减少，将大大打击这两家公司的经营业绩。全日空公司担心，日中航线会出现过去“非典”时期长达几个月的“冰冻期”。

日本主管旅游业的国土交通大臣马渊澄夫在内阁会议之后承认，“中国渔船事件”已经影响到了日本的旅游业。

作为一种社会经济组织，旅游企业总是在一定的环境因素影响下开展市场营销活动。旅游企业对营销环境施加的影响力有限，但是营销环境对旅游企业营销战略和策略的成功实施却起着重要的作用。在营销环境中，机遇与挑战并存。成功的旅游企业都会密切地关注并适应环境的变化。

第一节 旅游市场营销环境概述

一、旅游市场营销环境的含义

旅游业是非生产性的、综合性很强的服务产业，对环境因素具有很强的依赖性，各种因素都可能对旅游企业产生很大的影响。旅游企业面临的环境力量并不是固定不变的，而是经常处于变动之中，并且很多变动往往因为其突然性会对旅游企业的营销活动产生强大的冲击。但是环境的变化，既可能给旅游企业带来一定的威胁，也可能带来可以利用的市场机会，分析营销环境可以帮助旅游企业了解市场中存在的机会和威胁，进而适应市场环境变化，发现市场商机，开拓新的市场。抓住机会，避开威胁，是旅游企业开展营销活动需要首先解决的问题。

旅游市场营销环境是指影响旅游企业市场营销活动的开展及目标实现的所有外部力量与相关因素的集合。营销环境包含的内容既广泛又复杂，不同的环境因素对旅游企业营销活动各个方面的影响和制约不尽相同，同样的环境因素对不同的旅游企业产生的影响和形成的制约也不相同。

旅游市场营销环境包括微观环境和宏观环境两部分。微观环境包括与旅游企业密切相关并能影响旅游企业为目标顾客提供服务的能力的因素，由旅游供应商、旅游中间商、旅游消费者、竞争者、社会公众以及旅游企业内部影响营销协作的各个部门所构成。宏观环境是旅游业或旅游企业运行的外部大环境，通过微观环境对旅游企业的营销活动产生影响。宏观环境包括自然、经济、人口、政治法律、社会文化、科学技术等因素。

二、旅游市场营销环境的特点

（一）差异性

从整体上看，同一国家、民族、地区的市场营销环境是相同的，旅游企业比较容易与之相适应。不同的国家、民族、地区之间在宏观环境因素方面存在着广泛的差异性，旅游消费者在不同的环境影响下形成了不同的需求。这一特性有助于旅游企业因地制宜地制定出可行的市场营销组合策略。旅游市场营销环境的差异性不仅表现为不同的企业受不同环境的影响，而且同样一种环境因素的变化对不同企业的影响也不相同。例如，面对同一供应商，不同实力的旅游企业议价能力是不一样的。实力强大的旅游集团比起小型的旅游企业，更具有购买能力，因此议价能力更强，能够以更低的价格买到同样质量的资源。

（二）不可控性

对于宏观环境，旅游企业不可能按照自身的要求和意愿去改变它们，只能主动地去适应它们，并根据其变化及时调整市场营销策略。对于微观环境，很多因素也是旅游企业难以控制的，只能进行积极有效的引导。

（三）客观存在性

任何旅游企业都是在一定环境中生存和发展的，无论是宏观环境因素还是微观环境因素都是客观存在的，不以旅游企业的意志为转移，相反，会在一定程度上制约着旅游企业的营销行为。善于适应市场营销环境变化的旅游企业就能很好地生存和发展，因此旅游企业应该密切关注环境因素的变化，随时应对各种环境因素的挑战，为企业的营销活动捕捉机会。

（四）关联复杂性

旅游企业生存发展的环境随着时间的推移而不断变化，多种因素交互变动形成各个状态的多重组合，进而形成了与不同时间相对应的多样化环境。比如，信息技术的发展，使得饭店由以前的纯手工作业演变成现在的自动化作业，营销渠道增加了，出现了“携程”、“艺龙”等一大批以网络平台进行交易的旅游中间商。

旅游市场营销环境的变化是有快慢之分的，有的变化快一些，有的则变化慢一些；有的变化大一些，有的则变化小一些。例如科技、经济等因素的变化相对快而大，因而对企业的营销活动的影响相对短且跳跃性强；而人口、社会文化、自然因素等相对变化较慢、较小，对企业营销活动的影响相对长而稳定。因此企业的营销活动必须适应环境的变化，不断地调整和修正自己的营销策略，否则将会使其失去市场机会。

（五）整体性

旅游市场营销环境是一个整体，在这个整体中，各个因素是相互依存、相互作用以及相互制约的。这是因为社会经济现象的出现，往往不是一个单一的因素所能决定的，而是受到一系列相关因素影响的结果。营销环境中的某一项因素的变化都可能产生连锁反应，带动其他因素产生变化，从而形成新的市场环境。例如，竞争对手是旅游企业重要的微观环境因素之一，而宏观环境中的政治法律因素或经济因素的变动均能影响到竞争对手数量的增减以及营销策略的调整，从而形成不同的竞争格局。

三、旅游市场营销环境分析方法

旅游企业对市场环境进行分析的目的是为营销活动的开展寻求机会规避风险，常用的分析模型是 SWOT 模型。

SWOT 来自 Mckinsey 咨询公司。SWOT 四个字母分别代表企业优势（strength）、劣势（weakness）、机会（opportunity）和威胁（threats）。因此，SWOT 分析实际上是将对企业内外部条件各方面内容进行综合和概括，进而分析组织的优势、劣势，面临的机会和威胁的一种方法。

1. 模型含义

优劣势分析主要是着眼于企业自身的实力及其与竞争对手的比较，而机会和威胁分析将注意力放在外部环境的变化及对企业的可能影响上。在分析时，应把所有的内部因素（即优劣势）集中在一起，然后用外部的力量来对这些因素进行评估。

（1）机会与威胁分析（OT）

随着经济、社会、科技等诸多方面的迅速发展，特别是世界经济全球化、一体化过程的加快，全球信息网络的建立和消费需求的多样化，使得企业所处的环境更为开放和动荡。这种变化几乎对所有企业都产生了深刻的影响。正因为如此，环境分析成为一种日益重要的企业职能。

环境发展趋势分为两大类：一类表示环境威胁，另一类表示环境机会。环境威胁指的是环境中不利的发展趋势所形成的挑战，如果不采取果断的战略行为，这种不利趋势将导致公司的竞争地位受到削弱。环境机会就是在对公司行为富有吸引力的领域中，该公司将拥有竞争优势。

（2）优势与劣势分析（SW）

识别环境中有吸引力的机会是一回事，拥有在机会中成功所必需的竞争能力是另一回事。每个企业均可通过“企业经营管理检核表”的方式定期检查自己的优势与劣势；企业或企业外的咨询机构亦可利用这一表格形式检查企业的营销、财务、制造和组织能力。每一要素都要按照特强、稍强、中等、稍弱、特弱划分等级。

当两个企业处在同一市场或者说它们都有能力向同一顾客群体提供产品和服务时，如果其中一个企业有更高的盈利率或盈利潜力，那么，我们就认为这个企业比另外一个企业更具有竞争优势。换句话说，所谓竞争优势是指一个企业超越其竞争对手的能力，这种能力有助于实现企业的主要目标——盈利。但值得注意的是：竞争优势并不一定完全体现在较高的盈利率上，因为有时企业更希望增加市场份额，或者多奖励管理人员或雇员。

竞争优势可以指消费者眼中一个企业或它的产品有别于其竞争对手的任何优越的东西，它可以是产品线的宽度、产品的大小、质量、可靠性、适用性、风格和形象以及服务的及时性、态度的热情等。虽然竞争优势实际上指的是一个企业比其竞争对手有较强的综合优势，但是明确企业究竟在哪一个方面具有优势更有意义，只有这样，才可以扬长避短，或者以实击虚。

由于企业是一个整体，并且由于竞争优势来源的广泛性，所以，在做优劣势分析时必须从整个价值链的每个环节上，将企业与竞争对手做详细的对比。如产品是否新颖、制造工艺是否复杂、销售渠道是否畅通以及价格是否具有竞争性等。如果一个企业在某一方面或几个方面的优势正是该行业企业应具备的关键成功要素，那么，该企业的综合竞争优势也许就强一些。需要指出的是，衡量一个企业及其产品是否具有竞争优势，只能站在现有潜在用户角度上，而不是站在企业的角度上。

企业在维持竞争优势过程中，必须深刻认识自身的资源和能力，采取适当的措施。因为一个企业一旦在某一方面具有了竞争优势，势必会吸引到竞争对手的注意。一般地说，企业经过一段时期的努力，建立起某种竞争优势；然后就处于维持这种竞争优势的态势，竞争对手开始逐渐做出反应；而后，如果竞争对手直接进攻企业的优势所在，或采取其他更为有力的策略，这种优势就会被削弱。

影响企业竞争优势持续时间的三个关键因素是：

（1）建立这种优势要多长时间？

（2）能够获得的优势有多大？

（3）竞争对手做出有力反应需要多长时间？

如果企业分析清楚了这三个因素，就会明确自己在建立和维持竞争优势中的地位了。

2. SWOT 分析步骤

（1）确认当前的战略是什么。

（2）确认企业外部环境的变化。

（3）根据企业资源组合情况，确认企业的关键能力和关键限制（参见表 3-1）。

表 3-1 企业的优势、劣势、机会、威胁分析

潜在资源力量	潜在资源弱点	公司潜在机会	外部潜在威胁
有利的战略	无明确的战略导向	独特的客服群体	强势竞争者的进入
有利的金融环境	过分狭窄的产品组合	新的地域扩张	市场增长的减缓
有利的品牌形象	超额负债	产品组合的扩张	消费者购买需求下降
优质的客户服务	市场规划缺乏	竞争对手的支持	商业周期影响
过硬的产品质量	高额负债	品牌形象的拓展	人口与环境的变化

（4）按照通用矩阵或类似的方式打分评价。把识别出的所有优势分成两组，一组与行业中潜在的机会有关，一组与潜在的威胁有关。同样把所有的劣势分成两组，一组与机会有关，另一组与威胁有关。

（5）将结果在 SWOT 分析图上定位。如图 3-1 所示。

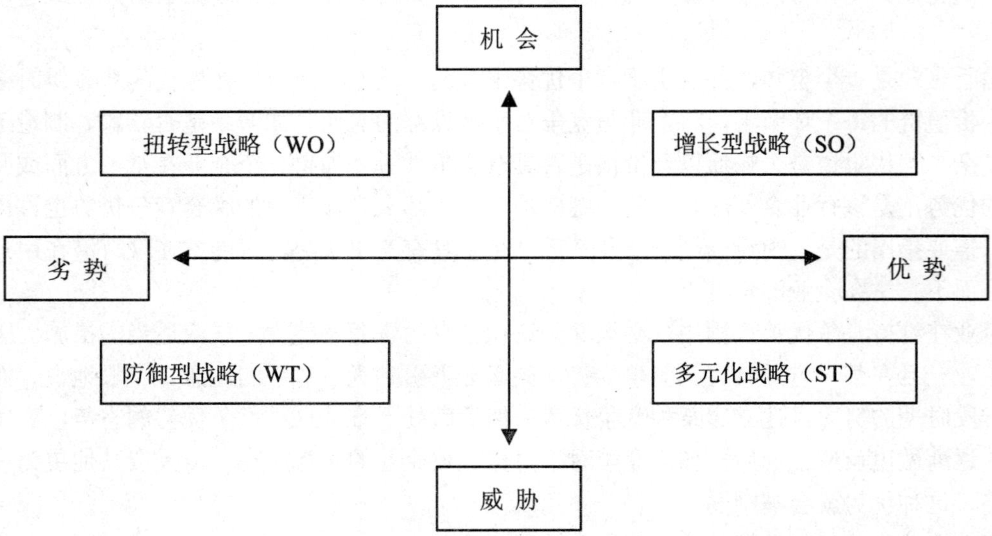

图 3-1 SWOT 矩阵

（6）战略分析。

第二节 旅游市场营销宏观环境

宏观环境是旅游业或旅游企业运行的外部大环境，它作用于微观环境，并对旅游企业营销的成功与否起着重要作用。旅游企业分析宏观环境的主要目的在于找出营销机会和环境威胁，根据宏观环境中的各种因素及其变化趋势来调整和制定自己的营销策略，以实现企业的营销目标。宏观环境包括政治法律环境、经济环境、人口环境、自然环境、社会文化环境和科学技术环境等因素。

一、政治法律环境

政治法律环境对旅游企业的营销活动和消费行为都具有不可忽略的调节作用。因此旅游企业在研究政治法律环境时，除了要分析本国的政治法律，还必须密切关注客源国和目的地国的政治法律环境，即必须研究国与国之间的关系。

（一）政治环境

政治环境既包括国内的政治环境也包括国际的政治环境。国内的政治环境主要指本国内部的政治制度、政党和政党制度、政治性团体以及党和国家的方针政策等。国际的政治环境包括旅游客源国和旅游目的地国的国际政治局势与国内政治环境的关系。

国家或地区通过行政手段对社会经济生活进行干预。例如，国家的方针政策规定了国民经济发展的方向和发展速度，这直接关系着社会购买力的变化和市场消费需求的变化，从而会对旅游企业的营销活动产生不同的影响；政治性团体的政策导向也会对旅游业的发展形成积极或消极的作用力。地方的方针政策同样能给旅游企业的营销活动带来明显的影响。例如，河南“焦作现象”的产生就与焦作市发展旅游业的许多鼓励性政策有着密不可分的关系。

国际上，中东地区由于多年炮火不断，该地区的旅游服务业处于极不稳定的状态；海湾战争更给该地区的旅游业以沉重的打击。自20世纪80年代以来，世界许多国家为促进旅游业的发展纷纷采取国家直接投资（拨款）、减税、设立旅游发展基金等财税政策，调动旅游投资的积极性。一般来说，旅游企业在进入一个国家或一个地区之前，除了要对该国的政局进行预测，还应了解该国或该地区的方针政策，以充分利用这些方针政策带来的市场机遇做好营销工作。

（二）法律环境

法律环境是指国家或地方颁布的各种法规、法令和条例等。旅游企业不仅要依法经营，还要分析法律规范，特别是和企业经营密切相关的关键因素。比如，某些地区关于喝酒者年龄限制的规定，交通运输中关于铁路客运票价、航空客运票价的规定，旅游娱乐消费税和扣除额的规定等都影响着旅游者的消费行为，从而影响旅游企业的营销。

二、经济环境

经济环境因素是构成市场供给和消费者有效需求的最重要因素。旅游者购买力直接或间接地受社会经济发展状况、价格水平、汇率、储蓄和信贷等经济因素以及消费者收入与消费结构的影响。因此，在进行经济环境分析时，要着重分析以下经济因素。

（一）经济发展水平

要估计某一旅游市场的潜力，旅游企业需要了解有关的经济发展水平的指标，这些指标主要包括国民生产总值（GNP）、人均国民生产总值、收入分配、个人收入和消费模式等。

1. 国民生产总值（GNP）

GNP是指一个国家或地区所有常住机构单位在一定时期内（年或季）收入初次分配的最终成果，是用货币表示的所有最终产品和服务价值的总和，反映了一个国家或地区经济发展的水平。从营销的角度来看，它反映了当地的总需求规模。一般情况下，旅游收入与GNP同步增长。从旅游经济学的角度看，客源地的GNP高，旅游需求量就会增加，同时旅游目的地的设施及接待条件好于其他地区，对旅游者的吸引力就越大。

2. 人均国民生产总值和收入分配

人均国民生产总值是指一个国家或地区的国民生产总值在该国或地区居民每人名下的平均数。人均国民生产总值与消费者的购买能力密切相关。有研究指出，一般来说，人均国民生产总值达到300美元就会兴起国内旅游，而人均国民生产总值达到1000美元就会产生出境旅游的需求。特别是人均国民生产总值在1500美元以上，旅游增长的速度更为迅速。自改革开放以来，中国经济得到了长足的发展，人均国民生产总值不断攀升，旅游业已经发展成为国民经济的重要产业，中国已经成为全球第四大入境旅游国和亚洲最大的旅欧客源国，入境旅游人数年均增幅达15.3%。

从国际范围内看，收入差距已经成为不同国家消费商品购买差异的主要原因。人均收入高的国家，其消费水平高，因此旅游消费市场的潜力也较大。不过人均收入水平仅意味着一个平均水平，各国收入的分配方式不同，收入的均等程度也就不同。如果一个国家20%人口的收入水平在人均收入水平之上，但是有80%人口的收入水平在人均收入水平以下的话，人均收入并不能反映这个国家的真实消费购买能力。因此旅游企业还应该分析不同收入层次的消费者的消费结构，不能仅仅根据人均收入水平来制定营销策略。

3. 个人收入和消费模式

个人收入是指一个国家的所有个人、家庭和私人非营利性机构，在一定时期（通常是一年内）从各种来源所得到的收入总和。其计算公式为：

个人收入=工资+业主收入+个人租金收入+股息+个人利息收入+社会保险金

个人收入是反映购买力高低的重要尺度。根据世界旅游组织统计，经济发达国家每个国民的旅游消费支出大约占个人所得的4%～6%。

个人可支配收入，是在个人收入中扣除税款和非税性负担后所得余额，它是个人收入中可以用于消费支出或储蓄的部分，它构成实际的购买力。

个人可任意支配收入，是在个人可支配收入中减去用于维持个人与家庭生存不可缺少的费用后剩余的部分。这部分收入是消费需求变化中最活跃的部分，也是企业开展营销活动时所要考虑的主要因素。

一个消费者的可任意支配收入增多，用于旅游或其他文娱活动的开支也较多。对此，法国统计学家恩格尔（E.Engel）提出了恩格尔定律：一个家庭收入越少，家庭收入中或家庭总支出中用来购买食物的费用所占比例就越大；一个国家越穷，每个国民的平均收入中或平均支出中用来购买食物的费用所占比例就越大；随着家庭收入的增加，家庭收入中或家庭支出中用来购买食物的支出比例将会下降。恩格尔系数是根据恩格尔定律得出的比例数，是指食物支出占总支出的比例。一般来说，恩格尔系数大于60%就是极贫困地区，而小于30%则可以认为较为富裕。只有恩格尔系数足够小，家庭才有能力购买生活必需品以外的娱乐活动。

在研究个人收入对旅游需求的影响时，不能只关注其个人可任意支配收入的数量，个人的消费模式也是不容忽视的，即消费者对于消费和储蓄的比例分配。当消费者收入一定时，用于储蓄的越多则用于消费的就越少。对于相同收入的不同消费者，喜好储蓄的那部分消费者难以成为现实的旅游消费者，而对于另一部分消费者而言，由于其消费观念超前或者对自己未来收入预期较高，他们会选择更多的现实消费甚至采用信贷消费。随着我国经济的发展和市场经济体制的进一步完善，消费者的信贷规模在不断扩大，旅游消费信贷也开始崭露头角。随着旅游信贷市场的不断扩大与发展，旅游消费信贷专业市场必将形成。旅游企业应将此类潜在消费者视为重点营销对象，以期增加更多的现实旅游消费者。

（二）经济发展程度

不同国家的经济发展程度不同，人们对旅游这一现象的认识和接受程度也不同。经济比较发达的国家，交通便利、通信发达、设施完善、资金雄厚，其出门旅游的人数就多。另外，发达的经济本身还可以为本国或地区增加吸引力，吸引别的国家或地区以学习、考察为目的进行旅游。一个贫穷的国家，因其交通不便，设施设备落后，即使有再美的风景，人们也会望而止步。

一个国家所处的经济发展程度或所属类型直接影响着在该国开展旅游市场营销活动的广度和深度。在发达国家或收入水平较高的国家，人们对于精神上的要求较高，他们会比较注意旅游产品的功能、价格和实用性。发达国家为世界输出的国际旅游者最多。在接待方面，发达国家也在国际旅游市场上占据了重要地位。虽然自20世纪90年代以来，发达国家作为世界旅游接待国的地位有所下降，但少数发达国家在国际旅游接待人次和国际旅游收入上仍超过了数量众多的发展中国家。因此旅游企业一定要根据目的地国所处的经济发展阶段有针对性地采取相应的策略，才能取得更好的营销效果。

（三）货币汇率

货币汇率反映不同国家不同货币之间的比价，对国际旅游需求的变化起着重要的作用。旅游客源国货币比值升高即本国货币升值，而旅游目的地国商品价格（包括旅游价格）未相应提高，则客源国的居民去往目的地国旅游时需要支出的货币就会减少，从而促使客源国的居民对目的地国的旅游需求增加。反之，当旅游客源国相对旅游目的地国的货币贬值了，则会减少客源国的居民对目的地国的旅游需求。对旅游目的地国来说，货币升值会减少旅游需求，货币贬值则会增加旅游需求。对旅游客源国来说，货币升值则会促进本国居民到国外旅游，货币贬值则会阻止居民外出旅游。

三、社会文化环境

社会文化环境是较复杂、特殊的一种环境因素，它时刻存在，会对旅游消费产生潜移默化的影响。社会文化环境是由一个国家和地区的民族特征、文化传统、价值观念、宗教信仰、风俗习惯等因素所组成的。它对旅游企业的产品开发、价格策略、营销渠道、宣传促销每个营销环节都有影响，只有适应当地社会文化，营销活动的开展才可能成功。社会文化环境包括教育水平、相关群体、社会阶层、民俗宗教等因素。

（一）教育水平

教育水平是指旅游消费者受教育的程度。一个国家、一个地区的教育水平与经济发展水平往往是一致的。教育水平对旅游市场营销的影响主要表现在两个方面：一是影响旅游者的消费结构、购买行为和审美观念，从而影响旅游企业的营销活动。文化程度高的消费者，思想比较先进，不满足于单调枯燥的生活，追求生活质量，旅游需求比较强烈。二是教育水平也制约着旅游企业的促销和分销策略。在教育水平低的市场开展科学的市场营销较困难，没有专门的调研机构进行市场调查，没有先进的广告公司进行广告策划，找不到高素质的销售人员进行销售。

（二）相关群体

一个人的态度和行为受很多小群体的影响。和一个人相关的群体主要有成员群体和参考群体两类。成员群体是一个人所归属的，对其有直接影响的群体。这类群体包括基本群体（如家庭、朋友、邻居和同事）和次级群体（如宗教团体、专业协会和工会组织等）。基本群体在成员间保持着经常的、非正式的互动关系，而次级群体的成员间是一种更正式的但不经常的互动关系。参考群体是指在一个人的态度和行为形成过程中起着直接或间接的比照或参考作用的群体。人们也会受到他们本不属于却渴望归属的那种明星群体的影响。旅游企业要努力识别其目标市场的参考群体，因为它能给人们带来新的行为和生活方式，影响人们的态度和自我观念，还会使人们在选择产品、品牌和中间商时产生某种趋同的压力。

（三）社会阶层

几乎每一个社会都有某种形式的社会等级结构。社会阶层是指一个社会相对稳定和有序的分类体系，每个体系中的社会成员都有类似的价值观、兴趣和行为。2001 年，中国社会科学院进行的“当代中国社会阶层研究”课题以职业为基础将中国社会阶层划分成了 10 个：国家与社会管理阶层，中国的社会政治体制决定了其高地位；经理阶层，市场化改革最积极的推进者和制度创新者；私营企业主阶层，政治地位无法与其经济地位相匹配；专业技术人员阶层，维护社会稳定和激励社会进步的重要力量；办事人员阶层，社会阶层流动链中的重要一环；个体工商户阶层，市场经济中的活跃力量；商业服务人员阶层，与城市化的关系最为密切；产业工人阶层，人员构成发生了根本性的变化；农业劳动者阶层，中国人口规模最大的阶层；城乡无业、失业和半失业人员阶层，特殊历史过渡阶段的产物。在某个既定的社会阶层内的人往往表现出类似的行为。在诸如食品、旅游和休闲活动中，不同社会阶层对产品和品牌的偏好表现出明显的差异。旅游企业应根据不同的社会阶层选择不同的营销策略。

四、人口环境

人口是构成旅游市场的第一位因素。市场主体是由具有购买欲望和支付能力的人构成的，人口的多少直接影响旅游市场的潜在容量。人口环境是由多种因素构成的，以下将从人口规模、人口结构和人口分布三方面进行说明。

（一）人口数量

一般来说，人口数量的多少是衡量市场容量的重要因素。人口数量与市场的大小、消费需求的多少成正比。在收入接近的条件下，人口的多少决定着市场的容量。人口规模基本上可以反映旅游市场的规模，因此人口规模是旅游企业预测市场规模的基本依据，但是不能局限在这一个因素上面，还需要综合考虑其他因素。

（二）人口结构

人口结构往往决定产品结构、消费结构和产品需求类型。人口结构主要包括人口的年龄结构、性别结构、职业结构、家庭结构等，是影响旅游购买行为的重要因素。

1. 年龄结构

近年来，由于经济的发展和计划生育政策的实行，人口的平均寿命延长，人口老龄化趋势严重。按照联合国卫生组织的统计标准，60 岁以上的老人占人口总量的 10%就是老龄化国家，随着世界人口的老龄化，老年人旅游市场已经形成，旅游景区应制定市场开发战略，推出适合老年人特点的各种服务项目。

2. 性别结构

从 20 世纪以来，世界各国都在致力于妇女解放、男女平等、经济独立。妇女学习与工作的机会大大增加，女性的地位在逐步提高。2008 年来华旅游的入境旅游者约有 2433 万人，其中女性旅游者超过 871 万人，占到了男性旅游者的一半以上。2003 年，我国城镇居民女性旅游人次占到总出游人次的 54.2%，而男性出游人次占总出游人次的 45.8%，女性出游人次已经超过男性。由于女性旅游人数的增加，旅游企业可以针对不断扩大的“长发”市场采取有针对性的营销策略。

3. 职业结构

职业在很大程度上决定了一个人的收入水平以及闲暇时间的多少。收入水平决定了一个人的购买能力，限制了旅游者购买旅游产品的种类、品牌、购买方式以及购买数量等。闲暇时间限制了一个人的旅游机会及旅游天数。一般而言，企业主、商人业务繁忙，出差机会多；科技人员、医生、教育工作者等外出进行学术交流的机会多；职员、自由职业者假日外出旅游的较多。旅游企业的营销活动应针对不同的职业群体采取不同的营销措施。

4. 家庭结构

家庭包括家庭数量、家庭人口、家庭生命周期等，这些都与旅游产品的数量、结构密切相关。在西方发达国家和我国一些经济发达地区，无子女的“丁克”家庭的数量不断增多。在这类家庭中，夫妇双方一般拥有较为正式且薪酬不菲的职业，因此家庭收入较为丰厚，而没有子女的负担又使他们有较多的时间用于外出旅游。晚婚人数的增加、离婚人数的增多使得单身家庭和单亲家庭的数量增加，单身旅游者的需求也可以作为一个潜在的市场机会进行研究。

（三）人口分布

人口的地理分布与旅游需求存在着密切的联系。一方面，空间距离对旅游目的地选择会产生影响。一般而言，世界旅游客流的强度随着地理距离的增大而逐渐衰减。因此在旅游格局里，国内旅游流大于国际旅游流，中短程国际旅游流大于远程国际旅游流。在相同目标的前提下，许多国家都把近距离的市场作为自己争夺的目标。不同地理区域人口旅游消费需求有别，因为人们所处的地理位置、气候条件、人文环境等不同会引发旅游消费需求和购买行为不同。此外，人口在区域内发生流动也为旅游营销创造了条件。乡下人进城务工，城市人下乡度假，乡村变为城市，小城市变为大城市，人口的这种分布及流动为市场带来了大量的机遇。

五、自然环境

旅游企业与自然资源存在着密切的联系，旅游企业的营销活动即受自然环境的影响，也对自然环境的变化负有责任。

从长远来看，自然环境应包括自然状况、生态环境和环境保护等方面，许多国家政府为了社会利益和长远利益，对环境保护加强了管理。旅游营销战略中实行生态营销、绿色营销等，是维护全社会长远利益的必然。任何个体和组织都有责任保护自然环境，倡导可持续旅游。

六、科学技术环境

科学技术的发展为人们的生活方式带来了最富戏剧性的变化，也对旅游业的发展起到了推动作用。科学技术的发展为旅游企业的市场营销提供了先进的技术手段。现在，许多饭店已普遍使用饭店管理系统，变手工作业为自动化作业；交通运输能力得到极大的提高和改善，短时间内的长距离旅游变为可能；现代通信传媒技术使人们的沟通更加方便，拓展了旅游企业的营销渠道。科学技术的发展增加了旅游市场营销创新的机会。网络营销对旅游业产生了巨大而深远的影响。由于科学技术改变了人们的生活方式、消费观念和需求结构，因而蕴藏着许多市场机会。旅游企业应根据这些变化增加旅游产品的科技含量和推广科技化的营销手段，为旅游者提供满意的产品与服务。

第三节 旅游市场营销微观环境

旅游市场营销微观环境是指存在于旅游企业周围并影响其营销活动的各种因素和条件，包括旅游供应商、旅游中间商、旅游消费者、竞争者、社会公众以及营销组织自身。

一、旅游供应商

旅游供应商是指那些为旅游企业的生产提供资源的机构和个人。主要包括旅游区、旅游饭店和旅游交通。

旅游供应商的现状或趋势会对旅游企业的营销活动产生直接或间接的影响。旅游企业在经营中需要多种资源，包括原材料、能源、资金、信息和人才等。具体而言，饭店的商品供应商有水电部门、公安部门、农贸市场等，旅行社的供应商有旅游风景管理区、交通部门、宾馆饭店、娱乐区等。旅游企业应该尝试与供应商建立稳定、长期、灵活多样的合作关系。处理与旅游供应商的关系主要有两种方式：一是采取复数原则，即分头与多家供应商建立合作关系，避免对某一家供应商的过分依赖；二是通过技术纽带、深层合作，尽量把供应商纳入公司控制范围，建立长期的合作关系，互惠互利。

二、旅游中间商

旅游中间商是指在旅游生产者和旅游者之间专门从事组织商品流通的独立企业，帮助旅游企业向最后的消费者推广、销售和分销产品。旅游中间商是旅游供应商与旅游消费者之间的纽带和桥梁，起着调节生产与消费矛盾的重要作用。包括经销商、代理商、批发商、零售商、交通运输公司、金融中间商、政府旅游机构、专业媒介等。

旅游中间商承担着组合旅游产品，并直接向旅游消费者推介和销售的职能，同时又担负着向旅游生产商及时反馈旅游市场需求的功能。旅游中间商这一中介地位决定其收集信息、传递信息、综合利用信息的重要性，旅游企业应认真分析，慎重选择中间商，例如中间商的信誉、能力、合作意愿和经营目的是否与本企业相符等。

三、旅游消费者

旅游消费者是影响旅游营销活动最基本、最直接的因素，是旅游产品和服务的最终购买者，可以是组织或个人。旅游企业的营销活动“以顾客为中心”，可以说旅游企业是依赖于旅游消费者而存在的，所以旅游企业必须认真研究消费者，把握消费动向。

个体购买者，是旅游产品的最终购买者，包括购买旅游产品的个人或家庭。这类顾客的特点是人数多，市场分布面广，因个体的年龄、性别、文化、偏好、习惯差异较大，需求差异较大，而且，虽然多属小型购买，但购买频率较高。另外，他们对旅游产品缺乏专门知识，购买行为具有较大的诱导性，而且购买流动性较大，特别是对地区、企业及替代品的选择和流动性较大。因此，旅游企业应关注这部分市场，适时地加强宣传，以影响个体购买者的购买行为。

组织购买者，是指各种企业或组织为开展业务或奖励员工而购买旅游产品的购买者。公司购买者数量少，但是购买规模较大。比如，企事业单位的业务旅游、奖励旅游、疗养旅游等。许多公司为奖励员工常常出手大方，一个大型豪华奖励性旅游团的消费，通常是一个普通旅游团队的5倍，利润十分可观。

四、竞争者

旅游企业的竞争者是指在同一市场生产或提供可替代的产品或服务的其他企业。任何企业从事营销活动都会遇到各种竞争对手的较量和压力，竞争对手不仅来自本国市场，而且来自其他国家和地区，竞争不仅发生在行业内，其他行业的企业也可能通过生产替代品而参与竞争。

旅游企业不仅要针对目标市场的需要适时做出策略调整，而且还要针对同一市场上竞争者的服务战略来做出相应的调整。没有哪一种竞争性的营销策略适用于所有旅游企业的需要。每个企业都要分析自身的规模，比较它与竞争企业的相对产业地位。在一个行业中占有显要位置的大企业所能运用的某些策略对一些小企业而言可能根本不具有实施的可能。此外企业应该掌握竞争对手的竞争能力。通过对竞争对手特别是主要竞争对手竞争能力的分析以及与本企业的竞争能力相比较，可以发现自己的优势或长处，找到对手的劣势或不足，从而制定正确的营销战略和策略，创造战胜竞争对手的机会。

五、社会公众

社会公众是指对旅游企业实现其市场目标有实际或潜在影响的社会团体或个人。它对旅游企业实现目标产生了实际的或潜在的影响。作为微观环境因素的社会公众环境，主要表现为以下几个方面：

1. 金融公众，主要指那些关心和了解并影响企业取得资金能力的任何集团，包括银行、投资公司、证券经纪行和股东等；
2. 媒介公众，主要是报纸、杂志、广播和电视等有广泛影响的大众媒介；
3. 政府公众，即负责管理旅游企业的业务和经营活动的有关政府机构；
4. 市民行动公众，包括保护消费者利益的组织、环境保护组织和少数民族组织等；
5. 地方公众，如旅游企业附近的居民群众和地方官员等；
6. 旅游企业内部公众，包括企业董事会和职工等。

旅游企业的生存与发展依赖于良好的社会环境和公众关系，社会公众与旅游企业的营销活动有直接或间接的关系，旅游企业要高度重视公众的利益，了解公众的需要和意见，采取有效措施满足公众的各种合理要求，并且有选择地参加一些力所能及的公益活动，努力塑造并保持良好的企业信誉和形象，为企业自身创造一个良好的营销环境。为处理好与周围公众的关系，大多数的旅游企业都设立了公共关系部，但是处理与周围公众的关系并非仅仅是公关部门的事情，还必须有全体员工的积极参与。

六、旅游企业

旅游企业的营销部门并不是在真空中作业。它们必须与公司的最高管理层以及各个部门紧密合作。实施营销计划所需要的资金要由财务部门筹措和使用。会计核算部门通过测算收益和成本来帮助营销部门了解是否达到了营销目标。产品开发部门负责产品创新，以便满足不断变化的市场需要。高层管理者制定公司的使命、目标、战略和政策。营销决策必须与高层管理者的战略和计划保持一致。在营销理念下，所有的管理者和员工都必须“为顾客着想”。他们应该致力于为顾客提供更优质的服务和满意度。总之，企业的所有部门都能对营销计划的成败产生影响。

本章小结

1. 旅游市场营销环境是指影响旅游企业市场营销活动的开展及目标实现的所有外部力量与相关因素的集合，包括微观环境和宏观环境两部分。旅游市场营销环境具有客观性、难以控制性、差异性、动态性、系统性等特点。

2. 旅游市场营销宏观环境是旅游业或旅游企业运行的外部大环境，通过微观环境对旅游企业的营销活动产生影响。宏观环境包括自然、经济、人口、政治法律、社会文化、科学技术等因素。

3. 旅游市场营销微观环境包括那些与旅游企业密切相关并能影响旅游企业为目标顾客提供服务的能力的因素，例如旅游供应商、旅游中间商、旅游消费者、竞争者、社会公众以及旅游企业内部影响营销协作的各个部门。

复习思考题

一、名词解释

旅游市场营销环境　SWOT 模型　旅游市场营销微观环境　旅游市场营销宏观环境

二、思考题

1. 旅游市场营销环境具有哪些特点？

2. 选一家饭店或餐饮企业，利用 SWOT 模型对它面临的市场营销环境进行分析。

3. 旅游市场营销微观环境、宏观环境包含哪些因素？

第四章　旅游者购买行为

学习目标

1. 掌握旅游者购买行为的概念
2. 熟悉旅游者购买行为的类型
3. 熟悉影响旅游者购买行为的因素
4. 掌握旅游者的购买过程

案例导入

老年人旅游成时尚

随着经济社会的发展、生活水平的提高和社会保障体系的不断完善，老年人对精神文化生活的需求不断增长，旅游已经成为满足老年人心理需求、丰富文化生活的重要组成部分，越来越多的老年人外出到全国甚至世界各地旅游。本期会客厅，我们一起来聊聊老年人的旅游故事。

旅行中感受乐趣

主持人：一起听听老年人的旅游故事。

江哲民：2007 年退休后，我便每年出门旅游 1 至 2 次。我以前在全国各地跑得比较多，因此近几年外出旅游，主要方向是那些从未去过的省、自治区。如第一年去了山西、宁夏，第二年去了甘肃、青海，第三年去了东北三省，第四年去了内蒙古。现在，除了还未踏上西藏、新疆和台湾的土地，其他地方我都走遍了。去西藏怕身体吃不消，没有列入计划，新疆和台湾肯定要去，还想出国旅游几趟，去外面见识见识。

我的旅行方式主要是自助游，地图随身带，行程日日排。以坐火车为主，有时和朋友一起自驾游。退休到现在，外出旅游坐火车已达 400 个小时，我的目标是再坐 500 小时火车，坐火车旅游相对经济，还能观赏沿途的风景。每到一个城市，那里的著名景点是必须去的，特色美食也要品尝一番，比如去西安要吃羊肉泡馍，到云南要吃过桥米线。

蒋常恩：现在生活水平好了，趁还能走得动多去外面看看。因此，村里组织老年人旅游我基本都会参加，儿子也带我们自驾游出去过几次。我游过长江三峡、北京，周边的苏州、无锡、常州、扬州、九华山、普陀山等也去过。有些地方以前只在电视上看过，去过了脑海里就会有印象。

夏宝娣：我们村组织老年人春游已有 10 年左右，以二日游为主，长三角地区很多景点都走遍。身体吃得消的村民一般都会报名参加，大家出游兴致非常高。有条件的村民自己也会自费旅游，子女也很支持，不少人都去过北京、云南、港澳台等。北京是首都，一直都想去看看，去年本想组织几个朋友一起去，后来有事未成行，今年有机会还是想去。

老人出游要求经济实惠

主持人：老年人出游一般有什么特点？

蒋雅飞：四五年前老年人旅游市场开始旺起来，一般村里的老年协会都会组织老年人旅游。以前一日游为多，现在长线旅游逐渐增多。从我们接待的本地老年团队来看，老年人对于旅游的总体要求是经济实惠，以观光游为主。他们希望价格低一点，看的地方多一些，“早出晚归”。对于食宿和导游词讲解要求并不是很高，能吃饱、干净整洁就行。

毛颖慧：老年人出游顾虑比较多，会考虑自己身体是否吃得消，怕语言不通，买东西怕被人宰等。因此，导游的耐心和细心非常重要，一般老年人如果随团旅游比较重视这一点，会要求导游服务态度好。有些旅行社会派一名随行医生跟随老人们，配备一些常用药，安排行程节奏稍微缓慢。

主持人的话——

旅游对于老年人来说，其兴趣不亚于青年人。祖国山川秀美，历史文化悠久，丰富多彩的民情风俗，品不尽的地方风味小吃，为老年人的生活增添新的乐趣。因此，老年人可以趁着大好春光，根据自身情况，多去外面走走看看。对于旅行社来说，老年旅游市场大有可为，如何做好服务工作，吸引更多的老年人是一件值得做的大事。

顾客是企业的根本，满足顾客需求是市场营销取得成功的关键。因此，把握顾客需求，分析顾客购买行为是市场营销的核心。同样的，对旅游企业而言，只有了解旅游者的购买行为，旅游企业才能在激励的市场竞争中生产出迎合旅游者需求的产品，继而在旅游者购买后获得相应的利润。因为旅游者的购买行为并不是一个简单的过程，它受到诸多方面因素的影响，并且常常超乎营销者的想象。

第一节 旅游者购买行为概述

一、旅游者购买行为含义

购买行为指消费者为满足某种需要而在购买动机的驱使下，以货币换取商品或劳务的实际行动。如果人的购买行为发生在旅游活动中，就产生了旅游者的购买行为。

旅游者购买行为是指旅游者购买旅游产品的所有活动，以及与这种活动有关的购买决策过程。旅游者是旅游活动的主体，旅游者也是旅游活动的决策者，需要就旅游活动中涉及到的事情做出决策，如旅游目的地的选择、旅游时间安排、旅游线路设计、旅游花费、交通工具、组织形式、食宿问题等。

旅游者的购买行为的内涵可以用“5W1H”来归纳。Who（谁会购买），在旅游者购买行为分析中，首先要搞清楚购买行为的主体，即谁会产生购买旅游产品的行为。Why（为什么购买），即旅游者的购买动机是什么？是为了健康娱乐、休闲度假、猎奇冒险、探亲访友，还是参加会议、增加见识。What（购买何种产品），即旅游者购买什么旅游产品，需求决定供给，因此，旅游者需要什么旅游产品，旅游企业就应该按需生产什么。When（何时购买），即旅游者倾向于什么时间购买旅游产品。Where（何处购买），即旅游者选择何种渠道购买旅游产品。How（如何购买），即旅游者采取何种方式购买旅游产品，包括如何支付购买费用，是一次性消费还是分时段消费，如分时度假产品等。企业要根据旅游者的购买要求组织营销活动。

二、旅游者购买行为的分类

（一）根据旅游者购买目标的确定程度与决策行为分类

1. 全确定型：也称例行反应行为类型（Routine response behavior），是指旅游者在购买行为发生之前，就已有明确的购买目标和具体要求。

2. 半确定型：也称有限度解决问题行为类型（Limited problem solving），是指旅游者对旅游产品有大致的购买意向，但具体目标和要求不明确，他们需要经过对同类旅游产品的比较选择后才能做出购买决策的购买行为。

3. 不确定型：也称广泛问题行为类型（Extensive problem sowing），是指旅游者没有明确和确定的购买目标，购买与不购买都是随意的、不确定性的购买行为。

（二）根据旅游者的性格特点分类

1. 习惯型：是指旅游者凭借以往的购买经验和消费习惯而采取的一种反复性的购买行为。

2. 理智型：是指旅游者在实际购买前已通过收集旅游产品的信息，了解市场行情，并经过慎重权衡利弊才做出最终购买决定的购买行为。

3. 经济型：是指旅游者对旅游产品的价格十分敏感的购买行为，又称价格型。

4. 冲动型：是指旅游者受现场环境的激发，以直观感觉为主，未经事先考虑，临时做出决定的购买行为。

5. 感情型：是指旅游者根据情感的反应进行旅游产品的购买行为，又称想象型。

6. 疑虑型：是指旅游者在购买旅游产品前三思而后行，购买后还疑心上当受骗的购买行为。

7. 随意型：是指旅游者在购买旅游产品时无固定偏爱，一般为顺便购买或尝试的购买行为，又称不定型。

（三）根据旅游者购买行为中的兴趣分类

1. 情调型：是指旅游者根据旅游产品或旅游服务的情调而做出购买决策的购买行为。这类旅游者一般经济基础较高，追求新奇、浪漫的感觉，对于感兴趣的旅游产品不借高价享用。例如，新婚旅游产品海底婚礼就是一种情调型消费。

2. 节日型：是指旅游者的消费兴趣在节假日期间集中而明显地表露出来的购买行为。

3. 时尚型：是指旅游者受社会风气及消费流行的影响而导致的购买行为。这类旅游者的兴趣反映在社会的趋时消费或特殊性消费上，他们追求新奇时髦，标新立异。近年来兴起的我国西部探险旅游热吸引了众多青年学生，就是时尚型消费的一种反映。

4. 娱乐型：是指旅游者在物质生活基本满足后，倾向于精神生活享受的购买行为。旅游者购买旅游产品的目的主要为休闲放松、调节情绪、丰富精神生活。在实际购买活动中，大多数旅游消费者属于这种类型。

第二节　影响旅游者购买行为的因素

尽管旅游者购买行为按不同的标准可以进行不同的分类，并且各种不同的购买行为之间也有较大的差异，但影响并决定旅游者能否购买的因素是一致的，主要包括文化因素、社会因素、个人因素和心理因素等。

一、文化因素

文化因素对消费者行为起着最广泛、最深刻的影响。现在我们进一步探讨购买者的文化、亚文化对购买行为所起的作用。

（一）文化

首先，文化是决定人们的欲望和行为的最基本的因素。它由基本的价值观、认知系统、欲望和行为所构成，这些是一个人从社会当中不断习得的。文化是通过一些有形的要素表现出来的，比如食物、建筑物、衣着和艺术品。文化是接待业和旅行业不可缺少的组成部分，它决定了我们吃什么、如何旅行、到哪里旅行和住在哪里这样一些问题。其次，文化是动态的，随着环境的改变而改变。例如，由于在文化上出现了一种更加关注健康和保养的趋势，许多饭店都增设了健身房或健身俱乐部。最后，文化的差异引起旅游消费行为的差异。

（二）亚文化

每一种文化都包含着更小的文化群体，他们是建立在共同经验和相同环境基础上并具有相同的价值体系的人群，即亚文化群体。主要包括民族亚文化群、宗教亚文化群、种族亚文化群、地理亚文化群。亚文化是与主流文化相对。由于亚文化是直接作用或影响人们生存的社会心理环境，其影响力往往比主文化更大。

二、社会因素

任何一名旅游者都是处在一定的社会环境中的，其行为包括旅游购买行为自然会受到各种社会因素的影响，这些社会因素包括社会阶层、相关群体、家庭、社会地位等。

（一）社会阶层

社会阶层是社会学家根据职业、收入来源、教育水平、价值观和居住区域对人们进行的一种社会分类。社会阶层具有以下特点：同一阶层的成员具有类似的价值观、兴趣和行为，在消费行为上相互影响并趋于一致；人们以自己所处的社会阶层来判断各自在社会中所处地位的高低；一个人的社会阶层不仅仅由某一变量决定，而是受到职业、收入、教育、价值观和居住区域等多种因素的制约；人们能够在一生中改变自己的社会阶层归属，既可以迈向高阶层，也可以跌至低阶层。同一社会阶层的人的行为具有较大的相似性。社会阶层较高的人思想开放，喜欢探索，乐于追求较高层次的情操修养，更愿意购买一些无形的文化艺术产品。而社会阶层较低的人一般相对封闭，对外界不感兴趣，不愿意冒险，也不愿意旅游，更愿意把收入花在买家用电器、住房等耐用品上。

（二）家庭

家庭是基本的社会单位，每个家庭都有自己独特的家庭文化，主要体现在购买观、购买倾向、爱好、信仰和价值观等方面。每个家庭成员的行为决策都会受到自己家庭文化的影响，尤其是来自家庭中权威成员的观点的影响。家庭对旅游购买行为的影响最为强烈，因为每一个家庭都有各自不同的旅游决策模式，而且，家庭所处的不同发展阶段也会对一个家庭的旅游活动产生重大影响。家庭旅游的促销对象主要是核心家庭，即仅仅包括父母和未婚子女的家庭。

（三）相关群体

所谓相关群体，就是能影响一个人的态度、行为和价值观的群体，如家庭、邻居、亲友、周围环境等，相关群体有不同类型。或因相似的生活方式，或因相似的生活环境而形成某种购买需求倾向的群体，一个人可能同时属于几个不同的相关群体。不同相关群体对购买者的影响程度不同。一般来说，一个人的旅游购买行为受家庭成员、朋友、邻居、经常接触的同事等相关群体的影响较大。

三、个人因素

旅游消费者的购买决策也受个人特征的影响，如年龄、所处家庭生命周期阶段、职业、经济状况、健康状况等。

（一）年龄

旅游者年龄本身对旅游购买行为并没有实际意义，但年龄的差别往往意味着生理和心理状况、收入及旅游购买经验的差别。因此，不同年龄的旅游者在旅游产品、购买方式和购买时间等方面的选择存在差异。一般来讲，老年人较倾向于节奏舒缓、舒适并且体力消耗较小的旅游活动；年轻人则喜欢冒险性、刺激性较强，体力消耗较大的旅游活动。但大多数老年旅游者尤其是城镇老年旅游者积蓄较多，用于日常生活的花费较少，因此旅游中的可自由支配收入较多。

（二）家庭生命周期阶段

家庭生命周期阶段对个人及家庭的旅游购买行为有很大影响。家庭生命周期是指新的家庭成立到此家庭消失的全部过程。一般家庭都要经历以下几个阶段。

1. 单身阶段：年轻、不住在家里。几乎没有经济负担，新观念的带头人，娱乐导向。主要开销为购买厨房用品和家具、汽车、模型、游戏设备，度假。

2. 新婚阶段：年轻、无子女。经济比上一阶段要好，购买力最强，耐用品购买力高。主要开销为购买汽车、冰箱、电炉、家用家具、耐用家具，度假。

3. 满巢阶段：最年幼的子女不到 6 岁。家庭用品采购的高峰期，流动资产少，不满足现有经济状态。部分收入用于储蓄，喜欢新产品，如广告宣扬的产品。主要开销为购买洗衣机、烘干机、电视机、婴儿食品、身体按摩器等。

4. 空巢阶段：年老的夫妇，无子女同住。户主已退休，赋闲在家，收入锐减。主要购买有助于健康、睡眠和消化的医用护理保健产品。

5. 鳏寡阶段：完全退休、丧偶。需要与其他退休群体相仿的医疗用品，收入有限，特别需要得到关注、情感和安全。

（三）职业

从事不同职业的旅游者，在经济收入和闲暇时间等方面会有所差异。收入水平决定一个人的购买能力，限制了旅游者购买旅游产品的种类、品牌、购买方式及购买数量。闲暇时间是限制旅游购买的另一客观因素，它在一定程度上会影响旅游购买的时间性和旅游天数。

职业本身也意味购买者的工作性质和生活经历。不同职业的人由于工作性质不同，可能会选择不同的旅游产品。工作复杂程度高、人际交往频繁、工作任务重的就业者倾向于选择放松型的度假旅游。

（四）经济状况

经济状况指消费者可支配收入、储蓄、资产和借贷能力。经济状况是决定购买行为的首要因素，它决定着能否发生购买行为以及发生何种规模的购买行为，决定着购买商品的种类和档次。

（五）健康状况

影响旅游者直接购买行为的重要因素之一还有旅游者的身体健康状况。身患疾病的人很难参加旅游活动；而健康状况不佳者，也只能在体力允许的范围内选择旅程较短、耗时较少的旅游项目。健康状况不同，旅游者对交通工具、住宿设施及餐饮要求也有很大的差异。例如某些健康状况欠佳的患者会选择疗养型旅游来治疗疾病。

四、心理因素

旅游者的旅游购买行为除受上述因素影响以外，还受旅游者心理方面因素的影响。

1. 动机

所谓动机是指推动人从事某种行为的念头。在英文字典中“动机”一词（motivation）来源于“激励”（motivate），其含义为促使人们以特定的方式采取行动或引起人的行为的因素。旅游者为什么要旅游？是什么引发了旅游者产生旅游的动机？许多国内外的学者都将动机作为影响消费者行为的主要心理因素。

（1）马斯洛的需要层次理论

美国心理学家马斯洛（A.Maslow）在其 1943 年出版的《调动人的积极性的理论》一书中提出了需要层次论。马斯洛的需求层次理论将个人需要排列成阶梯或层次状，他认为，只有当低层次的需要满足之后，才会受到高层次需要的激励。但任何一种需要并不因为下一个高层次需要的出现而消失，只是高层次需要产生后，低层次需要对行为的影响变小而已。如图 4-2 所示。

低级需要　1. 生理需要-----------饥、渴、性
↕　2. 安全需要-----------安全、保护
3. 社交需要-----------归属感、爱与被爱
4. 尊重需要-----------自尊和尊重他人
高级需要　5. 自我实现需要-----个人自我满足

图 4–2　马斯洛的需要层次理论

Chris Cooper 等人编写的《旅游学理论与实践》中，指出了马斯洛需要层次理论的缺点，即需要层次是可以因周围环境而改变、扩展或限制的，并不完全是普遍天生的。同时，马斯洛需要层次理论也存在无法回答的问题，包括：

- 马斯洛的理论没有表明为什么要选择这五种基本需要。
- 为什么如此排列需要？
- 在没有进行实际观察或实验的情况下，如何证实其模型是正确的？
- 为什么马斯洛不试图发展其最初的动机组合？

（2）旅游动机分类

德国学者格里克斯曼将旅游行为的动机分为心理的、精神的、身体的和经济的四大类。在格里克斯曼理论的基础上，日本旅游研究者田中喜一，把心理动机又分为四类：心情的动机（思乡之心、社交之心、信仰之心），精神的动机（求知需要、见闻需要、欢乐需要），身体的动机（治疗需要、保养需要）和经济的需要（购物目的、商业目的）。

美国学者麦金拖什、戈尔德纳和里奇也将旅游动机分为四类：

- 身体健康动机（包括休息、运动、游戏、治疗等）。这一类动机的特点是以身体的活动来消除紧张和不安。
- 文化动机。即了解和欣赏异地、异国的文化、艺术、风俗、语言等。这一动机表现出求知的欲望。
- 交际动机。持这类动机的人希望结识新朋友、探亲访友和寻找不同的体验。外出旅游的目的是为了躲避朋友或邻居之间的日常关系或逃避家庭环境。
- 地位与声望的动机。这类动机希望继续接受教育（如个人发展、自我完善等）。另外，也希望引人注意并受人赏识、提高自我，在追求业余爱好和受教育方面获得个人的发展。

国内学者孙文昌等，增加了除上述美国学者细分的旅游动机，即经济方面的动机。是人们对各种生活、文化用品的需求。如经商、购物以及低廉的旅游消费等。此外，也有学者指出旅游活动不仅是满足物质需要和精神需要，而且也受从众心理的影响。有一部分人为了和社会上大多数人行为一致，不愿意成为社会活动中的脱离者，在没有明确的旅游目的的情况下参与旅游活动，是受了从众动机的影响。

对旅游动机的研究大多从分类的角度进行，而事实上，还可以依据旅游的精神及文化价值来划分旅游动机的层次。张卫红按由低到高的顺序将旅游动机分为五个层次：放松层次、刺激层次、关系层次、发展层次及实现层次，并指出，绝大多数旅游者的旅游动机仍然处于初级的放松层次。还有学者把现代人的旅游动机分为了三种：求补偿、求解脱及求平衡。

事实上，人们外出旅游很少只出于一个方面的动机，旅游是一种综合性的社会活动，可满足人们的多种需要。因而，人们在外出旅游时，除了怀有某一主要方面的旅游动机，往往也会涉及其他方面的动机。奚恺元教授认为人们生活中的旅游等脉冲式的变化能使人们感到更加幸福，所以旅游成为在社会、经济条件允许后的一种世界性的大多数人的共同选择。尽管许多人都在研究旅游动机，但是旅游者的旅游动机相信是随着每个人的不同状况有所差异的。作为旅游业的营销人员，了解这种变化关系对掌握旅游者的心理和预测其行为有着重要的意义。

2. 知觉

知觉是反映客观事物的整体形象和表面联系的心理过程。知觉是在感觉的基础上形成的，但比感觉复杂、完整。人的知觉过程是在一瞬间发生，没有任何两个人会以绝对相同的方式看世界，他们眼中的事物也是不同的。旅游者的购买行为在某种程度上会被自身知觉所影响，而知觉又会被周围刺激物等因素所影响。

知觉受外界刺激物本身的特征影响，如大小、色彩、图案、形状、质地等因素。由于旅游服务本身所具有的无形性特征，旅游者不能像观察有形产品的样品一样，在购买前观察旅游服务。这就给旅游营销人员对旅游产品的介绍和评价带来了困难，同时也使旅游者感到要承担较大的购买风险。

刺激物与环境中其他事物的联系也会影响到旅游者的购买行为。所以，旅游营销人员在进行广告宣传时要突出特色，鲜明地把本产品的信息传递给旅游者。例如，如果旅游指南上印着一幅浪漫迷人的旅游度假地的图片，就可能会激起旅游者想要去亲身游览的欲望。相反，一张糟糕的图片就会起到相反的效果。

3. 学习

学习是指由经验产生的行为中相对持续不断的变化。我们对世界的认识是随着我们不断接触新事物和不断接收到反馈信息而加以调整的。学习的过程就是适应自身和环境变化的过程。刘纯认为，旅游娱乐本身就是一种习惯，刺激可能是由于长期不断的工作所带来的紧张，而这些人知道旅游可以减少这种紧张的情绪。只要这个刺激—反应行为能带来满意的报偿，他们将会继续旅游并成为习惯。

旅游购买行为的学习过程也是一样，当产品和服务能够满足旅游者的需要时，旅游者就倾向于再次购买。此外，接触信息的过程也是学习的过程。旅游购买者可以通过旅行社营销人员或周围的朋友、家庭成员以及自学的方式来获取旅游产品信息，所以保证高效、畅通的信息渠道将会对旅游者的购买行为产生很大的影响。

4. 态度

一个人所持的态度是学习过程的结果。态度大部分是建立在个人的信念和见解的基础之上的，而这些信念和见解又是通过家庭、学校、朋友、熟人、所属的群体、所生活的社会和国家学来的。态度具有稳定性和一致性。

通过了解旅游者的态度，可以有效地把握其购买偏好，因此偏好将直接影响旅游购买决策过程。旅游营销人员应使产品和服务与旅游者现有的态度相一致，而不去改变旅游者的态度。因为态度具有稳定性，不容易改变。如果期望改变顾客对某种产品和服务的态度，旅游营销人员可以通过加强产品的正面信息，逐步减缓旅游者反对和否定的态度。

5. 人格

人格是个人在适应环境的过程中所表现出来的系统的、独特的反应方式。它是个人在遗传、环境、成熟、学习等因素交互作用下形成的，并具有很大的稳定性。艾森克将其分为内倾性和外倾性。弗洛伊德认为，人格是一个整体，在这个整体之内包括着彼此关联、相互作用的三个部分，称为本我、自我和超我。由于这三个部分的交互作用而产生的内驱力，支配了个人所有的行为。不同人格类型的人一般具有不同的旅游购买行为，旅游营销人员应重视营销对象的人格特征，选择相应的有效的营销策略。

第三节 旅游者的购买过程

旅游者的购买决策过程是旅游者购买动机转化为购买活动的过程。不同旅游者的购买过程既有各自的特殊性，也存在一般的共性。分析旅游者的购买决策过程，有利于旅游企业针对不同情况，采取不同的营销策略，更好地满足旅游者的需求。

一般而言，旅游者的购买过程可分为几个阶段：认知需求、感知需求、信息收集、可选方案评估、购买决策以及购买后行为。

一、认知需求

认识需求指消费者确认自己的需要是什么。需求可由内在刺激或外在刺激唤起。营销人员在这个阶段的任务是：了解与本企业产品有关的现实的和潜在的需要。在价格和质量等因素既定的条件下，一种产品如果能够满足消费者多种需要或多层次需要就能吸引更多的购买者；了解消费者需要随时间推移以及外界刺激强弱而波动的规律性，以便设计诱因，增强刺激，唤起需要，最终引致人们采取购买行动。

二、信息收集

旅游者进行旅游决策时会不可避免地受到来自各种途径的信息和建议的影响。当人们产生了旅游需求，一般会有意识或下意识地寻找有关旅游产品的信息。购买者寻找信息时的积极性和参与程度取决于：购买者对旅游目的地的了解程度，旅游产品的价值和重要性，对该种产品需要的迫切性以及对产品的期望值。

（一）信息收集的类型

消费者的信息收集行为可以分为两种类型：内部信息收集和外部信息收集。内部信息收集是消费者重新唤起长期保存于记忆中的用于购买决策相关的信息。它包括消费者从前对产品的使用经验、过去积累的知识以及低介入度学习形成的记忆。介入定义为“一个人基于内在需要、价值观和兴趣而感到的与客体的关联性。”其中“客体”是指消费者可能发生介入的品牌、产品，或一则广告、促销信息或一种购物情景等。通常从策略上可分为“品牌（产品）介入”、“信息介入”和“购买情景介入”。当其中的“关联性”被测量时，又称为介入度。低介入度时的消费行为特征是惯性或习惯行为；而高介入度时的消费行为特征是热情或激情。

但在多数情况下，内部信息收集往往无法满足消费者购买决策的需要，那么收集过程将集中于与问题解决有关的外部信息，这就被称为外部信息收集。外部信息收集包括四种类型：（1）人员信息，如亲戚、朋友的推荐，从网友、博客听取的意见等；（2）受企业控制的信息，如企业的商业广告等；（3）中介信息，如专业的旅游指南书籍等第三方信息源；（4）经验信息，如产品的试用经验等。

（二）不同信息源使用差异

1. 单一信息源使用者和未使用信息源者之间的差异

我们以旅行社所提供的信息为例，研究者发现，首先，旅游者认为旅行社提供信息服务的作用（如目的地旅游吸引物、交通方式、酒店和餐厅的选择等介绍）比其他物质服务的好坏（如服务时间、投诉电话等）更为重要。其次，旅游者更倾向于使用固定的旅行社。

旅行社营销人员可以据此，一方面，增加旅行社可提供信息的内容，加强营销人员对所销售产品的了解。另一方面，重视再次选择该旅行社的旅游者，尽力满足其对产品的需要和对已购买产品的评价，努力培养其忠诚度，组建稳定客户群。

2. 单一信息源和其他组合信息源使用者之间的比较

国外学者对在陌生目的地的旅游者进行调查，涉及到了七种不同的信息源：旅行社、旅游小册子、亲戚和朋友、旅游局、会议与旅游者管理协会、商会、航空公司。根据旅游者使用信息源的数量和种类，旅游者的信息收集行为可被分为三种：咨询旅行社的、同时咨询旅行社和其他信息源的、咨询旅行社以外的其他信息源的。在研究收集行为的差异时，又设置了旅行社团的构成、住宿方式、参与的娱乐活动以及在目的地的行为四个因素。结果发现，影响信息源使用行为的因素主要包括：（1）旅行团的组成（个人、集体）；（2）目的地是否有家庭成员或亲友；（3）以往去目的地的旅游经验；（4）目的地的新奇程度。

在这项发现中，营销人员可以利用核心旅游成员的心理来影响其他成员的购买决策。同时，了解、更新旅游目的地的产品，加之销售技巧以吸引旅游者的购买兴趣。

3. 共同特征群体使用信息源状况

还有研究人员在研究具有共同特征的群体如何使用信息源时，选择了999名大学生进行调查，研究他们对各种信息源的评价。结果发现，他们对非正式信息源中来自同龄人的信息评价，高于来自各自家庭的信息；对正式信息源中电视广告和节目传播的信息评价，高于对其他信息的评价。

（三）市场营销对策

理性的旅游者在购买旅游产品时都具有追求效用最大化的动机，而旅游消费者行为效用的不同在于收益较之成本的差异，而这种差异的根本原因在于信息不完全或不对称的市场环境。在我国旅游市场中，信息不完全现象表现极为突出，这给旅游营销人员工作带来了难度。首先，构建完善的旅游信息系统。畅通的旅游信息传播渠道，能加大旅游信息的开发力度，通过互联网、电视、广播、书刊报纸和旅行社等多种渠道发布和传播，以满足各类旅游者群体对旅游信息的要求。其次，增大旅游信息透明度。如有不按规定完全披露旅游信息或发布错误的信息者，旅游行政管理部门应及时提出警告、处罚并对其行为进行曝光。再者，重视有组织的形象和诱导形象，使用诱导信息进行宣传促销，从而影响旅游消费者购买。

三、方案评价

旅游者对产品的选择与评价过程实际上是对能够满足其需要的产品和服务的筛选过程。一般而言，消费者的评价行为涉及三个方面。

1. 产品属性

产品属性指产品所具有的能够满足消费者需要的特性。产品在消费者心中表现为一系列基本属性的集合。在价格不变的条件下，一个产品有较多的属性将更能吸引顾客购买，但是会增加企业的成本。营销人员应了解顾客主要对哪些属性感兴趣以确定本企业产品应具备的属性。

2. 品牌信念

品牌信念是指旅游消费者对某品牌产品优劣程度的总的看法。旅游企业一般通过品牌来强化产品的属性，旅游者则是通过此属性来建立对某品牌的信念。信念越坚定，旅游者选择某品牌的倾向性越大。

3. 效用要求

效用要求指旅游消费者对该品牌每一属性的效用功能应当达到何种水准的要求。换言之，该品牌每个属性的效用功能必须达到何种标准他/她才会接受。

明确前三项问题后，旅游者会有意或无意地运用一些评价方法对备选的品牌及其产品进行评价和选择。旅游企业应该采取一些策略，提高自己被旅游者选中的概率：（1）提供充分的旅游产品的利益功能，使之接近旅游者的理想评价标准；（2）利用广告宣传，改变旅游者对本企业品牌的不佳信念；（3）设法改变旅游者的评价标准顺序，使本企业产品占优势的属性与特点得到重视。

四、购买决策

做出购买决策并实际购买，是购买决策过程的中心环节。旅游消费者经过产品评估后会形成一种购买意向，但是不一定导致实际购买，从购买意向到实际购买还有一些因素介入其间。

他人的意见和态度会影响到各种决策的进行。他人对旅游购买决策的影响主要取决于两个方面：他人意见对购买者的影响力和他人对某项购买决策的否定程度。他人与购买者的关系越密切或对购买者越重要；他人对该旅游购买决策的否定程度越强烈，购买者就越有可能改变购买意图。

突发因素也可能使旅游购买者改变购买意图。突发因素可分为与产品相关的突发因素和与产品无关的突发因素。与产品本身相关的突发因素可能是旅游购买者突然发现有关产品的不利信息。与旅游产品本身无关的突发因素包括出现了其他更迫切的购买要求或闲暇时间由于工作关系突然减少等因素。所以，有对特定产品的购买意图并不表示一定有相关的购买决策并产生购买行动。

我们以旅行社对旅游者做出购买决策的影响来看，市场营销人员需要注意几下几点：首先，旅行社的宣传促销活动可能影响旅游者对旅游目的地的感知印象，从而影响其决策行为。旅行社可以在广告宣传促销中提供完善的旅游目的地信息，美化旅游目的地，突出随团旅游的便捷与服务质量的优良，一些潜在的旅游者因此会对旅行社的宣传产生一定的认同感，从而对目的地产生良好的感知印象，促使其进行旅游决策。但是，如果旅行社过分美化宣传旅游目的地，而过多地忽略旅游目的地的某些不足，可能会引起旅游者的怀疑，使旅游者决策更加犹豫。

同时，旅行社的旅游广告信息，可能有效地引导和转变旅游者旅游观念，指导其目的地选择行为，开拓旅游市场的新需求。特别是那些有特殊价值的旅游新产品进入市场时，一开始并不为人们所注意和接受，而广告、媒体宣传就有助于人们建立新的旅游观念。如生态旅游、乡村旅游在我国的兴起，其很大程度上就受媒体与舆论的影响。所以，旅行社要利用充足的旅游目的地信息去宣传促销，吸引、引导旅游者购买该项旅游产品，同时也要注意信息的真实性。

五、购买后行为

旅游者在完成购买行为和购买行为之后，一般会产生三种感觉：满意、不满意和疑虑。每一种心理体验都会伴随有特定的购买后行动。而这些体验和行动又会影响到该旅游者下次购买行为以及他人的购买决策。因此，旅游者购买后行为对旅游营销人员仍具有重要意义。购买后的满意程度主要取决于：旅游者作为消费者的个人态度、预期值以及以往经历和旅游者预期在购买后得到的好处。一般而言，如果产品和服务的期望质量与实际质量相符，那么旅游者会感到满意；如果消费者购买感知的效果超过预期，消费者就会更加满意。反之，如果产品和服务的预期值高于实际质量，那么旅游者会感到不满意。当然，高质量的实际服务水平也并不一定意味着顾客就有高度的满足感，因为对旅游者满意度的衡量本身就具有不确定性、多样性和复杂性。旅游营销人员需要注意的是，在提供信息时一定不能将产品和服务的实际水平夸大，否则就会在期望质量和实际服务水平之间形成较大的差距，从而导致旅游者的不满。

旅游购买后的满意状况还会影响到旅游者今后的购买行为。如果旅游购买者在购买后最终获得了满足，那么在下一次购买中，就会倾向于继续购买该产品和服务。所以，满足了消费者对产品的第一次使用，有利于形成一批老客户群，从而不需要额外营销费用就能保持一笔稳定的收入。更为重要的是，获得了满足感的旅游购买者，会在日常生活中向相关群体中的成员称赞该产品和服务，而这种口头宣传往往对相关群体成员的购买决策产生巨大的积极影响。对旅游营销人员来讲，旅游者对于产品的正面评价会直接影响其亲朋好友，而这些亲友又可能成为新的客户群。

但当旅游者不满意时，会产生不同的反应。首先，该旅游者倾向于下次不再购买该产品和服务。其次，旅游者还有可能向旅游服务企业、旅游行政管理机构及旅游行业协会投诉。解决投诉费用时花费较大，甚至还会直接导致经济赔偿，并且可能会对公司声誉造成不利影响。这就要求旅游营销人员应该注重顾客投诉及补偿服务。

此外还有种情况，当客人既没有产生满意感又没有对产品产生明显不满时，在旅游后就会产生购买后疑虑，有学者称之为购后失调。也有情况是，旅游消费者在旅游之前对各种旅游购买选择难以判断，或者在旅游中遇到了一些麻烦和不如人意的地方，也可能产生购后失调。而对购后失调，购买者一般会继续选择性地接触与本次购买相关的有利方面的信息，以使自己确定本次旅游的价值。针对旅游者可能出现的购后失调，旅游营销人员可以提供电话回访、新产品线路介绍等服务，帮助旅游者消除疑虑，从而使旅游者增大再次购买的可能。

本章小结

1. 旅游者购买行为是指旅游者购买旅游产品的所有活动，以及与这种活动有关的购买决策过程。旅游者购买行为是旅游者个人特征、社会影响因素及环境影响因素共同作用的结果。

2. 旅游者行为的个人决定因素包括旅游者的个人状况、知识、经历和态度与感知。旅游者的外部决定因素包括全球的政治、经济和技术因素；国内政治、经济、社会和技术因素，媒体的影响，旅游产业的营销活动以及亲友的观点等。

3. 旅游者的购买过程可分为几个阶段：激发需求，感知需求，信息收集，可选方案比较/评估，购买决策以及购买后行为。

复习思考题

一、名词解释

消费行为　态度　动机　GDP　马斯洛需要层次理论

二、思考题

1. 旅游者购买行为的含义是什么？如何对旅游者购买行为进行分类？

2. 影响旅游者购买行为的社会因素有哪些？

3. 旅游者的人口统计因素和心理因素是怎样影响其购买行为的？

4. 旅游者的购买过程包括哪几个阶段？旅游营销人员可以采取哪些营销措施？

第五章　旅游市场细分与目标旅游市场选择

学习目标

1. 明确旅游市场细分的定义和作用
2. 掌握进行市场细分的方法
3. 掌握选择目标市场的过程
4. 掌握进入旅游市场的三个主要营销策略

案例导入

在富起来的中国，旅游逐渐成为多数中国人的主要消费形式之一。但是，当我们流连于山水之间、纵情于灯红酒绿的时候，是否应该想到孩子也应该成为旅游大军的一部分。不管是家长还是旅行管理部门，都应该从孩子的角度想想，让他们去旅游，为他们提供更好的旅游服务。对于商家来说，这更是一个应该去做的事情，因为儿童的旅游市场商机巨大，潜力无穷。

儿童旅游虽然是一个不常被人提及的词汇，但外出旅游的确是孩子们迫切的需求。近日，记者到一些小学采访了一些儿童，几乎所有的学生都告诉记者："我非常想出去玩"、"我喜欢出去旅游"。有的孩子表示喜欢去其他城市玩；有的孩子喜欢到风景区走一走；有的孩子希望能够和年龄相仿者一起出去游玩；还有更多孩子的希望非常直接：我想去海边捉鱼，我想去西昌看卫星发射，我想去野生动物园看动物……可是，虽然孩子们对外出旅游有着热切的愿望，却有着普通的失望：家长没有时间。

一家旅行社负责人表示，儿童旅游其实是一个大市场，寒暑假期间，中小学生结伴旅游的人数与规模正在与日俱增。这一方面反映了青少年对知识的渴求早已突破了单纯课本知识界限，而乐于向社会和生活学习；另一方面也显示了青少年对人生价值观念的变化。几乎绝大多数家长已不再把孩子们的这种活动看作是浪费或奢侈；相反，有的家长不但积极鼓励支持孩子们在旅游中获取知识，甚至干脆加入他们的旅游队伍，成为他们最可靠热心的导游和伙伴。

一位业内人士表示，随着经济的进一步发展和社会生活水平的进一步提高，儿童旅游市场将会以几何基数增长。

由于旅游市场具有复杂多变性，因此，任何旅游企业都不可能满足市场上所有旅游者的需求。旅游企业只能根据自身的优势条件，从事一种或几种旅游产品经营，针对那些力所能及的、本企业旅游产品有销路的目标市场展开经营。因此，旅游企业有必要把一个整体的旅游市场进行细分，筛选出适合自己进入的市场。

第一节 旅游市场细分

一、旅游市场细分的概念

（一）市场细分

市场细分又称为市场分割，它是指营销者通过市场调研，依据消费者的需要和欲望、购买态度、购买行为特征等不同因素，把某一个产品市场划分为若干不同的消费者群体的行为过程。其中每一个消费者群就是一个细分市场，每一个细分市场都是具有类似需求倾向的消费者构成的群体。

（二）旅游市场细分

旅游市场细分是指，旅游企业根据旅游消费者对旅游产品的需求欲望、购买行为和购买习惯的差异把旅游市场按一种或几种因素加以分类，使分类后的亚市场在一个或几个方面具有相似的消费特征，以便旅游企业用相应的营销组合尽可能地满足不同消费群的需要。

二、旅游市场细分的作用

旅游市场细分是分析旅游消费需求的一种手段。对于旅游企业而言，它有以下作用：

1. 有利于旅游企业发现市场机会，开拓新市场；
2. 有利于旅游企业掌握目标市场的特点和选择目标市场；
3. 有利于旅游企业制定市场营销组合策略；
4. 有利于旅游企业制定灵活的竞争策略，从而提高企业的竞争能力。

三、旅游市场细分的原则

要使旅游市场细分能真正有效地发挥作用，细分市场时必须遵循下述原则。

（一）可衡量原则（可区别原则）

通过市场细分后的各细分市场必须具有明显的差异性，并能测算出各细分市场的潜在规模和购买力，为制定营销策略提供可靠的依据。可衡量原则主要包括两重含义：

1. 细分旅游市场所选择的标准要能被定量地测定，以明确划分各细分市场的界限。例如旅游者的胆量、勇气等对旅游项目、交通工具的选择虽有较大影响，但这样的因素却难以衡量，因此不能作为划分细分市场的标准。

2. 所选择的细分标准要与旅游者的某种或某些旅游购买行为有必然的联系，这样才能使各细分市场的购买行为特征被明显地区分开来，为旅游营销者有效地针对不同细分市场制定营销组合提供帮助。这也是市场细分的根本意义所在。例如，旅游者的出生地虽然可以被确定，但与旅游者选择旅游项目的行为并无必然联系，因此不能作为划分细分市场的标准。

（二）可赢利原则

各细分市场必须具有一定的规模，其中至少有一个细分市场足以使企业有利可图，而且有相当的发展潜力。理解本原则有三个要点：

1. 虽然市场细分有使整体大市场小型化的趋向，但又决不能过分细分市场到失去一定规模经济效益的程度。

2. 应注意到某些细分市场虽然在整体市场中所占比重很小，但其绝对规模或购买力足以达到赢利水平，甚至具有很大的开发价值。如老年人旅游市场和探险旅游市场，虽然在整体市场中所占比重不大，但前者绝对规模大，后者人均支付的费用多，各有其开发价值。

3. 当细分市场的顾客人数和购买力一定时，是否有利可图还与开发成本有关。当由于外界条件的变化或者通过主观努力而使开发成本得以降低时，就可能使一些原本无利可图的市场变为有利可图。

（三）可进入原则

可进入原则是指通过确定某一经营组合进入某一细分市场，使该细分市场的消费者群前来购买本企业的产品或服务；此外，还应能获得有关细分市场潜在消费者购买习惯方面的各种信息和数据。假如旅游企业的广告根本无法让细分市场的旅游者看到或理解，或细分市场的旅游者受种种限制根本不可能到达旅游目的地，这样的细分市场即使开发潜力再大对企业而言也没有任何价值。

（四）稳定性原则

严格的旅游市场细分是一项耗时、耗钱、耗力的复杂而又细致的工作，因此要求细分后的市场应具有相对稳定性。如果变化太快、太大，会使制定的营销组合很快失效，导致营销资源分配不得不重新调整，并形成企业市场营销活动前后脱节的被动局面。

四、旅游市场细分的依据

由于年龄、性别、收入、职业、受教育程度以及生活方式等因素的影响，不同的消费者有不同的需求。这些不同的需求便是旅游市场细分的依据。细分市场不存在统一的标准变量，每个旅游企业必须选择适合自身资源的可变因素来细分市场。在市场细分中常用的四个依据是地理细分、人口细分、心理细分和行为细分。

（一）地理细分

地理细分是指旅游企业依据消费者所在地理位置、地形气候、空间位置等因素来细分旅游市场。地理变数之所以作为市场细分的依据，是因为地理环境对人的生活影响大，人们处在不同的地域环境下，对于同一类型旅游产品往往有不同的需求偏好。

1. 地理区域因素

地理区域因素是细分旅游市场最基本的因子，具体又可分为洲别、国别和地区等因子。不同地理区域的地理位置、自然环境、经济环境与人文环境的综合差异，深刻影响、制约着其消费者旅游需求的综合差异。一般而言，客源地与目的地在自然风光和人文风貌上差异越大，其旅游吸引力也越大；而两地间生活条件、生活方式以及价值观差异越大，其旅游障碍就越大。以地理区域因素细分旅游市场，有利于旅游目的地针对不同客源市场设计特色旅游产品与分销、促销策略。例如，世界旅游组织根据洲际间在自然、经济、文化、交通以及旅游者流向等方面的联系，将世界旅游市场细分为六大旅游区域，即欧洲市场、美洲市场、东亚及太平洋地区市场、南亚市场、中东市场和非洲市场。

国际上还通行按不同客源国或地区旅游者流向某一目的地所占该目的地总接待人数的比例来细分市场。在一个旅游目的地国家或地区的总接待人数中，来访者最多的两三个客源国或地区（一般占总接待人数的40%～60%）可划为一级市场；来访者占相当比例的一些客源国或地区，可划为二级市场；虽然目前来某目的地旅游的人数很少而其出游人数日见增长的国家或地区，可划为机会市场（也叫边缘市场）。

2. 气候变量

根据潜在旅游客源地区与旅游目的地之间自然环境的差异，尤其是气候环境的差异，来细分旅游市场，也是极其有意义的。地形、气候、水体、生物等都是构成自然旅游资源的重要因素，其中起主导作用的是地形和气候两方面因素。气候对生物和水体的状态影响最大、最直接，且气候类型分布的规律较明显，以地质地貌为主的旅游资源也往往需要有一定的气候条件相配合才更富有吸引力。因此，以气候为主导因素的自然旅游资源往往是很有力的旅游吸引物，尤其对于度假旅游来说是最重要的吸引物。如以“3S”（Sands、Sea、Sun）著称的地中海风光，每年吸引欧洲80%以上的度假者前往，尤以北欧各国旅游者为盛。

依地理因素细分市场的具体情况如表5-1所示。

表5-1　依地理变量细分市场表

细分依据	细分结果
地区	国内：华东、华南、西南、中国、西北、华北、东北 国外：欧洲、北美、亚洲、拉美、非洲
人口密度	城市、农村
城市规模	大城市、中小城市、城镇
地形	山区、平原、高原、盆地
气候	热带、亚热带、湿带、寒带

（二）人口统计细分

人口统计细分是以人口统计因素，如年龄、性别、职业、家庭规模、婚姻状况、收入、教育、信仰、种族、国别等不同条件进行旅游市场细分。由于人口统计细分与消费者的欲望、偏好、习惯及产品使用率等有密切联系，因此它成为细分市场常用的依据。综合考虑，人口统计变量可形成如下基本标准。

1. 年龄

人口年龄变量是细分旅游市场最主要的变量之一。不同年龄的消费者有不同的旅游需求特点。据研究，20岁～64岁之间的人出游率最高，其中35岁～44岁之间的人最富有旅游的活力，按照人口年龄变量，旅游市场可细分为老年人、中年人、青年人、少儿等四个细分市场。其消费特征如表5-2所示。

表5-2　不同年龄细分市场的消费特征

细分市场	特　征
少儿市场	选择教育性、娱乐性强的旅游项目，注重安全、卫生、便利
青年市场	活泼，喜欢刺激、新颖的产品，消费水平较低，发展前景好
中年市场	消费比较理智，人数多，'市场潜力大，商务旅游居多，消费水平高，逗留时间较短
老年市场	怀旧，喜静，收入稳定，时间充裕，比较关心旅游服务项目的质量

中年人旅游市场是当今人数最多、潜力最大的旅游市场。中年人年富力强，收入往往不

菲，较讲究食宿和享乐条件，较看重与自己年龄及身份相称的游乐项目。该市场中，以观光、会议、商务旅游者居多，携家度假旅游的也不少，是旅游企业较理想的目标市场。

老年人旅游市场也是比较引人注目的市场。老年人大多有经济积累，子女负担较轻，闲暇时间充裕（尤其是退休者），无工作压力或压力小，旅游兴趣较浓，其旅游以观光休养、探亲访友居多。随着世界人口老龄化问题日益凸显，如何进一步开发老年人旅游市场已成为世界旅游业广泛关注的课题。

青年人旅游市场虽然总体消费水平不高，但仍是一个人数众多、不容忽视的市场。青年人精力、体力都处于最佳状态，无论是时间上还是金钱上的障碍都不能遏制其旅游的热情。

少儿旅游市场也有其自身特点，需要旅游营销者加以注意。少儿旅游一般须由学校组织或成人带领，通常选择具有教育性、游乐性的旅游项目，注重安全、卫生、便利等。

2. 性别

由于生理上的差别，男性游客与女性游客在旅游产品需求与偏好上有很大不同。一般而言，男性游客独立性较强，倾向于参与知识性、运动性、刺激性较强的旅游活动，选择公务旅游、体育旅游的较多，喜欢康乐消费等。而女性游客更注重旅游目的地的选择。较喜欢结伴出游，注重人身与财产安全因素，喜好购物，对价格较敏感。近年来，随着妇女社会地位的提高，女性外出工作的比例越来越大，这从工作需要、心理需求方面为女性旅游市场的发展提出了要求；同时，女性经济能力的提高也为女性旅游市场的发展提供了条件；进行公务旅游的女性游客人数迅速增长；单身旅游也变得时髦。女性旅游市场的开发已逐渐受到旅游企业的关注。

3. 家庭

家庭是消费的基本单位。家庭结构、规模和总收入等状况都会直接影响旅游需求。这些状况会随着家庭生命周期阶段的不同而变化，其中家庭结构对旅游消费需求制约较大。

4. 收入、职业、受教育程度与社会阶层

由于可自由支配收入是实现旅游活动最重要的限制性客观条件之一，直接影响到旅游消费水平和消费构成，因此，以消费者收入水平细分旅游市场具有较为普遍的意义。

由于旅游是具有审美性质的高层次消费活动，因此消费者受教育程度与职业特征也会直接影响到旅游需求的程度、层次、类型与内容。一般来说，受教育程度越高，旅游需求层次越高、品位越高。职业特征对旅游需求的时机、类型影响较大，如教师、学生一般只能利用寒暑假旅游，管理人员、技术人员和商务人员多进行公务旅游和商务旅游。

收入、职业与受教育程度往往是相互关联的，三者共同作用。形成社会地位的差异，产生社会阶层。社会阶层的划分，多以收入为基础、以职业为代表，将受教育程度作为参考。每一阶层的成员具有相似的价值观、兴趣爱好和行为方式。社会阶层变量有时可代替人口统计变量作为细分旅游市场的标准。

（三）心理细分

心理细分是根据消费者的心理特点，如生活方式、性格、态度、兴趣和动机等来进行旅游市场细分的。旅游消费者由于所处的社会阶层、生活方式和个性等不同，其心理活动也会有很大不同。实现旅游活动的主观条件，根本的还是旅游动机；而个人的心理特征在形成旅游动机上起着首要作用。因而，以心理变量细分市场能更准确地区分市场特征。依部分心理变量细分的市场类型如表 5-3 所示。

表 5–3 依部分心理变量细分市场的类型

细分依据	细分市场类型
生活方式	传统型、新潮型、简朴型、奢侈型、潇洒犁、高雅型
性格	内向型、外向型

（四）行为细分

行为细分就是根据旅游消费者对旅游产品的了解程度、态度、使用情况、反映等行为特征进行旅游市场细分的。根据旅游者购买过程中比较关键的行为特征，如购买时机、消费者状况、购买数量及频率、品牌忠诚度及频率等，可细分出一些需求各异、具有综合性特征的重要旅游细分市场，如表 5-4 所示。

表 5–4 依行为变量细分市场的类型

细分依据	细分市场类型
购买动机	观光型、商务型、会议型、欣赏文化民俗型、度假型、其他型
偏好程度	极度偏好型、中等程度偏好型、摆动偏好型、无偏好型
购买时间	旅游淡季、旅游旺季
购买次数	一次购买型、重复购买型
购买行为特征	理智型、冲动型、积极型、猎奇型、享受型
购买数量	团体型、散客型

下面简要介绍按购买时间、购买数量及频率对市场的细分。

1. 按购买时间细分市场

旅游消费季节性很强，根据购买时间因子不仅可将旅游市场划分出旺季、淡季及平季等二至三个细分市场，而且还可细分出寒暑假市场，以及春节、国庆节、双休日等节假日市场。如上班族只能选择节假日外出旅游，学生、教师往往在寒暑假期间出去旅游，老人则挑选春秋天的淡季去旅游。

2. 消费者状况

这是根据消费者是否曾购买旅游产品和购买程度来细分市场。通常可分为：旅游常客，初次旅游者，潜在旅游者，不愿旅游者。旅游企业往往重视将潜在旅游顾客变为现实旅游顾客，将初次旅游者变为旅游常客，并设法吸引不愿旅游者的注意力，使其产生旅游欲望，参与旅游购买活动。

3. 购买数量及频率

根据消费者购买旅游产品的数量与频率特征，可将市场分为少量购买者市场和大量购买者市场，或分为较少旅游者市场、多次旅游者市场和经常旅游者市场。此类划分有利于深入探析具有不同购买数量特征的旅游者群体在人口属性与心理方面的不同特征，从而也有利于分析形成旅游者购买数量需求差异的深层原因。经常旅游者通常在整体市场上所占的比重很小，但他们的旅游消费支出在整体市场上往往占有很大的比重。

4. 品牌忠诚度

旅游消费者的忠诚度包括对企业品牌的忠诚度和对旅游产品的忠诚度。旅游企业科据此细分市场。有些旅游消费者经常变化品牌，另外一些消费者则在较长时期内专注于某一个或少数几个品牌。通过了解旅游消费者品牌忠诚情况和品牌忠诚者与品牌转换者的各种行为及心理特征，不仅可以为旅游企业细分市场提供一个标准，同时也有助于企业了解为什么有些旅游消费者忠诚本企业产品，而另外一些消费者则忠诚于竞争对手的产品，从而为企业选择目标市场提供帮助。

以上几种变量是旅游市场营销细分的主要依据，在实际营销过程中，用于细分市场的变量并非仅有这些。旅游企业应根据自身的优势和外部环境给予的条件来细分市场，不能生搬硬套。

五、旅游市场细分的方法

旅游市场细分的变量是多维的，也是多层次的，单用一种变量来细分市场有时不能将市场描述清楚，必须根据市场特征和具体情况采用多种方式、多个变量因素来进行市场细分。市场细分的方法主要有如下三种。

（一）单一变量细分法

单一变量细分法是将影响旅游消费者需求的某一重要因素作为细分市场的唯一依据，来划分市场中不同的消费者群体的方法。这种方法能够将市场迅速细分，而且细分市场的特征较鲜明，但不能对市场进行深刻的调研分析。如以性别为依据来划分，整个市场可分为男、女两个细分市场。

（二）多变量综合细分法

多变量综合细分法是选择两个或两个以上显著影响市场需求的变量，作为细分市场的依据，来划分市场中的消费者群体的方法。这种方法能准确、深入地划分旅游市场，有助于旅游企业做出准确、合理的市场营销策略，但会增加市场细分的时间、费用等。同时，如果不能科学合理地掌握市场细分的变量数目，极易造成市场的完全细分，即将市场上每一个消费者个体作为一个单独的细分市场，从而失去市场细分的意义。

（三）顾客赢利能力细分方法

所谓顾客赢利能力，是指企业顾客在未来很长一段时间内（指其作为企业顾客的时间长度内）为企业贡献利润的一种能力。根据顾客赢利能力的不同进行市场细分，就是把顾客赢利能力作为市场细分的变量，把每一个顾客都当作一个细分市场，分析企业服务每个顾客的成本和收益，得到每个顾客对企业的财务价值，然后与企业设定的顾客赢利能力水平进行比较，如果顾客的赢利能力达到或超过企业设定的水平，那么他就是企业目标市场中的一员，所有满足这个条件的顾客构成企业的目标市场。

这种细分方法的优点是：能直接界定细分市场可否为企业带来赢利，能真正达到市场细分的目标，完全满足目标营销的需要，是实现“一对一营销”的前提和基础，从而保障企业能更有效地针对每个顾客提供产品和服务。

衡量顾客赢利能力的指标是顾客终身价值。所谓顾客终身价值，是指顾客作为企业顾客的周期内为企业利润所做贡献的折现总和。影响顾客终身价值的最重要的两个因素是计算周期和贴现率。一般而言，在贴现率不变的情况下，顾客成为企业顾客的周期越长（即计算周期越长），那么，纳入计算的顾客价值就越多，顾客的终身价值就越大；计算周期一定的情况下，贴现率越高，未来的收益就越不值钱，则顾客终身价值就越小。

顾客终身价值的计算比较复杂，需要获得以下一些信息：

1. 顾客作为企业顾客的时间周期；
2. 企业的贴现率（因为未来的收益要折现）；
3. 每个时间周期内顾客购买某产品品类的频数；
4. 顾客购买该企业产品的平均贡献；
5. 顾客购买该企业某产品的概率；
6. 其他一些信息。

六、旅游市场细分的程序

旅游市场细分并无一个定式，通常是先确定细分的依据，以此为基础分割市场，然后对分割后的市场进行分析，最后确定目标市场。

（一）选定旅游产品的市场范围

旅游企业在选定旅游产品市场范围的时候，不是以旅游产品本身的特性来确定市场范围，而是根据旅游市场的需求来划定市场范围。然而旅游产品不同于一般有形商品，它受原始资源的制约比较大，常常会以旅游产品区寻找市场。因此旅游企业在划定市场范围的时候，要结合本省的行业特点、资源能力和产品基本设计等因素来考虑。如是以观光型旅游为主，还是以温泉、沙滩疗养型旅游或者是休闲度假型旅游等为主，营销定位是高档旅游市场营销还是中、低档旅游市场营销，等等。

（二）了解潜在旅游消费者的基本需求

在选定产品市场范围的前提下，旅游企业可从人口、地理、行为、心理、经济等各种因素入手，估计潜在旅游消费者的需求，以了解市场需求状况。如旅游消费者对疗养旅游的需求大致包括环境宁静、空气清新、有益健康，而对会议旅游的需求则是通信方便等。

（三）分析潜在旅游消费者的不同需求

在初步分析旅游消费需求的基础上，旅游企业以罗列的各种需求为调研依据，对不同类型、具有鲜明特征的潜在顾客进行调研，了解他们较为迫切的需求，然后加以归纳、集中，从中选出两三个作为市场细分的标准。

（四）排除潜在旅游消费者的共同需求

旅游消费者的共同需求固然重要，但只能作为设计市场营销组合的参考，而不能作为市场细分的标准，因而可以排除这些共同需求，选择具有鲜明特征的需求作为市场细分的标准。

（五）划分相应的市场群

旅游企业依据选定的细分标准，结合旅游消费者的特点，划分出细分市场，并为各细分市场暂时取名。

（六）进一步分析各细分市场的具体特点

深入考察细分市场的特点，分析各市场的不同需求及购买行为，了解影响细分市场的新因素，以决定对各细分市场有无必要再做细分或重新合并，以适应市场变化。

（七）评估各细分市场

基本决定各细分市场的类型后，旅游企业应测量每个细分市场潜在旅游消费者的数量，因为它决定着旅游企业产品的潜在销售量，影响旅游企业的获利机会。

市场细分充分地显示了旅游企业所面临的各种市场机会。但细分的目的并不仅限于此，它还要使旅游企业的营销策略有效地用于最有吸引力的机会市场。因而，旅游企业须在众多的细分市场中选定其目标市场。

第二节　旅游目标市场的选择

一、旅游目标市场概述

目标市场是指旅游企业在对旅游市场进行细分的基础上，要对各个细分市场进行评估，然后根据细分市场的发展潜力、竞争状况、与本企业资源相适应与否等多种因素确定一个或多个细分市场作为目标旅游市场。目标市场最主要的特点是有针对性，即只针对特定的旅游市场营销企业。对这一旅游企业而言是目标市场的消费群体，对于另一旅游企业而言可能并非其目标市场。

市场细分与选择目标市场，二者既有联系又有区别。市场细分是按不同的消费影响因素划分消费群体的过程；选择目标市场则是在细分市场的基础上，挑选少量的细分市场作为营销对象的决策过程。市场细分是选择目标市场的前提和基础，选择目标市场则是市场细分的目的和归宿。科学合理的目标市场只有通过深入的市场细分才能选定。

二、旅游目标市场选择的依据

（一）目标市场要有一定的规模和发展潜力

旅游企业进入选定的细分市场是为了扩大旅游产品的销售、增加企业盈利，这就要求选择的目标市场必须有一定的市场容量和未来发展的潜力，使企业有利可图。如果市场规模狭小或者趋于萎缩，旅游企业进入后就难以如愿。旅游企业在考虑某一目标旅游市场时，还要考虑其他竞争者是否也在准备进入该市场，因为如果多家企业同时选定同一市场，尽管市场具有相当的规模和发展潜力，由于竞争激烈，自己所能抢占的市场份额也是有限的。

（二）目标市场必须具备结构性吸引力

如果一个细分市场中有众多竞争者，则该细分市场对于旅游企业而言吸引力下降。如果该市场几乎没有进入壁垒，资本和劳动力能自由流动，则该市场的吸引力不高。结构性吸引力会限制该细分市场的潜在收益。旅游企业选择目标市场要注意选择结构性吸引力高、能赢利的细分市场为目标市场。

（三）目标市场要与企业自身的发展目标和资源条件相匹配

某些细分市场虽然市场容量较大，很有吸引力，但与旅游企业的发展目标不一致，甚至分散旅游企业的精力，使之无法完成其主要经营目标，这样的旅游市场应考虑放弃。另一方面，还应考虑旅游企业的资源条件是否适合在某一细分旅游市场经营。只有选择那些企业有条件进入、能充分发挥其资源优势的旅游市场作为目标市场，才是明智之举。

三、旅游目标市场的选择过程

目标市场的选择过程主要分为下述几个环节。

（一）评估细分市场

选择旅游目标市场的第一步是分析评估各细分市场，即对各细分市场的规模、增长率、结构吸引力，以及自身的市场营销目标与资源等方面予以准确评估，把握最佳的市场机会，决定细分市场的取舍。

1. 细分市场的规模和增长率

市场规模是一个相对的概念，大旅游企业偏好大市场，而中小型旅游企业则倾向于避开与大旅游企业的竞争，追求中小市场。市场增长率也会影响市场状态，旅游企业总希望销售量和利润上升，与此同时，竞争者数量也会上升，从而改变市场竞争格局，使销售量和利润下降。

2. 细分市场的结构吸引力

影响一个市场或一个细分市场能否长期赢利有五个因素，即行业竞争、潜在进入者、替代者、购买者和供应者。细分市场的结构吸引力正是上述五种要素的函数。分析每一个细分市场的吸引力，是旅游企业选择目标市场的基础和出发点。

3. 旅游企业的市场营销目标与资源

除对细分市场进行深入细致的评估以外，旅游企业还需明确自身的经营目标和拥有的资源。即使是极具吸引力的细分市场，若与旅游企业的长期经营目标相偏离，旅游企业也只能放弃这一细分市场。对适合企业经营目标的细分市场，旅游企业则要考虑自身的生产能力、拥有的各种资源和技术，经慎重考虑再确定是否列其为目标市场。

（二）选择目标市场的策略

旅游企业评估细分市场后，对目标市场的选择应采取“由面至线，由线至点”的战略，逐渐缩小目标市场的范围，最后确定旅游企业的目标市场。旅游企业在进行目标市场的选择时可采取以下策略：

1. 产品市场集中化策略。旅游企业从市场角度和产品角度出发，确定一个细分市场为目标市场，针对某一特定的消费者群体，只生产一种产品，以此展开市场营销。采取这一策略的旅游企业一般规模较小，或自身资源受到限制，例如温泉疗养型旅游企业等。

2. 产品专业化策略。旅游企业向不同的消费者群体（细分市场）供应同一种产品。实施这一策略的前提在于旅游企业拥有优势资源，并能充分利用这一资源开发出不同档次的产品，以满足不同细分市场的需求。例如旅游企业推出以饮食文化为特色的主题产品便属于产品专业化策略的应用。

3. 市场专业化策略。旅游企业对于同一细分市场供应各种不同的或者系列化的产品，极大限度地满足该类消费者群体的需求。实施这种策略要求旅游企业有较强的产品开发能力，自身资源较丰富。现代化的休闲度假型旅游企业常采取此类策略。

4. 选择性专业化策略。旅游企业选择各不相连的细分市场为目标市场，推出不同品种的专项产品以满足不同消费群体的需求。实施这种策略要求旅游企业的资源非常丰富，综合生产能力非常强，规模较大，有较高知名度且有特色。

5. 全面市场策略。旅游企业选择整个市场作为目标市场，全方位地推出旅游产品，以满足整个市场的需求。实施这一策略有一定难度，要求旅游企业有较强的竞争优势和经营实力，在一个市场中居于垄断地位，实行多方位经营。现代化的旅游市场营销集团开展的连锁、联合经营便是采用此种策略。

四、旅游目标市场的营销策略

旅游企业在目标市场营销中则采取“由点至线，由线到面”的策略，稳打稳扎，步步为营，逐步进入整个市场。其具体营销策略有三种，如图 5-1 所示。

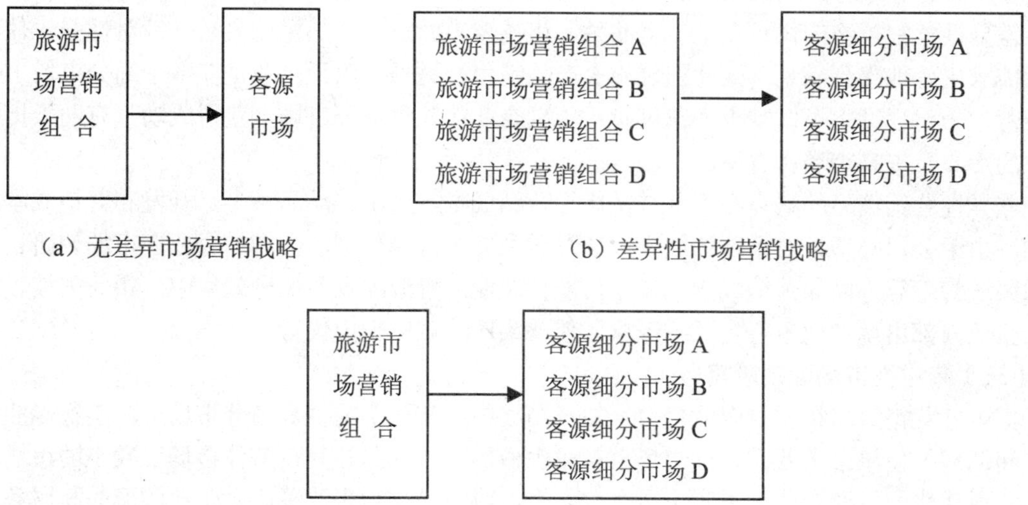

（a）无差异市场营销战略　（b）差异性市场营销战略

（c）集中性市场营销策略

图 5–1　旅游目标市场营销策略

（一）无差异市场营销策略

无差异营销策略是指企业将产品的整个市场视为一个目标市场，用单一的营销策略开拓市场，即用一种产品和一套营销方案吸引尽可能多的购买者。

旅游企业采用无差异营销策略一般要具备以下条件：（1）有大规模的单一产品生产线；（2）有广泛的销售渠道；（3）产品在消费者中有广泛的影响且质量好，企业有独特的不易外泄的生产诀窍；（4）产品用于满足人们的基本需求，消费者的需求差异较小。

旅游企业采用无差异营销策略存在优缺点。

优点：因无需细分市场、只生产单一产品、实行一种市场营销组合，从而使营销活动开支减少，成本降低，单一产品和一种市场营销组合有利于大批量生产，销售渠道也可相对简化。对那些垄断性强、吸引力大的旅游产品，如故宫、长城、秦始皇兵马俑和埃及金字塔等世界自然文化遗产，使用这一策略可以吸引更多的旅游者前往观光，取得事半功倍的效果。

缺点：首先，消费者需求客观上千差万别并不断变化，一种产品长期为所有消费者和用户所接受非常罕见。其次，当众多企业如法炮制，都采用这一策略时，会造成市场竞争异常激烈，同时在一些小的细分市场上消费者需求得不到满足，这对企业和消费者都是不利的。再次，易于受到竞争企业的攻击。当其他企业针对不同细分市场提供更有特色的产品和服务时，采用无差异营销策略的企业可能会发现自己的市场正在遭到蚕食但又无法有效地予以反击。

（二）差异性市场营销策略

采用这一策略的旅游企业同时为几个细分市场提供服务，针对不同细分市场的需求特点设计不同的产品，并实施相应的营销组合策略。

选择差异性市场营销策略的旅游企业可以针对不同的市场需求，进行小批量、多品种生产。这类旅游企业必须具备如下条件：（1）有一定的规模，人力、物力、财力较雄厚；（2）企业的技术水平、设计开发能力与经营范围相适应；（3）企业有较强的营销能力，具有鲜明的形象；（4）各细分市场的需求差异较大，且各细分市场的吸引力均衡。

差异性营销策略的优点在于：多品种、市场覆盖面宽，产品机动灵活、针对性强，使消费者需求更好地得到满足，由此促进旅游产品销售。另外，由于企业是在多个细分市场上展开经营，一定程度上可以减少经营风险；一旦企业在几个细分市场上获得成功，有助于提高企业的形象及提高市场占有率。

差异性营销策略的缺点在于：一是增加营销成本。由于产品品种多，开发和营销成本将增加；由于公司必须针对不同的细分市场发展独立的营销计划，会增加企业在市场调研、促销和渠道管理等方面的营销成本。二是可能使企业的资源配置不能有效集中，顾此失彼，甚至在企业内部出现彼此争夺资源的现象，使拳头产品难以形成优势。

（三）集中性市场营销策略

集中性营销策略指旅游企业将自身的资源集中在某一个或少数细分市场上，实行专业化生产和销售，使旅游企业在目标市场占有较大份额，以此弥补其在整体市场上较小的市场占有率。现代化的旅游企业无不倾注所有的人力、财力、物力来改善旅游企业的产品和服务，力求精益求精，以赢得众多的消费者。

集中性市场营销策略特别适合于资源力量有限的中小旅游企业。中小旅游企业由于受财力、人员等方面因素制约，在整体市场可能无力与大企业抗衡，但如果集中资源优势在大企业尚未顾及或尚未建立绝对优势的某个或某几个细分市场进行竞争，成功的可能性更大。

采用集中性营销策略有利于旅游企业在目标市场中取得有利地位。生产、服务和销售等方面的专业化，能够规范产品及服务，同时可大大降低旅游市场营销的成本。如果旅游企业选择的细分市场合理，就可创品牌，增加销售量，获取较高的投资回报。但是，采取集中性营销策略也存在局限性，主要体现在：一是市场区域相对较小，企业发展受到限制。二是潜伏着较大的经营风险，一旦目标市场突然发生变化，如消费者兴趣发生转移，或强大竞争对手的进入，或新的更有吸引力的替代品的出现，都可能使企业因没有回旋余地而陷入困境。

五、影响旅游目标市场营销策略选择的因素

旅游企业考虑上述三种营销战略的选用时，要综合考虑以下因素：

1. 旅游企业拥有的市场营销资源。若旅游企业有充足的资源，在人力、财力、物力等方面基础雄厚，则旅游企业可选择差异性市场营销战略和无差异市场营销战略，而集中性市场营销战略则适合实力较薄弱的旅游企业选用。

2. 产品特色。一般而言，同质产品宜采用无差异市场营销战略，而异质产品则适合差异性市场营销战略或集中性市场营销战略。

3. 市场特征。若消费者的需求相近，购买动机和行为无明显差异，则采用无差异市场营销战略；反之，则采取差异性市场营销战略或集中性市场营销战略。

4. 产品生命周期。处于投放期和成长期的产品，可采用无差异市场营销战略，以便尽快进入市场，当产品处于成熟期时，改用差异性市场营销战略更有效。

5. 竞争者的市场营销策略。旅游企业选择目标市场策略时，一定要充分考虑竞争者尤其是主要竞争对手的营销策略。如果竞争对手采用差异性市场营销策略，企业应采用差异性或集中性市场营销策略与之抗衡；若竞争者采用无差异市场营销策略，则企业可采用无差异或差异性市场营销策略与之对抗。

6. 竞争者的数目。当市场上同类旅游产品的竞争者较少，竞争不激烈时，可采用无差异营销策略；当竞争者增多，竞争激烈时，可采用差异性营销策略或集中性营销策略。

本章小结

1. 旅游市场细分是指旅游企业把需求市场按一种或几种因素加以分类，使分类后的亚市场在一个或几个方面具有相似的消费特征，以便旅游企业用相应的营销组合尽可能地满足不同消费群的需要。细分市场具有可衡量性、可赢利性、可进入性和稳定性的原则。旅游市场细分中常用的四个依据是地理变量、人口统计变量、心理变量和行为变量。

2. 旅游市场细分的程序包括：选定营销产品的市场范围，列举潜在顾客的基本需求，分析潜在顾客的不同需求，排除潜在顾客的共同需求，划分相应的市场群，进一步分析各细分市场的具体特点，评估各细分市场七个步骤。

3. 旅游企业选择要进入的目标旅游市场，应主要考虑：目标市场必须与旅游企业的经营目标和企业形象相符合，目标市场必须与旅游企业所拥有的资源相匹配，目标市场必须具备结构性吸引力。

4. 旅游目标市场的营销策略主要有无差异市场营销策略、差异性市场营销策略和集中性市场营销策略。

复习思考题

一、名词解释

市场细分　目标市场　无差异市场营销策略　差异性市场营销策略　集中性市场营销策略

二、思考题

1. 为什么要进行旅游市场细分？
2. 怎样进行旅游市场细分？
3. 试描述旅游目标市场的选择过程，并评价各环节的作用。
4. 如果要你为一家旅游企业选择目标市场，你将运用哪些选择策略？

第六章　旅游市场营销战略

学习目标

1. 了解旅游市场营销战略的类型
2. 熟悉旅游市场营销战略的特点
3. 了解旅游企业经营业务组合模型
4. 掌握旅游市场营销战略的制定步骤

案例导入

美国泛美航空公司的陨落

泛美航空公司是美国境外的一家航线最广、历史最久的航空公司，也是美国国家航运业的化身。经过50多年的发展，至1980年初已成为全美第三大航空公司。1927年，美国的航空业还处于初创时期，这一年泛美航空公司创建。30年代初，特里普为美国首次开通了横越太平洋的航线，泛美从此声名鹊起。到40年代后期，泛美已经成为世界上最大的航空公司，具备了全球航运的能力。第二次世界大战期间，泛美与政府间合作密切，取得了迅速的发展。

1980年，泛美航空公司进行技术改造，淘汰老旧费油的20架B707客机，选择洛克希德制造的L1101-500型宽体客机。但就在此时，与波音707性能相似，但成本更低的新型飞机纷纷上市，如麦道公司的MD80、波音公司的波音757、波音B767等。相形之下，L1101—500型飞机的单位飞行成本，明显比新机种高得多，泛美公司为此后悔不迭。

为了摆脱困境，泛美公司不得不抛售一些贵重的非空运财产。但尽管采取了“拆东墙补西墙”的办法，在1988年美国8家最大的民航公司排名中，泛美仍位居最后。

1990年7月开始的美国经济衰退和之后爆发的海湾战争，使所有的美国航空公司生意清淡。泛美公司更是雪上加霜，于1991年12月4日宣告破产，成为该年倒闭的第三个美国大民航公司。

由以上案例可以看出，泛美公司的破产主要源于对环境缺少战略分析，对PEST分析预测失误，没有认识到战略方案的选择对企业成长的重要性。同时，应做到当战略执行中发生偏差时，必须进行果断的战略调整。

第一节　旅游市场营销战略概述

一、战略的概念

（一）战略思想起源

战略一词来源于希腊语 strategos，其含义是指“将军指挥军队的艺术”。人类战略意识及战略思想源远流长，有关战略的知识体系伴随着人类文明的发展而不断丰富、完善、深化。

从公元前360年前我国伟大的军事战略家孙武的《孙子兵法》，到征服了欧亚大陆的亚历山大大帝的军事学原理；从近代西方军事理论家克劳塞维茨 Claausewitz 的战略巨著《战争论》，到我国一代伟人毛泽东的《中国革命战争的战略问题》、《论持久战》等光辉著作，无不反映了人类文明对战略问题的深刻认识和巨大发展。

千百年来，人类的战略思想及其理论在军事、政治、外交领域已经枝繁叶茂，形成了博大精深的理论体系和方法体系。但是，战略思想应用于企业经营发展只是随着资本主义工业大革命的兴起、发展，并且随着企业这种特有的社会经济组织形态的形成才逐步发展起来的。

“企业战略”的概念是随着产业革命和经济的发展而逐渐形成的。18～19 世纪伴随着产业革命，欧洲产生了以亚当·斯密、瓦特、斯图亚特等为代表的欧洲企业管理思想，以后在美国又出现了以泰罗为代表的科学管理学派。当时这些学者和管理者都是将思考的重点放在组织内部活动的管理上。到20世纪初，法约尔对企业内部的管理活动进行整合，提出了管理的五项职能，这可以说是最早的企业战略思想，波特称之为企业战略的第一种观点。1938年，巴纳德在他的代表作《经理人员的职能》一书中，首次将组织理论从管理理论和战略中分离出来，提出了管理和战略主要是与领导人有关的工作的重要思想。另外，他在该书中提出管理科学的重点在于创造组织的效率，其他的管理工作则应注重组织的效能，即如何使组织与环境相适应。这种有关组织与环境“匹配”的主张成为现代战略分析方法的基础，波特称之为企业战略的第二种观点。

1962 年，美国企业经营史学家钱德勒发表了《战略与组织：工业企业史的考证》，虽然他没有对企业战略本身进行具体深入的分析，但是，他是有史以来第一次将企业和战略及组织概念联系起来的管理学家，指出了企业战略必须与环境相适应，而企业的组织结构必须与战略相适应，钱德勒与他的著作对60年代企业战略理论的形成和发展起到重要的启示作用。

（二）战略的概念

战略（strategy）一词最早是军事术语，其定义主要有：（1）《韦氏新国际英语大词典》：“军事指挥官克敌制胜的科学与艺术。”（2）《辞海》：“军事名词，对战争全局的筹划和指挥。”（3）《中国大百科全书》军事卷：“是指导战争全局的方略。”（4）毛泽东：“战略问题是研究战争全局的规律性的东西。”

目前，战略这一重要概念已经逐步渗透到经济、政治和管理等各个领域中，其中很多原理已应用于商业竞争。从管理的角度来讲，战略是指组织面对激烈变化和严峻挑战的环境，为不断发展和长期生存而进行的总体性谋划。与军事中的战略相比，在现代经营活动中，战略在思想和观念上有了很大的发展。如企业间的竞争已不再是市场上的敌人之间的对抗，企业可以与竞争对手在市场上共存，实现竞争合作，取得共赢。

（三）企业经营战略

20 世纪 50 年代，管理学家们认为企业经营战略包括三个方面：（1）企业宗旨；（2）企业目标；（3）实现目标的行动方案。

1980年奎因在《变革的战略》一书中指出，企业战略是一种计划，用以整合组织的主要目标、政策与活动次序。

美国哈佛大学商学院终身教授——“竞争战略之父”——波特（M·Porter）认为，战略的本质是定位，即制造竞争中的取舍效应，选择何者可为以及何者不可为；战略就是创造各企业活动的整合；持续的战略定位需要转换，战略就是在竞争中进行转换。

二、旅游市场营销战略

（一）旅游市场营销战略的概念

旅游市场营销战略是指在市场调查研究和市场预测的基础上，为了谋求企业长期的生存与发展，根据外部环境和内部条件的变化，对旅游市场营销所做的具有长期性、全局性的计划和谋略，它是企业在一个相当长的时期内市场营销发展的总体设想和规划。

（二）旅游市场营销战略的特点

1. 长远性

旅游市场营销战略应立足当前，放眼未来，对旅游企业经营将起到长期的指导作用。在制定的时候既要考虑现有环境、资源条件，同时也要考虑今后变化的环境、资源条件，用长远的眼光审视企业战略规划。

2. 全局性

旅游市场营销战略的制定通常是立足于未来，通过对国际、国家的政治、经济、文化及旅游行业等经营环境的深入分析，结合自身资源，站在系统管理高度，对企业的远景发展轨迹进行了全面的规划，而不是局部的、零散的战术性的安排。它的制定关系到企业的生存与发展，目标是实现企业整体效益的最优化。

3. 风险性

旅游营销战略是对未来所做的预计性决策，包含着众多的假定，旅游市场是在不断发展、不断变化的，常常会有“意料之外”的事件发生，这种变化的不确定性，往往对旅游企业有深刻的影响，这就是营销战略的风险性。营销战略的风险性还表现在：对许多旅游企业来讲可能是机遇环境，而对某个特定的旅游企业而言，受自身经济实力、管理能力等方面的限制，进入某个充满机遇的市场后却发现这是“机会陷阱”。

4. 适应性

旅游企业经营活动本身受到外部环境极大的影响和约束，只有适应市场、适应环境，旅游企业才能在市场竞争中获得主动并占据有利位置。旅游企业以外部环境变化为指向，主动创造条件，采取相应对策实现战略任务；在保持相对稳定的基础上，不断追踪市场环境变化，与时俱进地做出必要的调整，从而确保企业经营战略目标与市场环境变化相适应。保持适应—稳定—应变—再适应的良性循环。

（三）制定旅游市场营销战略的意义

制定旅游企业营销战略，从总体上是对企业的市场营销活动进行指导和约束，对于现代企业具有重要意义。

1. 增强企业资源的利用率

企业营销战略计划本身就是从诸多的可以达到既定目标的备选行动方案中选择一个对于企业来说是最满意的方案。因此，凡是制定得合理和正确的，并得到了正确执行的战略计划，就能够保证旅游企业的资源得到最有效的配置和最充分的利用。

2. 有利于调动员工的积极性和协作性

旅游企业经营战略的制定，使得企业的各个部门营销活动的各个环节有了一个共同努力的方向，等于给企业各个部门树立了方向标和制定了运转程序。对于全局性的谋划，对于战略的制定，吸收广大职工参与，使企业的所有员工都能明确企业的发展远景和奋斗目标，可以最大限度地发挥企业整体效益。

3. 增强企业发展的稳定性

企业营销战略能让企业在经营过程中具有高瞻远瞩的眼光，使旅游企业的各部门、各环节都能按一个统一的目标来运行，从而为企业经营活动的有效性提供相应的保证。最大程度上避免判断失误，将企业经营风险降到最低。

三、旅游市场营销战略的制定与实施

旅游市场营销战略首先要明确企业的总任务，依据总任务确定总目标，然后确定最佳业务组合，并确定资源在各业务单位的分配，最后制定各业务单位的具体营销计划，这就是旅游市场营销战略制定的程序。如图 6-1 所示。

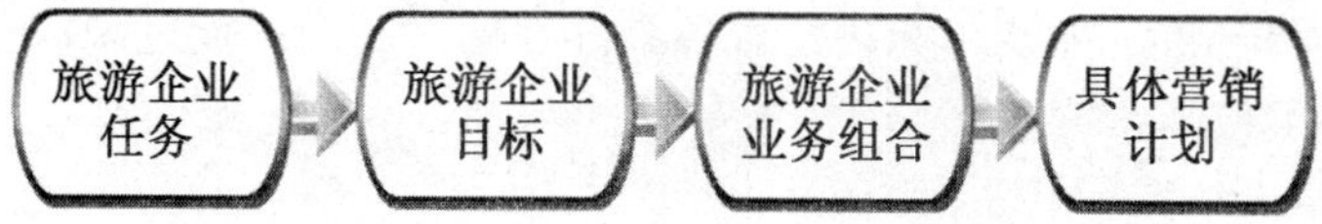

图 6–1　旅游市场营销战略的制定步骤

（一）明确旅游企业任务

旅游企业任务是企业的经营内容、特征和性质的反映，是企业在一个比较长的时间内所要取得的发展成果。借鉴科特勒的市场营销理论，在确定旅游企业任务时，管理者通常要考虑五个因素。

1. 企业历史

旅游企业经过发展形成了自己独有的经营优势和可利用的财富。当企业要确定一个新的目标时，应当了解和尊重过去的优势，这样才能在制定新的战略任务时使之得以充分发挥。

2. 管理者偏好

管理者偏好是确定旅游企业任务时要考虑的一个因素。管理者个人的心理状况和价值观等都会对任务的确定产生影响，如风险厌恶型的管理者往往会选择风险较小的经营任务；而风险爱好型的管理者往往会选择利润高而风险较大的经营任务。

3. 市场环境

旅游市场环境会给企业的发展带来机会和威胁，从而影响企业的经营目标。企业在选择经营任务时应该充分利用市场机会，避开威胁，根据市场环境变化调整任务。

4. 企业资源

企业选择经营任务时要充分考虑企业所拥有的资源，对于现代旅游企业来说资源不仅是指人、财、物，还包括这些资源的质量等。企业资源对任务的确定起着关键性的作用。一方面，营销任务能否最终完成，受到企业资源的限制。另一方面，如果企业制定的战略任务不能发挥企业的资源优势，也会使企业丧失一些宝贵的市场机遇，造成资源的浪费。所以，规定企业的战略任务既要有资源的保证，又要充分利用企业的资源。

5. 企业核心能力

任务的确定应建立在旅游企业核心能力上，这样才能发挥企业的优势。旅游企业要以质量、特色来塑造知名品牌就应当找到旅游企业的核心能力，这样才能避免任务确定给企业带来强大的竞争压力。所以，旅游企业在确定任务时应当扬长避短，选择那些自己具有独特经营能力或相对优势的经营任务。

（二）旅游企业目标

在明确企业任务的基础上，旅游企业应当进一步确定生产和经营的总目标。因为每项任务都会有自己的特点，同一任务可以有不同的目标。如目标方向的不同，企业的目标可以是销售额的增长、赢利水平的提高、市场份额的扩大、竞争地位的改变或是技术水平的更新等等；目标层次的不同，根据企业进取性的不同，其目标可以是高层次的、中层次的或是低层次的；目标跨度的不同，企业的目标可以是全面的，也可以是某一方面或某几方面的。旅游企业目标应满足下列要求。

1. 层次化

一个旅游企业的目标包括旅游企业整体总目标和各部门、各环节的分目标。各个目标之间要主次分明、协调一致，主要目标决定着各个分目标的制定；反过来，分目标的实现又要为总目标的实现提供保障。

2. 激励性

旅游企业目标的制定不能太低，也不能过高，太低或过高都对员工产生不了激励作用，不具备挑战性。制定的目标最好是员工“跳一跳”，通过努力可以实现的目标。激励性不应只考虑财务收益指标，还要考虑可持续经营能力。一些旅游企业在实行目标责任制后，由于只用单纯利润指标进行考核，经营者往往在任期内不顾一切谋求利润，其结果可能损害了企业的长远利益。

3. 数量化

旅游企业的目标反映企业执行其经营任务的期望水平和期望效果，应当是可以被衡量的，所以企业的目标应当数量化。与此同时，对于各目标市场销售额的增长和企业利润的实现也应当有相应的期望指标，这样就能根据企业目标制定出经营计划，并对计划执行加以有效的控制。

（三）旅游企业经营业务组合

旅游企业要进行多元化经营，首先应明确什么是战略业务单位。战略业务单位的划分应以顾客为基础。根据阿贝尔（Abell）的三因素（顾客群、顾客需要和技术）划分法，可以确定一个战略业务单位的业务范围。一个专门为游客提供食、住、行、游、购、娱的旅游企业，它的顾客群就是游客，它的顾客需要就是旅游接待，技术就是导游业务技能等。

旅游企业确定战略业务单位的目的，就是要把企业的各种资源（资金、物资、人力资源等）合理地在各个业务单位中进行分配以取得最大经营成果。企业经营业务组合的模型有波士顿咨询集团 BCG 模型、通用电气公司 GE 模型和阿瑟 · D. 利特尔公司 ADL 模型。

1. 波士顿咨询集团 BCG 模型

该模型也叫波士顿矩阵，是由美国大型商业咨询公司——波士顿咨询集团（Boston Consulting Group）在 1970 年首创的一种规划企业业务组合的方法。

本模型将企业所有业务从销售增长率和市场占有率角度进行再组合。在坐标图上，以纵轴表示市场年增长率，横轴表示相对市场占有率，各以 10%和 1 作为区分高、低的中点，将坐标图划分为四个象限，依次为“问题”、“明星”、“金牛”、“狗类”。其目的是通过业务所处不同象限的划分，使企业采取不同决策，以保证其不断地淘汰无发展前景的业务，保持“问题”、“明星”、“金牛”业务的合理组合，实现业务及资源分配结构的良性循环。矩阵中的八个圆圈代表旅游企业假定的八项业务，它们的位置表示这个业务的市场成长和相对市场份额的高低；面积的大小表示各业务的销售额大小。如图 6-2 所示。

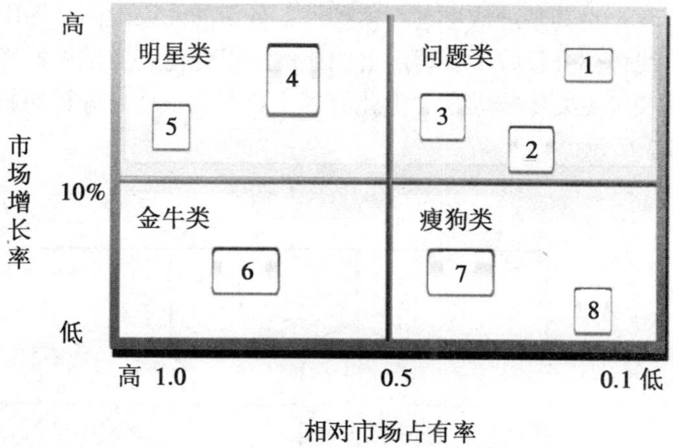

图 6-2 波士顿矩阵

（1）问题类（Question Marks）

指高市场成长率、低相对市场份额的业务。这往往是一个公司的新业务，为发展问题业务，公司必须建立工厂，增加设备和人员，以便跟上迅速发展的市场，并超过竞争对手，这些意味着大量的资金投入。“问题”非常贴切地描述了公司对待这类业务的态度，因为这时公司必须慎重回答“是否继续投资，发展该业务”这个问题。大多数业务都是从问题类开始的，旅游企业力图进入一个高速成长的市场，对这类单位是大量投入，还是及时从中摆脱出来，管理者必须慎重考虑，做出决策。

（2）明星类（Stars）

指高增长率、高市场占有率的业务。明星类业务有很高的市场需求，可以视为高速成长市场中的领导者，它将成为公司未来的现金牛业务。但是这类业务往往是处于成长期的业务，需要企业投入大量的现金来维持市场增长率（如扩大产量、提升或保持品牌的坚挺性）和击退竞争者的各种进攻。

（3）金牛类（Cash Cows）

指低增长率、高市场占有率的业务。这是成熟市场中的领导者，它是企业现金的来源。如果企业的金牛类业务过少，则说明企业的业务投资组合是不健康的。因为维持企业生存和发展只能依靠少量的金牛的收入。从图中可以看到，企业必须把大量的现金投入到金牛类业务中以维持市场领导地位，那么其他业务就无法保证；如果企业把大量的现金用来支持其他业务，则强壮的金牛可能变成一头病牛，企业的发展将面临危机。

（4）瘦狗类（Dogs）

指低增长率、低市场占有率的业务。一般情况下，这类业务常常是微利甚至是亏损的。瘦狗类业务的继续经营，通常要占用相当数量的管理资源，而利润回报却很低甚至没有利润，所以，多数时候是得不偿失的。

2. 通用电气公司 GE 模型

通用电气公司模型是规划业务组合的又一种企业经营方法。通用电气公司采纳由波士顿集团公司顾问小组提供的"波士顿咨询集团模型"，对公司业务进行分析，并在此基础上，由公司咨询部长罗斯查尔德把本公司的有关指标按"公司实力"和"市场引力"两大类因素进行细分，并重新组合，将其整理成可进行多种因素分析的九象限图，图中圆圈的大小反映市场规模的大小，斜线体部分反映了公司所占的比例。以便能切实地根据当时的环境变化，从多种因素中及时地找出主要影响因素。由此诞生了企业业务战略分析的新方法——通用电气公司模型。如图 6-3 所示。

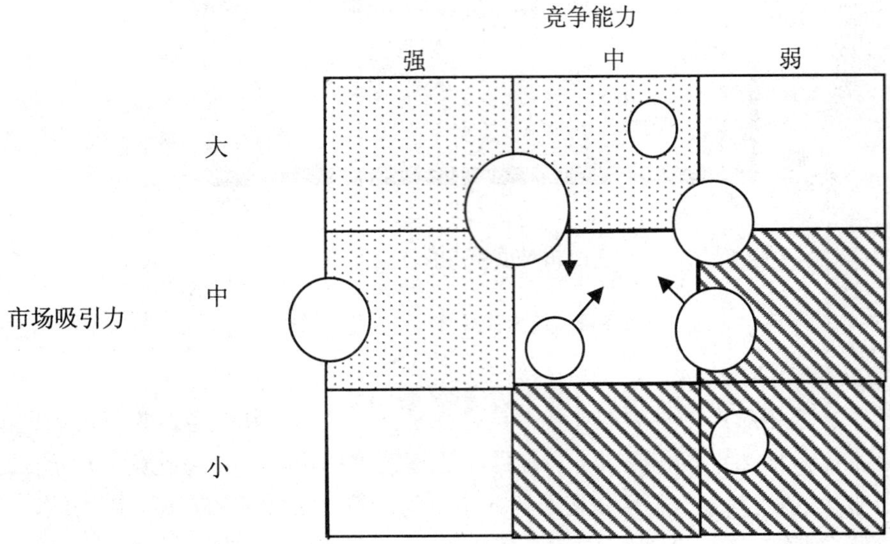

图 6–3　通用电气公司 GE 模型

依据这种方法，企业对每个战略业务单位都从市场吸引力和竞争能力两个方面进行评估。只有进入既有吸引力的市场，又拥有竞争的相对优势，业务才能成功。市场吸引力取决于市场大小、年市场增长率、历史利润等一系列因素。对每个因素，分别依据等级打分（最低分为 1 分，最高分为 5 分)，并依据权数计算其加权值。将加权值累计起来，得出该单位的市场吸引力及竞争能力总分。每个战略经营单位都可以两个分数提供的坐标为圆心，画出与其市场成正比的圆圈，并勾出其市场占有率。

通用电气公司模型矩阵依据市场吸引力的大、中、小，竞争能力的强、中、弱，分为 9 个区域。它们组成了三种战略地带：

（1）圆点地带

圆点地带由左上角的大强、大中、中强三个区域组成。这个地带的市场吸引力和经营单位的竞争能力都最为有利。要"开绿灯"，采取增加资源投入和发展扩大的战略。

（2）空白地带

空白地带由左下角至右上角对角线贯穿的三个区域，即由小强、中中、大弱组成。这个地带的市场吸引力和经营单位的竞争能力，总的来说都是中等水平。一般来说，对这个地带的经营单位应当"开黄灯"，即采取维持原投入水平及市场占有率的战略。

（3）斜纹地带

斜纹地带由右下角的小弱、小中、中弱三个区域组成。这里的市场吸引力偏小，经营单位的竞争能力偏弱。因此，企业多是“开红灯”，采取收割或放弃战略。

需要注意的是，企业应对各个经营单位在今后几年的发展趋势进行预测。有的现在看好，以后可能急剧下降，有的可能急剧上升。掌握这些情况以后，可以为各个区域的经营单位决定其今后的经营战略。

3. 阿瑟·D. 利特尔公司（ADL 模型）

著名的咨询管理公司阿瑟·D. 利特尔公司（ADL）20 世纪 70 年代提出 ADL 矩阵。它把组织自身在市场上的优势与劣势同该市场的生命周期阶段相结合。

业务市场成熟阶段：从一个年轻和快速增长的业务市场到一个成熟并开始衰退的业务市场。

竞争地位：从一个不占主导地位但能控制行业的公司到一个较弱、勉强能生存的公司。

例如，如果一个公司业务处于一个成熟市场的强大地位，那么矩阵的战略逻辑就会建议它：寻求成本领先，或更新它的核心战略，或在竞争中进行差异化，同时与企业一起成长。

因此如果存在该业务和竞争联合的其他战略选择，而且只要它们与上述的一条不符就应该立即摒弃。然而，当发生重大的技术变革和营销攻击时，这种分析是有缺陷的。

（四）制定具体营销计划

旅游企业市场整体营销计划是营销战略的体现，为了营销战略的实施，旅游企业需要根据营销战略制定具体营销计划。具体营销计划的制定，要坚持以市场为导向，以旅游者的需求作为出发点，把具体营销计划建立在适应市场需要的基础上。

旅游企业具体营销计划，从内容上看，既有以市场占有率、销售额为中心的营销计划，又有以利润为中心的营销计划，还有以树立形象、提高旅游企业和旅游产品知名度、美誉度的营销计划；从时间的长短上可分为：短期（一年内）、中期（一年以上、三年以下）、长期（三年以上）计划。

第二节　旅游市场营销战略的类型

制定旅游市场营销战略的目的是旅游企业充分利用内部资源和外部机会，实现自己的营销目标，适应不断变化的环境，保证企业持续高效地发展。旅游企业的战略类型有四种。

一、旅游市场拓展战略

（一）密集型发展战略

密集型发展战略是旅游企业增大现有经营业务的市场供应量和市场销售量，适用于目前市场上尚有扩大现有业务的潜力的情况，该战略有三种做法，即市场渗透战略、市场开发战略和产品开发战略。表 6-1 所示的是一种探测新的密集型增长机会的构架。

表 6–1　产品/市场扩展方格

	现有产品	新产品
现有市场	市场渗透战略	产品发展战略
新 市 场	市场发展战略	多角化经营战略

1. 市场渗透

针对企业现在的目标市场，利用现有的产品和服务，通过增加广告宣传等促销手段或者开发新的分销渠道等，扩大销售额及提高市场占有率。一般通过三种途径来实现：一是促使现有的旅游者增加购买量；二是争取竞争对手的客户，使之转而购买本企业的新产品；三是争取新的顾客。

2. 市场开发战略

即旅游企业以现有产品或服务去寻找新的旅游者或者有可能进入但还未进入的细分市场的战略。主要有三种途径：一是开发产品或服务的新用途；二是利用现有条件，通过扩大广告宣传等，努力开发新的客源市场；三是运用现有产品或服务去占领新的市场，扩大其目标市场。市场开发的重点应放在市场调研、价格、渠道与促销这四个方面。

3. 产品开发

即旅游企业通过在现有的产品和服务的基础上追加新的品种来扩大现有目标市场的销售额的战略。产品开发有两种做法：一种是利用现有技术增加新产品；另一种是在现有产品的基础上，增加更多的花色品种或更多的规格。

（二）多样化发展战略

多元化也称“多元化”或“多角化”，是指旅游企业进入目前尚未涉足的经营领域或其他的业务范围，即旅游企业采取跨行业的多种经营战略。一方面企业财力富裕，在已有的经营领域里没有更好的发展机会，或者在目前的经营领域继续扩大业务，会使风险过于集中，所以采取这种战略；一方面转移其他业务领域，其主要目的是分散经营风险。

多元化战略主要有三种做法：

1. 同心多元化

旅游企业利用现有产品或服务为中心向外扩展业务范围，利用企业现有技术和营销人员，使现有的产品能增加新的特色，吸引新顾客。

2. 水平多元化

是指在利用新的生产技术来生产有相同使用性质的产品，或指旅游企业生产新用途的产品或开发新的服务项目以满足老顾客的新需求。例如，旅游饭店内开办西餐厅、酒吧、桑拿室、卡拉 OK 厅、健身房等。这种战略利用企业的专业技术和传统市场开发新产品或新服务，因而投资少、风险小，容易成功，是一种可以广为采用的营销战略。

3. 复合多元化

是指旅游企业将经营业务的范围扩展到与企业现有产品、技术和市场无关的新领域，吸引新顾客。例如，经营旅游房地产等。复合多元化经营需要充足的资金和其他资源，故一般为实力雄厚的大公司所采用。

（三）一体化发展战略

旅游企业与供应商、销售商实施一定程度的联合，集供应、生产、销售于一体，以增强企业发展与应变能力的一种战略。一体化发展战略有横向一体化和纵向一体化两种做法。

1. 横向一体化战略

横向一体化战略也称水平一体化战略，是指企业收购或兼并几个同类型的竞争对手，组成联合企业或专业化企业的一体化战略。它可以扩大生产经营规模，提高资金利用率，减轻竞争压力，却不会偏离原有的经营方向。

2. 纵向一体化战略

纵向一体化战略是集中化战略的延伸。它包括后向一体化和前向一体化，后向是指企业的供应商，旅游企业兼并原来供应商，实现产供联合，自产自供，例如，一些大型的旅行社兼营铁路、航空、轮船运输等业务；前向是指企业的销售商，旅游产品生产企业通过收购、控股等方式，控制旅游产品批发企业和零售企业，这就是前向一体化战略。例如，旅游饭店收购为其提供客源的旅行社等就属于这一战略。

二、旅游市场竞争战略

在激烈竞争的市场经济中，旅游企业为实现战略目标，就必须使自己的经营战略能在所有的竞争对手中技高一筹，保证在与竞争对手的竞争中占据有利位置。为达到这一目的，旅游企业通过收集竞争者情报信息，识别出与之竞争的竞争者群体，进而识别它们的战略目标以及它们的优势和劣势，并根据不同竞争者的特点，选择相应竞争战略。旅游企业在市场上所处的地位是不同的，在整个旅游市场中，根据它们的市场占有率指标，可将旅游企业分为四个层次，即市场领先者、市场挑战者、市场追随者和市场补缺者。由于市场地位不同，旅游企业在市场中所采用的市场竞争战略也会有所不同。根据市场定位，旅游企业可供选择的竞争战略有如下四种。

（一）市场领先者战略

市场领先者是指在相关产品的市场上占有率最高的企业。一般来说，在一定的旅游市场范围内，总存在一家或几家大型旅游企业为市场领先者，它通常在新产品开发、价格制定、分销渠道和促销力度上，对其他公司起领导作用。市场领先者为了维持自己的第一位置，通常可以采取三种行动：

1. 扩大市场需求量

当一种旅游产品或某项旅游服务的市场需求量扩大时，收益最大的是处于领先地位的旅游企业。扩大市场容量，是领导旅游企业维持竞争优势的积极措施。市场领先者扩大需求量的方法有：其一，发掘新的购买者。每种产品或服务都有可能吸引新的旅游消费者，有增加消费者数量的潜力。其二，增加消费者的使用量。其三，开辟产品的新用途。为产品开辟新用途或为旅游服务拓展新领域，可扩大需求量。

2. 保持市场份额

旅游市场领先的企业在扩展市场的同时，还必须防止竞争者的侵犯，保卫自己的市场阵地。领先者保护自己现有旅游市场一般有两条途径：进攻与防守。保护市场阵地最好的方法就是进攻，旅游市场领先者有六种防御策略可以选用：

（1）阵地防守 （Position Defense）

竞争对手在哪里挑战就在哪里与之对阵，打阵地战，进行保守防御，目的是维护市场份额。

（2）侧翼防守（Flanking Defense）

关注自己的弱势，及时弥补自己的不足与失误。

（3）先发制人的防守（Preemptive Defense）

先下手为强，一开始就针对竞争对手从旅游产品、宣传、营业推广等几个方面将其全面“覆盖”，将竞争对手“扼杀”于摇篮之中。

（4）反攻式防守（Conunteroffensive Defense）

以攻为守，与之唱对台戏，搅乱其营销计划。

（5）运动防守（Mobile Defense）

加强服务质量管理和成本控制，加快旅游产品的升级，注重旅游产品创新，不断领导旅游时尚，在运动中拖垮竞争对手，做到“总是被模仿，从未被超越”。

（6）收缩防守（Contraction Defense）

当企业遇到强劲对手，自己实力不济、竞争力不从心时，就要收缩营销战线，以保存有生力量，准备以后瞅准时机再战。

3. 扩大市场份额

旅游市场领先者可以通过进一步增加市场份额而提高其利润水平。但需要考虑三个因素：一是在夺取市场份额时所采取的营销组合策略是否正确；二是引起反垄断活动的可能性；三是为提高市场占有率所付出的成本。

（二）市场挑战者的营销战略

市场挑战者即是在市场上居于次要地位的旅游企业，它要攻击其他竞争者或者兼并规模小的旅游企业，以获取更多的市场占有率。其策略主要有以下几个方面：

1. 确定战略目标和竞争对手

一般来说，市场挑战者要成功地进攻领先者需要满足三个基本条件：其一，拥有一种持久的竞争优势，比如成本优势或创新优势；其二在其他方面程度接近，挑战者必须有某种办法部分或全部地抵消领先者的其他固有优势；其三，具备某些阻挡领先者报复的办法。

2. 选择进攻策略

第一种，正面进攻，即集中全力向对手的优势发动进攻。胜负取决于双方的优势大小及耐力。但如果市场挑战者的资源与竞争对手相距甚远，正面攻击无异于是自取灭亡。第二种，侧翼进攻，集中优势力量攻击对手的弱点，有时可采取“声东击西”的战略，佯攻正面，实际攻击侧面或背面。第三种，包围进攻，即针对几个方面同时进攻，让竞争者必须同时提防它的前方、边线和后方。当挑战者具有较优势的资源，而且相信包围进攻策略能迅速而完全突破竞争者所拥有的市场时，可采用这种战略。第四种，迂回进攻，这是一种避免直接和竞争者冲突的竞争策略。挑战者尽量避开对手，而瞄准竞争较小的市场。具体方法有：发展无关的产品，实行产品多元化；以现有产品进入新的地区市场，实行市场多元化；发展新技术、新产品，取代现有产品。第五种，游击进攻，发动小型而间歇性的攻击骚扰竞争者，并尽可能建立永久的据点。它适用于规模较小力量较弱的企业。

（三）市场追随者的营销战略

市场追随者与挑战者不同，追随者一般不需要投入大量人、财、物，无需冒很大风险，也可获得一定利润。它不是向市场主导者发动进攻并图谋取而代之，而是跟随在主导者之后自觉地维持共处局面，安于次要地位，在“和平共处”的状态下求得尽可能多的利益。其要点如下。

1. 紧密追随

即旅游企业在各个细分市场和市场营销组合方面，尽可能仿效领导者，在市场竞争中很是低调。

2. 距离跟随

即在目标市场、产品创新与开发、价格水平和分销渠道等方面都追随领先者，但仍与领先者保持适当的距离，对领先者既不构成威胁，而又会因市场跟随者各个细分的小市场对领导者形成牵制。

3. 选择跟随

这种追随策略下的追随者在某些方面紧跟领先者，而在另一些方面又自行其道。也就是说，它不是盲目追随，而是择优追随，在追随的同时还要发挥自己的独创性，不搞直接竞争。在这些追随者中，有些可能成为挑战者。

（四）市场补缺者的营销战略

市场补缺者是精心服务于市场某些细小部分，而不与主要的企业竞争，只是通过专业化经营占据有利的市场位置的企业。这些企业往往是行业中的小企业，它们不是追求整个市场或较大的细分市场，而是以细分市场里的空缺位置为目标。由于补缺者着眼于在大块的市场之外寻找缝隙、遗漏及稀缺的细小或专业市场空间，因此能够有效地减轻旅游企业面临的竞争压力，抵御强大的竞争对手的打压，更容易把握市场的主动权，所以，补缺者营销可被中小旅游企业所采用。

三、旅游品牌战略

品牌来源于商标，但与商标相比，它的内涵却更加丰富，不仅代表了商品的合法性，还代表了商品的质量可靠、信誉可靠、商品的特点甚至是企业的文化等。商标是合法的实体标志，品牌是商标所代表的一切与产品相关的无形信息。就像麦当劳的品牌标志是M型拱门，人们看到它就会想到一系列和麦当劳有关的产品和服务的信息。所以说，品牌是商标、企业形象、产品质量、售后服务等一切能让消费者感知的整体概念。旅游企业品牌战略的实施，就必须注重质量、企业文化、服务、研发能力、品牌营销及品牌管理等各方面内容的结合。

品牌战略就是旅游企业站在整体发展的高度，依据对内外环境的分析，为生产出更能让消费者喜爱的产品，为了提高企业品牌的知名度和顾客忠诚度，对企业的生产、研发、营销、管理等涉及到企业各个方面的整体战略管理和提升的谋划，继而实现企业的良好形象塑造，最终实现增强企业核心竞争力的目标。

（一）品牌的分类

1. 连锁品牌

即旅游企业的每种产品都使用同一品牌。世界上有许多拥有连锁品牌的知名酒店集团，如假日酒店集团，就是用所设计的连锁品牌来吸引不同的细分市场。

2. 独立品牌

由同一家公司提供的各种产品使用完全不同的品牌。例如，酒店管理集团可以在高档酒店、中端酒店和经济型酒店市场使用不同的品牌，每种产品都拥有互不相关的独立品牌。

3. 自有品牌和自有标志性品牌

企业还可以拥有自有品牌以及自有标志性品牌。例如，托马斯·库克假日旅游公司有其自有的品牌，并通过许多宣传手册来销售其远程度假产品。此外，该公司还拥有自有标志性品牌，通过与首选假日旅游公司（First Choice Holiday）的合作来提供。这一方面可以显示出托马斯·库克假日旅游公司的零售实力，同时，通过与其他高品质旅游产品提供者的合作所形成的优势，使托马斯·库克假日旅游公司的品牌得到了进一步提升。

（二）旅游品牌战略的实施

1. 单一品牌战略

大部分旅游企业的经营，基本上都是从单一品牌开始的。单一品牌能让旅游企业集中资源创造最有影响力的商品；然而，单一品牌的市场风险也是相当大的，一旦某一种产品出现问题，则会影响到该企业的其他产品，甚至影响整个市场。所以，单一品牌需要有相应的标准和规范，这样在市场扩张的过程中就不会走样，保证了产品质量的始终如一。如德国凯宾斯基酒店集团和加拿大四季酒店集团就是采取的这一战略，旗下只有一个品牌。

2. 多品牌战略

许多世界知名的酒店集团都拥有众多的品牌。这样做的好处是，一方面，可以最大限度地占领市场，因为一个品牌市场定位后，其目标客户群是很明确的，这样就能针对特定的人群培养更多的忠诚顾客。另一方面，多品牌战略还能降低单一品牌的风险，一旦一个品牌出现问题，企业能够及时地进行战略转移，创立新的品牌，避免在市场上被边缘化甚至出局。如万豪酒店集团采取多品牌战略，旗下拥有万豪、万丽、万怡、丽兹-卡尔顿等十几个品牌。

3. 复合品牌战略

复合品牌战略是现如今绝大多数酒店企业所采取的战略。分为主辅品牌、总分品牌、母子品牌。主辅品牌能够最大限度地实现市场占有率，针对不同的旅游群体进行分类，产品分为高端和低端，或者根据不同区域创造品牌，这样就能扩大市场占有率。如汉庭酒店集团在2012 年 11 月更名为华住酒店集团，未来汉庭将成为全品牌的酒店集团，其主要构成仍将以经济型酒店为主，未来 5 至 10 年，经济型酒店还将占总体利润的 50%以上，中档酒店占 30%，其余酒店品牌覆盖剩余的 20%。

四、全球营销战略

随着中国加入 WTO 和国内旅游市场日益全球化，旅游企业实施全球营销战略面临着良好的环境。

（一）实行全球营销战略的意义

1. 有利于市场规模的扩大

国内旅游市场规模有限，随着竞争的加剧，国内旅游市场日益饱和。旅游企业为了获得更加广阔的发展空间，走向国际旅游市场，实行全球化营销战略是必然选择。例如，瑞士国家旅游局表示，中国华东地区赴瑞士的游客将会以每年 10%的速度增长，鉴于此，瑞士将考虑在主要景区景点、餐厅、机场增设中文资料，并且培训一部分人员学习中文，为中国游客提供中文服务。瑞士国际航空在每次航班至少配备了一名中国乘务员，特别为中国乘客提供语言、信息以及文化方面的帮助。

2. 有利于分散风险

旅游企业实行全球营销战略，可以寻找国际市场机会，通过嫁接、移植本企业的优势，进入竞争较为缓和的区域，有利于分散经营风险。

3. 有利于实现规模效益

旅游企业通常采取标准化策略服务全球旅游市场，这有利于生产成本和经营成本的节约，随着营业额提高会带来规模效益。如，中国全聚德集团经营网点有 50 多家，遍布五大洲，该公司通过质量标准、服务规范、企业标识、员工着装、建筑装修和餐具用具的“六个统一”，为消费者提供标准化产品和服务，也获得了较高的规模效益。

（二）实施全球化营销战略的内容

1. 树立全球营销战略理念

旅游企业要勇于树立全球营销的战略理念，从全世界不同国家游客的需求出发，了解旅游企业所处目标市场竞争环境和区域竞争环境，了解所在国的政治、法律制度、人口、自然、科技、交通运输等环境；旅游企业还要留意投资所在国或国际客源市场的社会文化环境，这是搞好“跨文化营销”的基本前提。

2. 市场细分战略

（1）国别市场细分战略

将旅游市场按不同国别细分为子市场。如美国旅游市场、日本旅游市场、俄罗斯旅游市场等；

（2）全球市场细分战略

根据全球旅游者的特点和不同旅游者群体在旅游消费需求某些方面的不同属性，把全球旅游市场划分为若干类型的子市场，如以地理属性划分为东亚旅游市场、西欧旅游市场、北美旅游市场等；

（3）全球混合型市场细分战略

在旅游市场细分时，既根据全球不同旅游者群体在旅游消费需求的不同属性，又根据来自不同国家的国别差异来细分市场。

除上述三种细分战略外，一般的市场细分理论都可以运用到全球旅游市场细分中。在进行全球旅游市场细分后，可相应选择全球性目标旅游市场战略、国别目标旅游市场战略、混合型目标旅游市场战略。

本章小结

1. 旅游市场营销战略是指在市场调查研究和市场预测的基础上，为了谋求企业长期的生存与发展，根据外部环境和内部条件的变化，对旅游市场营销所做的具有长期性、全局性的计划和谋略，它是企业在一个相当长的时期内市场营销发展的总体设想和规划。其具有全局性、长远性、适应性和风险性的特点。

2. 旅游市场营销战略制定的四个步骤是：明确旅游企业任务、制定旅游企业目标、旅游企业业务组合以及具体的营销计划。

3. 旅游市场营销战略可以分为市场拓展战略、竞争战略、品牌战略和全球营销战略等。

复习思考题

一、名词解释

战略　旅游市场营销战略

二、思考题

1. 请概括旅游市场营销战略的类型。

2. 请描述制定和实施旅游市场营销战略的步骤。

3. 请举例说明旅游市场营销战略。

第七章　旅游产品策略

学习目标

1．了解旅游产品与旅游产品寿命周期两个概念

2．掌握旅游产品的特点并阐述对旅游企业的经营启示

3．掌握旅游产品寿命周期不同阶段的特点及企业应采取的营销策略

4．了解旅游新产品的概念和类型

5．熟悉旅游新产品的开发过程与开发趋势

案例导入

深圳世界之窗娱乐项目的开发与生命周期

深圳世界之窗是一个以弘扬世界文化精华为主题的大型文化旅游景区。1998年以来，深圳世界之窗实现了年年有新项目、年年有新活动、年年有新节目的发展目标。世界之窗根据市场需求不断推出新的旅游产品，先后开发了探险漂流、滑雪场、丛林穿梭、数码影院等十多个大型项目。开发一个新项目、形成一个新景点、推出一种新文化，使景点由开业之初的118个增加到130余个；策划了国际啤酒节、世界歌舞节、樱花节、摇滚音乐节，以及埃及、印度、南美文化周等一系列精彩的主题活动。最近，世界之窗又推出了一台以爱情为主题的新晚会《千古风流》奉献给广大游客。这样，景区通过不断创新发展，增加了景区功能，实现了由静态观赏型向观赏、参与、娱乐复合型的转变，不断增强主题公园景区的生命力，游客重游率持续提高，景区的市场生命周期也在不断创新中延续。

旅游产品是旅游市场营销组合四大要素之一，不仅是旅游企业赖以生存和发展的基础，也是旅游企业开始其经济活动的出发点。因此，如何制定合理、有效的旅游产品策略，直接决定着价格策略、促销策略和营销渠道策略。

第一节　旅游产品概述

一、旅游产品的概念与构成

（一）旅游产品的概念

旅游产品是旅游企业为满足旅游消费者的旅游需求而提供的一系列有形设施与服务要素的组合。它既包括以服务为主的旅游交通、住宿、旅游景点游览，也包括餐饮、娱乐、购物等旅游中物质与精神的消费，是一个综合性的产品。旅游产品的概念从不同的角度也会得出不同的认识。从旅游供给者即旅游企业的角度来说，旅游产品是指旅游经营者凭借一定的旅游资源和旅游设施，向旅游消费者提供的满足其在旅游过程中综合需求的旅游活动和服务。

从旅游需求者即旅游消费者的角度来说，旅游产品是指旅游消费者支付一定的金钱、时间和精力所获得的满足其旅游欲望的经历及享受的服务。

（二）旅游产品构成

旅游产品一般由三部分构成，即旅游产品的核心部分、形式部分和附加部分。其中，核心部分是指旅游产品能满足旅游消费者需要的基本效用和利益；形式部分是指旅游企业向市场提供的产品实体和劳务的外观、款式、商标、特色、风格、声誉及包装等；附加部分是指旅游消费者购买旅游产品时所得到的其他附加利益的总和，如咨询服务、优惠条件、安全保障、信息服务、信贷服务、免费接送客人及免费代购车票等。旅游消费者在旅游过程中购买的是旅游产品的整体，旅游产品的核心、形式、附加三部分因素决定了旅游消费者对旅游产品的总体评价。这种从理论上对旅游产品内涵的界定对旅游企业的营销活动具有重要意义。旅游经营者在进行旅游产品营销时，应注重旅游产品的整体效能，并在形式部分和附加部分上多做文章，形成自己的产品特色，以赢得顾客，取得竞争优势。这是最能表现旅游产品差异化的部分。特别是附加部分，由于为旅游消费者提供了很多附加利益，为消费者带来了额外的利益，从而会形成旅游消费者对旅游企业和旅游产品的忠诚。

二、旅游产品的特点

旅游产品具有不同于一般产品的特点。

（一）无形性

旅游产品属于服务性产品，具有无形性的特点。如一条旅游观光线路、某一专项旅游活动，它们都不是作为实体而存在的。虽然旅游产品中的旅游资源与旅游设施是有形的，但它们只是作为旅游服务的条件而存在。无形性的旅游产品在购买之前，旅游消费者只能依靠直接和间接的经验来判断旅游产品所包含的内容及质量。因而营销时，旅游企业要把旅游产品的无形变为有形，进行有形化处理，即利用产品包装、商标、广告等手段，把旅游产品的特征和质量转化成旅游消费者能看得到的或能感觉到的信息传递给市场，使旅游消费者能对旅游产品有一个清晰的认识。旅游消费者购买前虽然不清楚具体的旅游服务及其效果，但可以看到与旅游服务相关的各种有形物，这些有形属性在旅游企业与旅游消费者之间起着沟通的作用。所以旅游服务营销者要通过旅游产品的环境、设计、沟通方式、信息传递形式及价格等表现旅游产品的潜在内容，促使旅游消费者购买。

（二）生产与消费同一性

一般产品的生产过程和消费过程是相互独立的，企业的生产人员与消费者很少直接接触。而旅游产品一般是生产与旅游者的消费行为同时发生的，因而旅游企业的员工与旅游消费者发生面对面的接触。一旦顾客的消费结束，旅游服务便停止。旅游产品的这一特点使旅游产品的质量难以控制。旅游产品不能像有形产品那样，以标准化的设备、标准化的工序在顾客消费前生产出来，并能以某种确定的质量标准对生产的产品进行检验，保证把合格的产品推向市场。旅游产品的生产过程很难完全一致，因为不同游客的需求、个性、偏好各不相同，使每位游客都满意的旅游服务不可能是同一的。顾客介入旅游产品的生产过程，旅游企业员工的服务无法被提前检验，他们在旅游服务过程中的任何失误都会影响旅游消费者对旅游产品的印象。生产和消费的同一性使得旅游企业员工和其他游客成为某一游客旅游经历的组成部分，他们在旅游服务生产过程和享受消费过程中的态度和行为很大程度影响着游客对旅游产品的满意度，同时也加大了旅游产品质量控制的难度。所以，旅游企业对员工要进行认真的选择、培训和控制，即旅游企业要进行内部营销管理，以提高旅游产品的质量和对外营销效果。

（三）价值的易消失性

易消失性也叫价值的不可储存性，由于旅游产品是通过旅游服务来满足旅游消费者的需要的，而旅游服务是一种行为，不能储存。虽然必要的设施、设备及劳力可以事先准备好，但这些内容仅仅代表了旅游产品的辅助生产能力或旅游接待能力，而不是旅游服务本身。

（四）产品的不可转移性

有形产品生产出来之后需要经过运输和一系列中间环节，才能到达消费者手中，对有形产品的购买表现为实物流动和产品所有权的转移。旅游产品无法运输，只有旅游消费者趋近旅游产品，到旅游目的地才能进行消费。旅游产品的销售要依托“客流”。因而，旅游业应加大力度开展旅游宣传与推销活动，把有关旅游产品的信息快速准确地传递给旅游市场，来吸引游客，推动旅游者的流动。另外，旅游消费者购买的只是旅游产品的暂时使用权，旅游产品提供时借助的服务设施所有权并不发生转移。

（五）敏感性

旅游产品的敏感性是指旅游产品价值的实现要受到多种环境因素的影响和制约，这是由旅游产品的综合性、无形性和不可储存性的特点所决定的。旅游产品各组成部分之间要保持一定的质和量的比例，提供各组成部分产品的部门或行业之间也必须相互协调，否则就会对整体旅游产品产生不利影响。此外，各种政治的、经济的、社会的和自然的等外部因素也会对旅游产品的供给与需求产生影响，从而影响旅游产品价值的实现。旅游企业应对这些不可控因素进行认真的调研，进行营销环境分析，以便做出正确的旅游产品经营决策。

三、旅游产品的类型

旅游产品根据其要素综合程度可分为两种类型，即综合旅游产品和单项旅游产品。综合旅游产品就是指旅游消费者从出游到返家这段时间内一个完整的旅游经历，它是多种要素的组合，常由旅行社通过一条旅游线路组织提供。单项旅游产品是指旅游六大要素中的各单项旅游服务，如旅游交通服务、旅游饭店食宿服务、旅游景点游览服务等，常由旅游交通、旅游饭店、旅游景点、景区、旅游商店和旅游娱乐等企业提供。综合旅游产品由一系列单项旅游产品组成，很容易受到单项旅游产品提供企业的条件变化制约。单项旅游产品往往由一家旅游企业提供，可以实行专业化的经营。

四、旅游产品组合

（一）旅游产品组合的概念

旅游企业通常经营多个旅游产品项目和产品品种，以避免经营风险。如饭店经营有餐饮、客房（标准间、单人间、套间等）、康乐等服务项目；旅行社更是提供多种旅游线路产品。旅游企业所生产和销售的全部产品线和产品项目的组合或结构，称为产品组合。旅游产品组合有一定的宽度、长度、深度和关联度。所谓产品组合的宽度，是指一个企业有多少旅游产品大类，即产品线的条数，如一个旅游企业提供观光旅游和度假旅游两种大类产品，那么其产品组合宽度为二。所谓产品组合的长度，是指各产品线长度的总和，而各产品线的长度是指该产品线中所包含的产品项目的总数。所谓产品组合的深度是指同一产品线中包含多少产品项目，如酒店经营多少档次的客房。所谓产品组合的关联度是指各产品线之间的联系程度。

（二）旅游产品组合的广度、深度与产品线的延伸

1．旅游产品组合广度

旅游产品组合广度是指旅游企业推出的旅游线有多少。旅游企业的旅游产品线多则为旅游产品组合广度宽；反之，则为旅游产品组合广度窄。宽的旅游产品线组合可以从多方面满足旅游消费者的需求，拓宽市场面，增加销售额，提高经济效益，充分利用旅游企业的人力、财力和物力，发挥潜力，适应竞争状况，减少旅游市场变化带来的风险，提高旅游企业自身的应变能力。而窄的旅游产品线组合，可使旅游企业集中力量，便于提高专业水平，提高旅游产品的质量，降低旅游企业经营成本。

2．旅游产品组合深度

旅游产品组合深度是指某一旅游路线中旅游活动项目的多少。如果某一旅游路线中旅游活动项目较多，游客逗留时间较长，则谓之产品组合较深；反之，谓之旅游产品组合较浅。较深的旅游产品组合，能在旅游市场细分化的基础上扩大旅游市场，满足不同旅游消费者，提高市场占有率，生产上实现批量少，品种多，有利于旅游企业经济效益的提高。而较浅的产品组合，便于旅游企业集中力量发挥专长，创名牌产品，吸引旅游消费者，增加旅游产品销售量，可进行批量生产以求得规模效益，降低企业的生产成本。

3．旅游产品线延伸

（1）旅游产品线向上延伸。旅游产品线向上延伸是指旅游企业原来生产低档旅游产品，后来决定增加高档旅游产品。

（2）旅游产品线向下延伸。旅游产品线向下延伸是指旅游企业原来生产高档旅游产品，后来决定增加低档旅游产品，目的在于利用高档旅游产品的声誉吸引购买力水平较低的旅游消费者购买旅游企业的低档旅游产品。

（3）旅游产品线双向延伸。旅游产品线双向延伸是指原定位于中档旅游产品市场的旅游企业掌握了旅游市场优势以后，决定同时向旅游产品大类的上下两个方向延伸，一方面增加高档旅游产品，另一方面增加低档旅游产品，扩大旅游市场范围。

第二节　旅游产品寿命周期

一、旅游产品寿命周期的概念及特点

（一）旅游产品生命周期的概念

在竞争激烈的旅游市场上，旅游消费者的需求不断变化，旅游新产品层出不穷，因而每一种旅游产品都有一个有限的市场寿命周期。旅游产品的寿命周期是指某种旅游产品从开发后投放市场，到被旅游消费者所接受，至直最后被淘汰的整个过程。旅游产品寿命周期，从理论上讲一般可分为投放期、成长期、成熟期和衰退期四个阶段。现代旅游市场中，旅游产品的更新换代很快，每一件旅游产品的寿命周期并非一样，有的产品寿命周期长，有的产品寿命周期短；有的产品寿命周期呈波浪性起伏，有的产品寿命周期则比较平稳。不同的旅游

产品，呈现出来的寿命周期各不相同。

旅游产品寿命周期理论有以下几方面的含义：

1. 任何旅游产品都有一个有限的市场寿命周期，一般都会经历投放、成长、成熟和衰退四个阶段，其变化大体呈S形；

2. 每个旅游产品生命周期阶段的时间长短因产品不同而不同；

3. 旅游产品在不同生命周期阶段中旅游企业的销售量、利润及竞争等呈现出不同的特点，因此旅游企业应采取不同的营销策略。

（二）旅游产品生命周期各阶段的特点

1. 投放期。旅游产品刚刚推向市场，一般具体表现为新的旅游景区开放，新的旅游线路开通，新的旅游娱乐设施建成，新的旅游项目、旅游服务推出。在这一阶段，旅游产品尚未被旅游消费者所了解和接受。旅游企业的销售量很小，销售增长较为缓慢；旅游企业为了使旅游消费者更好地了解和认识旅游产品，需要做大量的广告，开展促销活动，投入费用很大，因此单位成本较高；在这一阶段内，旅游企业往往是亏损的。市场上一般没有同行的竞争。

2. 成长期。在这一阶段，旅游景点、旅游设施建设基本上初具规模，旅游产品基本定型并形成一定的特色。在旅游市场上拥有一定的知名度，旅游消费者对旅游产品有所熟悉，旅游产品销售量迅速增长，广告费用相对减少，销售成本大幅度下降，利润迅速上升。但其他旅游企业看到该产品销路很好，就有可能组合相同的旅游产品，市场上开始出现竞争的趋势。

3. 成熟期。由于现实旅游消费者的迅速增加，潜在的旅游消费者已经很少，大多数属于重复购买，旅游产品的市场需求量已达饱和，旅游企业的销售量达到最高点，后期的销售增长率趋于零，甚至会出现负增长。利润也将达到最高点，并有逐渐下降的趋势。很多同类旅游产品和仿制品都已进入旅游市场，扩大了旅游消费者对旅游产品的选择范围，市场竞争十分激烈，而且还有来自更新产品的竞争，市场竞争较为激烈。

4. 衰退期，一般是指产品的更新换代阶段。在这一阶段，旅游新产品已进入市场，正在逐渐代替老的旅游产品。原来的旅游产品中，除少数的名牌旅游产品外，市场销售量日益下降。市场竞争突出表现为价格竞争，价格被迫不断下跌，利润迅速减少，旅游企业甚至出现亏损。

二、旅游产品寿命周期不同阶段的营销策略

如前所述，旅游产品在寿命周期各阶段呈现出不同的特点，因此旅游企业必须认真研究产品寿命周期各阶段的特点并制定相应的营销策略。

（一）旅游产品投放期营销策略

根据旅游产品在投放期的特点，旅游企业所采取的营销策略应以尽量缩短投入期为目标，以求迅速进入和占领市场。从定价和促销的角度来考虑，旅游企业在产品的投入期可采取的策略有四种。

1. 迅速撇取策略——高价高促销。以较高的价格树立旅游产品质量好的市场形象，同时支出大量的促销费用，加大促销的力度，从而扩大对市场的占有率，以弥补高价的不足。这种策略适应的市场条件是：旅游产品的知名度很低，但旅游产品更具个性化、趣味性和健康性，与同类旅游产品比较，具有明显的优势。旅游者的消费水平较高，旅游市场上有一批重质量而轻价格的成熟消费者；这类产品如近几年某些旅行社推出的“新、马、泰六日游”、“东

南亚十日游”及“太空旅游”等。

2. 缓慢撇取策略——高价低促销。以较高的价格来树立旅游新产品的形象，并以此来弥补促销力度上的不足，从而把旅游新产品投放到市场。高价格的目的在于获取更大的利润，同时通过高价格来提高旅游产品的知名度。而低促销则是降低旅游新产品的销售费用。它适用的市场条件是：产品的规格档次高，服务质量好，基础设施齐全；旅游市场规模小；旅游市场已基本了解这类产品；潜在的竞争对手少，使旅游产品具有很大的垄断性，如近几年某些旅行社推出的“告别长江三峡游”就属此类旅游产品。

3. 迅速渗透策略——低价高促销。旅游企业以较低的价格加上较高的促销费用，全力推出该旅游产品。这种策略常常可以使旅游产品在最短的时间内进入市场，迅速提高旅游产品的市场占有率。该策略适用的市场条件是：旅游市场规模较大；旅游产品因规模生产或引起的新技术而使生产成本大大降低；旅游消费者大多对价格敏感；旅游市场存在潜在竞争的威胁。诸如河南郑州“东线一日游”、陕西省西安“西线一日游”等。

4. 缓慢渗透策略——低价低促销。旅游企业以一种较低的姿态进入旅游市场，目的在于促使旅游市场尽快接受这类旅游产品，随着旅游产品知名度的打开，慢慢地提高产品的价格，以收回旅游企业的投资。采取这种营销策略的市场条件是：旅游市场上对该产品的需求价格弹性较大；市场有较大的开拓余地；基础设施能稳步配套建设；市场有一定的潜在竞争者；旅游产品的知名度较高。如2005年起推出的“中华民俗文化游”、“乡村旅游”等。

（二）旅游产品成长期营销策略

旅游企业在这一阶段要及时抓住市场机会，迅速扩大接待能力。策略重点应放在提高产品质量、增加产品品种、提供系列服务等方面，同时明确真正的目标市场，努力扩大市场占有率。成长期的营销策略为：

1. 提高产品质量。进一步完整基础设施的配套建设，提高旅游地的可进入性。紧密各行各业之间的协调，增强旅游企业的接待能力。同时，根据旅游消费者的信息反馈，增减一定的旅游活动内容；规范旅游服务技巧和服务标准；努力培训旅游企业员工，提高员工素质；狠抓旅游产品的特色和旅游服务质量，以吸引更多的潜在旅游消费者。

2. 加强促销环节。改变促销的方向，借助于各种媒介，对外宣传重点由介绍旅游产品转为树立旅游产品形象，宣传旅游产品特色，与此同时，增强旅游消费者对旅游企业和产品的信任感，提高产品的美誉度，走名牌产品的销售策略。

2. 重新评价渠道。加强原销售渠道的管理，开拓新的销售渠道，搞好渠道成员之间的协调，尤其对旅游中间商给予相应的优惠，或提高佣金额，或改佣金为奖金，以此扩大销售范围。

4. 开拓新市场。在分析旅游市场价格发展趋势和竞争者价格策略的基础上，努力提高旅游产品的规模生产能力，以此降低单位产品成本，可适当提高或降低原有价格，以吸引对价格敏感的潜在旅游购买者，以此积极主动地寻找新的旅游市场并占领它。

（三）旅游产品成熟期营销策略

旅游企业在产品成熟期的经营重点应放在保护市场面和开拓新市场上，用产品和价格的差异化来吸引顾客。

1. 旅游产品改革。旅游产品的改革主要集中在两个方面：一方面是旅游产品质量改革，根据旅游消费者的信息反馈，哪些旅游活动较吸引人，哪些活动内容单调，现有的基础设施能否满足现有的旅游消费，给旅游地带来什么样的影响，如何改变这种影响，这些都是旅游产品质量改革的基本内容。另一方面旅游服务质量改革，规范旅游服务技巧，使旅游接待服务标准化，稳定旅游服务质量，同时，增设尽可能多的旅游服务项目，以此吸引旅游消费者。

2．旅游市场改革。为了寻找机会市场，争取新的旅游消费者，旅游企业进行新的旅游市场开发，进一步挖掘市场潜力，稳定和扩大旅游产品的销售量。如深圳华侨城的几个大型旅游景点——锦绣中华、世界之窗、民俗文化村，最初的市场定位是港、澳同胞。随着特区建设步伐的加快，华侨城把目标市场由已经饱和的港澳市场转向内陆市场，此举在全国人造景观中产生了轰动效应。

3．旅游营销组合改革。对原有的营销组合因素进行调整、变革，以刺激销售量。如降价或增加销售过程中的旅游服务内容，开辟多种销售渠道等。但这种策略如处置不当，容易为其他企业模仿而加剧市场竞争，也可能因促销费用的增大而导致利润的损失。

（四）旅游产品衰退期的营销策略

旅游产品一旦进入衰退期，对于旅游企业而言，将面临一次严峻的考验，旅游企业能否果断地调整旅游产品的营销策略，直接关系到旅游企业未来的生存和发展。一般而言，旅游企业应尽可能地缩短产品的衰退期，其主要措施有：

1．立即放弃策略。如果旅游产品市场销售量迅速下降，价格不断下滑，甚至连变动成本也无法补偿，那么旅游企业可以采用此种策略。

2．撤销和淘汰疲软旅游产品。对于疲软的旅游产品，维持其生产已成为旅游企业发展的一个包袱，使旅游企业的人力、财力、物力得不到及时的转移；同时，疲软的旅游产品也会影响到旅游企业的市场声誉，因而对于此类旅游产品，旅游企业应果断撤销和淘汰。

3．逐步放弃策略。滞销旅游产品在旅游市场上仍具有一定的潜力可挖，面对同类旅游产品或其他替代旅游产品的竞争，市场销售量有所下降，对于这类旅游产品，旅游企业不应盲目放弃，打开一块市场毕竟不是一件容易的事情，旅游企业应当分析产品滞销的原因，对症下药，改善滞销旅游产品，扩充产品的用途，提高产品质量，使产品销售量得以回升。

4．自然淘汰策略。旅游企业不主动放弃某一旅游产品，而是依据旅游产品的生命周期，继续用过去的市场、渠道、价格和促销手段，直至旅游产品的完全衰竭。进入旅游市场的旅游产品多种多样，其生命周期各异，就算同时进入衰退期的同类旅游产品，其旅游企业退出市场的时刻也不一样，有的旅游企业较早退出旅游市场，而继续留在该旅游市场中的旅游企业可以继承退出旅游企业空闲的市场消费能力，由此获利。采用这一策略有较大的风险，因而对旅游企业而言则要求有较强的竞争能力。但需进一步的策略抉择。

（1）连续策略。即旅游企业继续维持过去的营销策略，直至完全退出市场。

（2）集中策略。即将原投入的资源集中于一些最有利的细分旅游市场和销售渠道中，缩短经营战线，以作孤注一掷式的促销。

（3）榨取策略。即大幅度降低销售费用，以增加目前利润。这种策略有可能加速旅游产品衰退。与此同时，因具备一定的销售面，即使大幅度减少促销活动，价格还可以维持不变甚至会略有提高。

因此，旅游企业在衰退期应把握好“转”、“改”、“撤”三个基本原则，果断撤出旅游市场，并着手旅游新产品的投放，以完成旅游产品的更新换代。老产品衰退期，实际上成为旅游新产品的投放期或成长期。

第三节　旅游新产品的开发设计

一、旅游新产品的概念与类型

（一）旅游新产品的概念

旅游新产品是指旅游产品在原材料、构成、设施、服务和功能效果等方面与老产品有着本质的不同或者有着显著差异的产品。旅游新产品的概念不仅是与老产品相比较而言，而且还包括了旅游消费者所追求的新产品的特殊性质和效果。在旅游市场营销学中凡是对旅游产品整体概念中任何一部分进行创新和改革，从而能更好地满足潜在旅游消费者需求的旅游产品都属于旅游新产品的范畴。

（二）旅游新产品的类型

旅游新产品包括四种类型，即创新型、换代型、改进型和仿制型。

1. 创新型旅游新产品，是指旅游市场上以前从未生产和销售过的新产品，主要是针对旅游产品的核心部分进行创新，如新开辟的旅游线路、新开发的旅游景点等。由于创新型旅游新产品的投资和风险较大，开发周期比较长，因此在旅游市场上并不是经常出现的。

2. 换代型旅游新产品，是指在现有旅游产品基础上进行较大改革后所生成的产品，主要是针对旅游产品的有形部分进行改进。如在我国旅游产品的开发过程中存在着三代产品：第一代旅游产品是旅游产品开发的初级阶段，以文化性旅游资源和单个旅游景点为主；第二代旅游产品是主题比较独特与集中的线路，如“丝绸之路”，是更具历史和文化内涵一致性的旅游产品；第三代旅游产品是以专题、特种活动为主，对旅游资源的深度开发和利用提出更高要求的旅游产品。是在前两代旅游产品发展合理化的基础上，集中考虑区域旅游和人文旅游资源与自然旅游资源的深化统一。

3. 改进型旅游新产品是仅对原有旅游产品进行局部形式上的改进，主要是针对旅游产品的延伸部分进行改进。这是旅游企业吸引旅游者、保持和拓展旅游市场的一种重要手段。如推出新的旅游服务项目、更换旅游服务人员服饰等。

4. 仿制型旅游新产品，是指旅游市场上已经存在、本旅游企业对其进行模仿后经营的产品。这种仿制型产品还应该包括在国际市场上已出现过的旅游新产品，但在国内旅游市场尚属首次问世的，如仿造的历史古城、仿世界大型建筑的微缩景观、仿各类游乐园等。

二、旅游新产品开发的意义

由于旅游消费需求日趋多样化和多层次化，再加上旅游产品一般都存在一个有限的寿命周期。因此，能否研究、开发、生产出适销对路的旅游新产品和提供高质量的旅游服务，直接关系到旅游企业的生存与发展。

（一）旅游新产品开发是旅游企业开拓、创造新市场的金钥匙

旅游企业同旅游产品一样，也存在着生命周期。如果旅游企业不开发旅游新产品，则当老的旅游产品走向衰落时，旅游企业也同样走到了生命周期的终点；相反，如果旅游企业能不断地开发旅游新产品，就可以在原有旅游产品退出市场舞台时利用新产品占领新的市场。一般而言，当一种原有的旅游产品投放市场时，旅游企业就应当着手设计旅游新产品，使旅

游企业在任何时期都有不同的旅游产品处在生命周期的各个阶段，从而保证旅游企业具有开拓、创新市场的能力，并且使旅游企业利润稳定增长。

（二）旅游新产品开发是提高旅游企业市场适应能力的重要途径

随着生产力的发展和人们生活水平的不断提高，旅游消费需求也发生了很大变化，方便、健康、轻巧、快捷的旅游产品越来越受到旅游消费者的欢迎，消费结构的变化加快，消费选择更加多样化，旅游产品寿命周期日益缩短。为适应旅游市场的变化，旅游企业不得不淘汰难以适应旅游消费需求的老产品，开发设计旅游新产品，提高旅游企业适应市场的能力。

（三）旅游新产品开发是提高旅游企业竞争力的重要手段

面对日益激烈的旅游市场竞争，旅游企业为了保持自己的竞争优势和提高经济效益，最有成效的战略之一就是旅游产品创新，不断以旅游新产品代替老产品。另外，旅游企业定期推出旅游新产品，可以提高旅游企业在市场上的信誉和地位，并促进旅游新产品的市场销售。因此，在瞬息万变的国内、国际旅游市场中，在竞争日益激烈的环境下，开发旅游新产品对旅游企业而言，是提高旅游企业竞争能力、应付各种突发事件、维护旅游企业生存与长期发展的重要保证。

三、旅游新产品的开发过程

旅游新产品的开发直接关系到旅游企业的生存与发展，而经验表明一半以上的旅游新产品开发是失败的，导致失败的原因之一是旅游新产品的开发程序不合理、不科学。如某些旅游景区的开发取得成功后，一些旅游企业经营者便头脑发热、盲目跟风，结果导致巨额投资损失。旅游新产品开发从构思到取得商业上的成功，应遵循科学的开发程序，缜密安排、紧密衔接。

旅游新产品开发一般要经过八个程序，即旅游新产品创意的收集、创意的筛选、形成旅游新产品概念并进行测试、拟定旅游新产品营销计划、商业分析、试制、市场试销、正式投放。

（一）旅游新产品的创意收集

在旅游新产品的开发过程中，旅游企业的经营者要创造宽松的环境、构建必要的创意激励机制，激发旅游企业全体员工的丰富想象力。旅游企业倡导员工创意，把员工创意与旅游新产品开发结合起来，把有用的建议收集起来。此外，旅游企业还可以从旅游消费者、旅游中间商、同行竞争者等多方面吸收新产品的创意。

（二）旅游新产品的创意筛选

收集创意的目的是为开发旅游新产品服务，旅游企业通过各种途径收集来的各种创意往往绝大多数可行性较差或与旅游企业的发展目标不相符合。因此，旅游企业对收集来的大量创意需要进行认真的筛选。在筛选的过程中，旅游企业遇到的难题是可能把很有价值的创意筛选掉，造成本应“沙里掏金”却成了“抛金留沙”的结果，使得旅游新产品开发的后续工作变得无价值或出现负效应。故此，在筛选创意中一定要“慧眼识金”。

（三）形成旅游新产品概念并进行测试

旅游企业对筛选后的有价值的创意需要进一步升华，发展成旅游新产品概念。其任务是把创意转变成旅游者喜闻乐见、愿意购买的现实旅游产品，因而这项工作是旅游新产品开发中的关键性环节之一。不同的创意会形成不同的新产品概念，相同的创意也可能会形成不同的新产品概念。如："绿色"旅游产品创意，既可能开发一个绿色旅游景区，也可能设计成绿色旅游线路，还可能设计成绿色酒店产品。旅游企业发挥这些创意，有可能发展成一连串系列旅游新产品。

（四）拟定旅游新产品营销计划

为提高旅游新产品的市场成功率，旅游企业在形成新产品概念并经过测试后，就要制定相应的旅游市场营销计划。旅游新产品营销计划包括旅游新产品在旅游市场上的定位；旅游新产品的目标旅游市场、目标旅游市场规模与发展潜力、目标旅游市场的占有率；旅游企业短期、中期和长期的旅游新产品价格、促销、渠道等营销策略。

（五）旅游新产品的商业分析

旅游企业推出旅游新产品是商业性行为，必须讲求经济效益。因此在旅游新产品研制出来之前，还必须进行必要的商业分析。商业分析又称经济分析，是指对旅游新产品的潜在盈利进行分析和评估。旅游新产品的商业分析方法有很多，如量本利分析法、销售量测算等。

（六）旅游新产品的研制

在经过旅游新产品的商业分析之后如果可行则进入旅游新产品的研制阶段。旅游企业在研制阶段的任务是把概念性的旅游新产品转化成现实旅游新产品。由于旅游产品的特殊性，在本阶段旅游企业对实物性旅游产品和服务产品在研制方面的要求有较大的差异。实物旅游产品研制既要考虑需求水平，又要考虑在技术上有一定的先进性，服务产品更多地要考虑服务技能所能达到的水平及旅游消费者兴趣变化的趋势。

（七）旅游新产品的试销

旅游新产品研制以后一般还不宜大批量地生产，而应先拿到旅游市场上进行试销。通过试销，旅游企业可以进一步地了解旅游消费者的偏好，征求旅游消费者对旅游产品在样式、价格及质量等方面的意见，发现旅游新产品在设计时所忽略的缺陷。如某五星级酒店试营业之前，邀请一些酒店专家、同行企业代表、旅行社代表、游客代表入住二天，共征询意见300多条，酒店根据这些意见进行整改，正式开业后客人较为满意。旅游企业根据市场试销搜集来的有关信息，对旅游新产品加以改进和完善，然后正式投放市场。生产成本不高或对市场很有把握的旅游新产品，也可直接拿到市场销售，以抢占市场先机，如旅游新线路的推出，由于设计研发成本低，一些旅游企业在旅游新线路设计后即投放市场，越过试销这一环节。

（八）旅游新产品的正式投放

旅游企业选择适当的时间和地点将旅游新产品正式投放旅游市场很重要。如一家地处大城市的某酒店在春节期间推出以素菜为主的新菜系颇受顾客欢迎，而另一家地处小城镇的酒店也仿效，却不受青睐。因为小城镇相对来讲离农村较近，得到素菜比较方便，一般人对素菜不很稀罕。所以推出的时间、地点不同，产生的效果也会不同。另外，旅游新产品正式进入旅游市场后，应关注旅游消费者的态度，根据旅游消费者的要求对旅游新产品进行改进，使之逐步完善。

四、旅游新产品开发设计趋势

（一）旅游产品升级换代速度加快

一方面许多新的投资纷纷投向旅游行业，现有旅游企业又在加快扩张速度，使旅游市场的供求关系发生重大变化，加快了现有旅游产品的"老化"速度，旅游企业之间竞争进一步走向白热化，“一条线路游一年”的时代已成为历史。另一方面旅游消费者的需求变化速度加快，一般的旅游新产品只能各领风骚2至3年甚至几个月。这种现状迫使旅游企业不得不加快旅游新产品的开发速度，以“新”取胜，即使一些市场情况较好的旅游企业也要尽可能推出旅游新产品或新项目，以迎合不断变化的旅游消费者需求。

（二）旅游产品的科技含量进一步提高

在旅游产品的开发中，越来越多地采用高科技手段，如以迪斯尼乐园为代表的主题公园运用现代化的电、光、声等手段，大大提高了对旅游消费者的吸引力。不少人文景观运用高科技手段而大放异彩。高科技手段还广泛用于旅游交通产品的开发，使旅游者更为安全、舒适、便捷，如泰山、华山等著名景点在符合环境保护要求的前提下开辟了通往山顶的索道，既增加了游览通道，又使游客节约了时间并省去了许多辛劳。

（三）旅游产品更趋特色化

目前，一些旅游企业在旅游新产品开发过程中，模仿的东西较多。“克隆”旅游产品的大量开发，既造成了投资的损失又降低了旅游质量。为满足游客的个性化需求，一些旅游企业在特色上大做文章，标新立异以“特”取胜，很受旅游消费者欢迎。

（四）旅游产品更具有个性化

旅游产品主要是无形的旅游服务产品，产品服务质量最终是由旅游消费者来评价的，旅游消费者评价旅游服务质量的标准是满足其需求的程度。随着市场经济的不断发展，旅游市场正逐步由卖方市场向买方市场转变，旅游消费者选择的范围更大、标准更高。由于旅游消费者的需求千差万别，旅游产品要经得起选择和挑剔就必须满足旅游消费者的个性化需求。

（五）旅游产品更加注重保护生态环境

地球环境的污染和破坏给世界各国的人们敲响了警钟，保护人类赖以生存的生态环境已成为全世界共同的呼声。追求生活品质的旅游消费者，已不仅仅满足于优越的物质享受，他们更希望拥有美好的生活环境，这种希望也反映在他们对旅游的要求中。旅游业发展的实践已经证明，把旅游业称为“无烟工业”是不正确的，旅游业也会对人类的生态环境造成污染和破坏。因此，为了适应人类文明的进步和满足旅游消费者的要求，旅游企业应更加重视研究开发保护生态环境的旅游新产品。

本章小结

1.旅游产品是旅游企业为满足消费者旅游需求而提供的一系列有形设施和服务要素的组合，是一个综合性的产品。它既包括以服务为主的交通、住宿、景点游览，也包括诸如餐饮、娱乐、购物等旅游消费中的物质与精神性产品。

2. 旅游产品的寿命周期是指某种旅游产品从投放市场开始，经过成长期、成熟期，到最后被淘汰的整个市场表现过程。旅游产品寿命周期，从理论上一般可分为投放期、成长期、成熟期和衰退期四个阶段。不同寿命周期阶段的特性不同，因而旅游企业要采取不同的营销策略。

3. 旅游新产品是指旅游产品在旅游资源、构成、设施、服务形式与内容以及功能效果等方面与旅游老产品有着本质不同或者有着显著差异的旅游产品。旅游新产品的概念不仅是与老产品相比较而言，而且还包括了旅游消费者所追求的新产品的特殊性质和效果。在旅游市场营销学中凡是对旅游产品整体概念中任何一部分进行创新和改革，从而能更好地满足潜在旅游消费者需求的产品都属于新产品的范畴。

复习思考题

一、名词解释

旅游产品　产品寿命周期　旅游新产品　产品组合

二、思考题

1. 什么是旅游产品？它由哪几部分构成？
2. 旅游产品的特点有哪些？对旅游企业的经营有何启示？
3. 什么是旅游产品组合？产品组合的策略有哪些？
4. 旅游产品的生命周期分为几个阶段？简述不同阶段的营销策略。
5. 为什么要进行旅游新产品的开发？旅游新产品开发的基本步骤有哪些？
6. 旅游新产品开发设计的趋势有哪些？

第八章　旅游产品价格策略

学习目标

1. 理解旅游产品价格的概念
2. 理解影响旅游产品定价的主要因素
3. 列举旅游产品定价的目标
4. 了解旅游产品定价的步骤
5. 掌握旅游产品定价的方法
6. 掌握旅游产品定价策略的种类

案例导入

北京凯宾斯基饭店的价格策略

北京凯宾斯基饭店 1996 年有一个拼价格的案例。当时饭店中文传单上说凯宾斯基饭店接受北京市所有五星级的价格，也就是说不管是什么样的价，别的饭店能给你的我就能给。并在英文版的中国日报上做了广告，广告词用的就是“Match the rate”，即“房价上我和你拼了”。

为什么要拼价格？因为当时的东南亚金融危机严重地打击了旅游业，邻近的饭店之间开始互相抢生意，新的一轮价格战已经迫在眼前。一天，销售部报告说丢了笔商务团生意。我们报了 120 美元，人家用 110 美元抢走了。经理说，没问题我们也报 110 拿回来。结果人家报 100，我们也报 100；那边报了 90，这时不能再往下降了，因为凯宾斯基的价格政策中有底线，这样的商务团队低于 90 就不要了，宁可空房子也不接受这样的价格。每年的预算里都有具体的规定，什么季节和月份卖什么样的价格，什么样的客房应该卖什么样的价格等等。低于预算中的规定，没有管理班子的专门决定是不能突破底线的。这种情况下，如果友邻饭店老是这么争，局势就会逐渐恶化。当时总经理就考虑找个办法和他们拼了，我们讨论了好几天。最后为了减轻管理责任还向合营公司董事长做了汇报。

为什么考虑可以拼价格呢？因为当时对凯宾斯基饭店来讲有这样几个有利因素：第一，凯宾斯基饭店 1996 年时使自己的名声和生意达到最顶峰，几次接待国宾团，名声是最兴盛的时候。第二，由于饭店名声大振，服务也是最好的状态，价格也是最好的时候。1995 年全年平均房价是 1080 元人民币，折合美元是 130 美元，这个价格后来再也没达到过。当年出租率是 59.7%。那一年北京市五星级饭店平均房价是 1033 元，也就是说凯宾斯基饭店是在总平均房价之上。第三，饭店还处在比较新的状态，经营不到 4 年。在北京市 5 年到 10 年是一家新饭店生命周期的高峰期，过了这个阶段之后，就会有新的替代品出现。一般来说，如果几家饭店同等价格，客人选择哪家呢？自然他想去的是服务好、名气大的，相对来讲产品比较新的一家，因此，基于这些因素的考虑，凯宾斯基才敢提出来价格上和他们拼了。

第一节　影响旅游产品价格的因素

旅游价格是旅游市场经济运行中最活跃的因素，直接影响旅游经营者和旅游消费者的利益。对于旅游企业来说当成本一定时价格决定了利润，赚钱的多少直接和价格相关，价格高获利就多，价格低获利就少，而成本在短时期内的变动是非常小的，所以价格的高低在很大程度上决定了旅游企业利润的高低。

一、旅游产品价格的概念及构成

旅游价格是旅游者为满足旅游活动的需求而购买单位旅游产品所支付的货币量，它是旅游产品价值、旅游市场的供求和一个国家或地区的币值三者变化的综合反映。

从旅游产品经营者的角度看，旅游价格是由成本和赢利两部分构成。成本是指生产费用，它包括生产旅游产品时用于建筑物，交通运输工具，各种设备、设施及原材料等物质的耗费和旅游从业人员旅游服务的劳动补偿部分。赢利是指旅游从业人员新创造的价值部分，它包括向政府交纳的税金、贷款利息、保险费用和旅游商品经营的赢利等。在旅游单项价格构成中，旅游价格包括旅游经营者的成本与利润；但在统包价格中，旅游价格则由各个单项旅游产品的单价之和加上旅行社的成本与赢利所构成。从旅游者的角度看，旅游价格的构成分为基本构成和自由选择两部分。基本构成是旅游者在出游前对旅游产品的感性认识和粗略理解基础上所预算的旅游支出构成；自由选择是旅游者在旅游过程中，通过对旅游产品的亲身体验和主观预测而对基本构成的调整，它包括对基本构成总量的增减和对基本构成的结构改变，以及调整下次旅游的预算。如旅游者在某条旅游线路上旅游时，由于获得了非常独特的心理满足，于是请亲友再寄些钱来多停留一些日子，并希望下次再来。对于旅游者的这种旅游价格构成要求旅游经营者应充分注意两个方面：一是加强推销能力，通过较宽的营销渠道和较强的宣传促销让旅游者对旅游产品有更多的认识和理解，从而尽可能增加旅游者的旅游预算；二是提供优质的旅游服务，对旅游者产生较强的吸引力，从而增加旅游者的自由选择。

二、旅游产品价格的种类

旅游价格可按照不同标准进行分类。从旅游经营的角度出发，常见的旅游价格分类主要有以下几种：

（一）基本旅游价格和非基本旅游价格

这种分类是依据旅游者在旅游活动中对旅游产品需求程度的差异而分类的。基本旅游价格是旅游活动必不可少的旅游需求部分的价格，包括食宿价格、游览价格、交通价格等。非基本旅游价格是指旅游活动中对每个旅游者来说可发生也可不发生的旅游产品价格，如纪念品价格、通信服务价格、医疗服务价格、娱乐服务价格等。

基本旅游价格的制定对于旅游企业来说是最重要的。基本旅游价格不合理，旅游者的基本需求得不到合理的满足，要么旅游者在旅游活动中留下遗憾，要么无法进行，从而直接影响到旅游客源的多少。大量非基本旅游价格是在旅游者基本需求获得满足基础上产生的，从而有利于刺激旅游者的进一步需求，影响旅游者的旅游消费结构，从而增加旅游企业和旅游目的地的收入。这就要求在制定非基本旅游价格时，必须充分考虑基本旅游需求的特征，并按照其功能特性，制定合理的价格。

（二）一般旅游价格和特种旅游价格

这种分类是按照旅游产品构成内容的不同而分的。一般旅游价格是指以旅游产品价值为基础来确定的旅游产品价格，如餐饮价格、住宿价格、日用生活品价格等。这些旅游产品与国民经济的其他相关行业、部门的产品具有明显的替代性，因而它必须按照社会平均利润率，以旅游产品的价值为基础来制定。特种旅游价格是价格与价值背离较大的旅游产品价格，如旅游购物中的古玩、名画的价格，名人住过或游览过的旅游景点的价格。这些旅游产品在特定的时间和空间内具有独占性，其价格也可以视作垄断价格，其价格制定不受成本高低的影响，而主要取决于市场的供求状况。

（三）国际旅游价格和国内旅游价格

这种分类是按照旅游者的国籍不同而分的。国际旅游价格是向海外游客标明的价格；国内旅游价格是向本国旅游者标明的价格。由于不同国家的经济发展水平不一样，不同国籍的旅游者的购买力客观上有差异，因此，区分国际旅游价格与国内旅游价格不仅符合旅游经济活动的实际，而且有助于经济相对落后的国家或地区吸纳更多的外汇。通常的表现是发展中国家的国际旅游价格比国内旅游价格要高得多。随着经济全球化进程的加深，服务贸易将日益世界化，旅游价格的国际、国内差异也将逐渐缩小。因此，区分和确定国际旅游价格和国内旅游价格的差异，必须以世界经济的发展，尤其是世界服务贸易的发展状况为依据，才能制定出既符合实际、又科学合理的旅游价格。

（四）包价、部分包价和单项价格

这种分类是按照旅游者购买旅游产品的方式划分的。旅游包价也叫统包价格，是旅行社为满足旅游者的需要所提供的旅游产品基本部分和旅行社服务费的价格。它由三部分组成：一是旅游出发地与旅游目的地之间的往返交通费；二是旅游目的地向旅游者提供的旅游产品的价格；三是旅行社的管理费用和赢利。旅游包价是旅游者一次性支付的价格。单项价格是旅游者按零星购买方式所购买的旅游产品的价格，如客房价格、餐饮价格、交通价格、门票价格等。部分包价是介于包价与单项价格之间的旅游价格，指旅游者一次性购买部门旅游产品的组合，同时又以零星购买方式购买另外的单项旅游产品，如参加某次运动会的价格与参加某项球赛、某种娱乐项目的价格。随着旅游客源由团队向散客方向的发展，部分包价和单项价格将逐渐增多。

三、影响旅游产品定价的因素

旅游产品价格的确定，要以产品价值为依据。由于旅游市场供求具有非常明显的季节性，且影响旅游市场供求关系因素甚多，因而旅游产品的定价较之一般商品的定价要考虑更多的因素。

我们把影响旅游产品价格的因素分为旅游企业内部因素和旅游企业外部因素，其中，旅游企业内部因素会直接影响旅游产品价格，而旅游企业外部因素对旅游产品价格的影响是间接的。影响旅游产品定价的众多因素如图 8-1 所示。

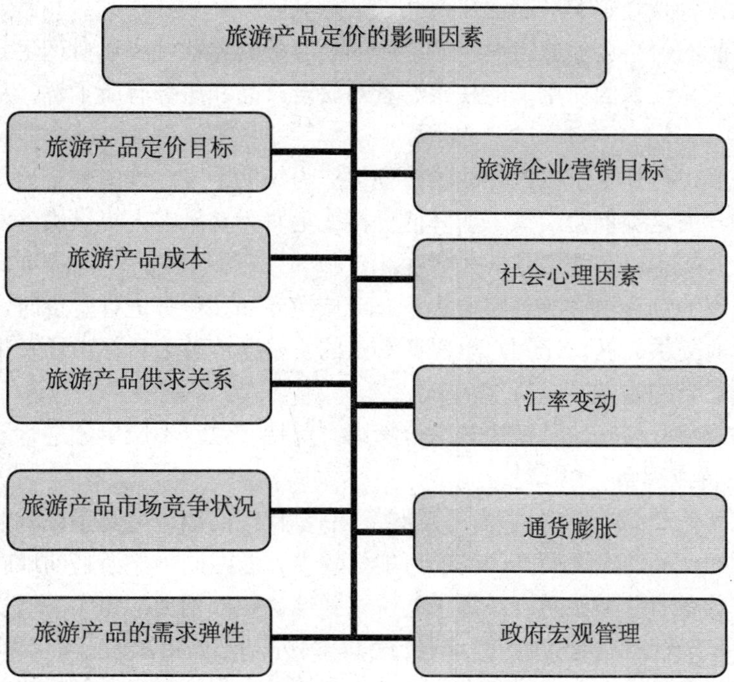

图 8–1　旅游产品定价的影响因素示意图

（一）旅游企业的内部因素

1. 旅游企业发展战略因素

旅游企业在经营过程中，由于企业规模、所处生命周期、对市场的判断等不同，因此采取的发展战略也不尽相同。旅游企业采取的经营发展战略直接决定着其采取的旅游产品价格策略也就不一样。若旅游企业采取密集型发展战略，则在定价上可能通过降价来进一步提高市场占有率，或通过改进现有产品，同时提高产品价格，从而提高在现有市场及新开发市场上的销售额；若旅游企业采取一体化发展战略，以提高赢利能力和市场控制能力，则可能在定价上采取优惠价的形式，加强与销售渠道、供应商或竞争企业的合作；若旅游企业实行多元化发展战略，则在实施战略的初期往往会争取保持旅游产品价格的相对稳定，直到实施战略较为成功后再对旅游产品实施降价等政策调整。

2. 旅游产品成本因素

旅游产品成本是由产品的生产过程和流通过程所消耗的物质资源和人力资本所构成的，是产品价值的主要组成部分。产品成本是旅游企业核算盈亏的临界点，产品销售大于产品成本时企业就有可能形成赢利，反之则亏本。旅游产品的成本是影响旅游产品价格最基本、最重要的因素。

3. 旅游营销组合的其他要素

价格策略一定要与产品设计、分销以及促销等手段相互协调，才能构成统一有效的营销计划。营销人员在选择定价策略时必须站在整个营销组合高度，其他营销决策对价格决策有着重要影响，具体表现如下：

（1）定价体现着旅游产品的市场定位，因此产品决策影响着定价决策。例如对高端的旅游产品的定价应符合规划中的产品形象及其象征意义。

（2）旅游产品的价格会使旅游者对旅游产品和服务的象征性和质量产生一定的预期，起着向旅游者传达产品信息的作用，能使旅游者对旅游产品和服务有所了解，从而影响其对产品的选择。

（3）促销决策也往往要求以一定的价格变化作为辅助手段。许多航空公司和旅游企业在推出新产品时常开展这类促销活动，即降低价格或免费为首批客人提供服务，以吸引潜在顾客积极加入，由此提高产品和服务的知名度。

（4）分销渠道的选择也影响到定价决策。对旅游产品和服务进行定价时，营销人员应充分考虑到为中间商提供的佣金比例，以保证制定的价格既能够为目标市场及中间商接受，又可使本企业获得适当的收益。

因此，价格策略应与其他营销决策综合考虑，保持一致，不应单独进行。

4. 旅游产品特点因素

旅游产品与其他产品一样，也存在着同类产品替代性问题，尤其是旅游购物、娱乐、住宿、交通等方面的产品，出现同类产品的可能性较大。若在同一旅游目的地有大量同类旅游产品并存，则旅游者对这类旅游产品需求的价格弹性也相应增大，为实现增加销售的目的，旅游产品生产者和经营者就有可能实行削价竞争。另外，单项旅游产品与包价旅游产品相比，往往具有更大的价格灵活性。一般来讲，旅游产品的综合程度越高，包括的单项产品越多，旅游企业和营销人员对价格变动的控制能力也就越弱。此外，在旅游活动中，旅游产品价格的高低经常与旅游目的地的形象相联系，若旅游产品价格过低，就有可能引起旅游者对旅游目的地景观质量的怀疑，导致其不愿购买该产品。在定价时必须充分考虑上述情况，妥善制定价格。

5. 旅游企业营销目标因素

现代旅游企业以社会营销为导向，在制定旅游产品价格前，需要明确目标市场和市场定位。而价格是营销组合中非常有影响力的要素，通过调节价格可以达到企业的特定短期目标。旅游企业常见的营销目标有生存目标、短期利润最大化、市场份额最大化和产品质量领先等。这些目标往往与定价目标不一致，进而影响到实际的定价。

（二）旅游企业的外部因素

1. 旅游消费者因素

决定产品价格是否适当最终还是由消费者决定的。在确定旅游产品价格时，管理人员必须考虑消费者是怎样看待价格的，必须考虑到这些认知性因素以何种方式影响购买决策。正如其他营销决策一样，价格决策也必须是顾客导向的。营销人员必须设法研究消费者选择某种产品的原因，并根据消费者对产品价值的感知来确定价格水平。由于消费者赋予产品的价值不同，营销人员常常在不同的细分市场上采取不同的价格策略，以不同的价格提供不同的产品特征组合。

2. 竞争者因素

在旅游市场中，旅游产品竞争的激烈程度对产品的定价有很大的影响，竞争越激烈，对定价的影响就越大。在短期内对产品价格进行调整大多是由竞争因素引起的。目前旅游业的竞争日趋激烈，营销人员必须熟知竞争者的价格、质量和产品特征，并把这些信息作为制定自家产品价格的基点。

3. 宏观管理因素

政府对旅游市场中旅游产品的价格管理主要是通过行政手段、法律手段以及物价政策等来实现的。政府对旅游产品价格的干预和管理的目的在于，通过法律限制旅游企业的不正当竞争，防止其牟取暴利、损害旅游消费者的利益。政府对旅游产品价格的管理主要是以行政手段、法律手段制定旅游产品的最高或最低限价。例如，当旅游市场中削价竞争加剧而损害了企业的正常利益以及旅游业的效益时，政府就通过制定最低保护价来约束不良的市场行为。

4. 通货膨胀因素

通货膨胀是指在流通领域中的货币供应量超过了货币需求量而引发的货币贬值、物价上涨等现象。旅游目的地的通货膨胀会造成单位货币购买力下降，使旅游企业的产品生产、经营成本增加，从而迫使企业提高旅游产品价格，并且价格提高的幅度往往大于通货膨胀上升的幅度。虽然只有这样才能保证企业不致亏损，但旅游产品价格的大幅度上升客观上会一定程度地破坏旅游目的地的形象，损害旅游消费者的利益，从而致使旅游人数减少、旅游收入下降。如拉美国家为当今世界高通货膨胀的地区之一，虽有独特、诱人的旅游产品，但其旅游业因深受通货膨胀之害而难以快速发展。

5. 汇率变动因素

一国的汇率常常因各种因素而变动，汇率变动对旅游产品价格有一定影响。通常本币升值，旅游企业要考虑提高外币定价；本币贬值，旅游企业要考虑适当降低外币定价，如某五星级标准客房以美元计价为每天 100 元，假定美元与某国货币比价为 1:5，本币定价应为每天 500 元；当本币升值，如假定美元与本币比价为 1:4，该企业为保持原有收入不变，就会把标准客房房价定为每天 125 美元；相反，当本币贬值，如假定美元与本币比价为 1:5.5 时，标准房价就应定为每天 90 美元。

以上是旅游市场中影响旅游产品定价的常见因素，除此之外，还有许多因素对旅游产品的价格有着不可忽视的影响，如银行利率、企业的规模等。

第二节　旅游产品定价目标与定价程序

一、旅游产品定价的目标

旅游产品在定价时必须先确定定价目标。定价目标以旅游企业营销目标为依据，是企业选择定价方法和制定价格策略的基础。由于企业营销目标有多种，因此旅游产品的定价目标也就多种多样，常见的有下述几种。

（一）获取适当的投资回报率

这是指旅游企业制定的旅游产品价格有利于企业的投资获取一定的报酬。采用此类定价目标的旅游企业，一般是根据投资额规定的利润率，然后计算出各单位旅游产品的利润额，把它加在产品的成本上，就得出该产品的出售价格。采用这种定价目标的旅游企业应具备较强的实力，生产的产品是畅销产品，不怕与竞争对手竞争，同时预期的利润率应该高于同期银行的存款利息率，但又不能太高，否则就容易遭到旅游消费者的拒绝，预期的投资利润也就不可能实现了。投资利润率有短期和长期之分，追求不同的投资利润率必须有不同的定价决策。

（二）实现企业利润最大化

这是指旅游企业期望通过制定较高价格而迅速获取最大利润。一般说来，只有当企业在市场竞争中处于绝对有利地位时方可以此为目标制定价格。在旅游企业的实际运营中，由于各种因素的影响，理论上的最大化利润是很难实现的，因此，旅游企业可以以满意利润为目标进行定价，即在旅游企业所能掌握的市场信息和需求预测基础上，按照已达到的成本水平所能得到的最大利润。

（三）稳定市场价格

这是指旅游企业为了保护自己，避免不必要的价格竞争，牢固地占有市场，在旅游产品的市场竞争和供求关系比较正常的情况下，以稳定的价格取得合理的利润。激烈的价格竞争虽然从短期看可能会给旅游消费者带来一定好处，但是却破坏了正常的市场供求格局，常常使企业两败俱伤，并且从长期来看伴随低价而来的低质量、低信誉产品等一系列问题终究会给旅游消费者带来损失。因而，经营同一种或同一类旅游产品的主要旅游企业往往有默契地制定较为稳定的价格，以消除价格战，其他中小型企业则往往与这些实力雄厚的大企业保持一致的价格，而不轻易变动。

（四）应对竞争

这是指旅游企业根据竞争需要来制定旅游产品的价格，当竞争主要围绕着价格展开，降价可以取得战术上的优势，但竞争对手也可能随之降价，使全行业面临利润下降的危险，而降价组织自身也将失去再投资开发长期产品或服务的能力。因此，以竞争为目标而降低价格必须谨慎。旅游企业应根据自身的市场地位和发展目标选择制定低于、高于或者与竞争者相同的价格策略，并跟随竞争对手价格的变化及时做出调整。

（五）维护或扩大市场占有率

这是指旅游企业从占领旅游市场的角度来制定旅游产品的价格。市场占有率的高低，对于产品价格的高低有很大影响。市场占有率能反映企业的经营状况和竞争能力，反映出企业的产品在旅游市场上的地位和兴衰，反映企业长期经营效果的趋向。一般来说，在市场占有率既定的情况下，为了维护或提高市场占有率，企业需要运用低价格策略。但在采用这种定价目标时必须量力而行，低价有可能会诱使需求量急剧增加，企业必须能够保证产品和服务的质量，否则供不应求的市场态势将招致潜在竞争者趁虚而入，反而损害企业的利益。

二、旅游产品定价的程序

旅游产品的价格确定必须遵循一定的程序和步骤。一般说来，旅游产品的定价可按五个步骤进行；先对目标市场的购买力及购买倾向进行评估，然后对旅游企业的产品成本进行估测，接着对旅游企业的市场环境进行调研，确定企业的定价目标，最后选择旅游企业定价的方法及相应策略，如图 8-2 所示。

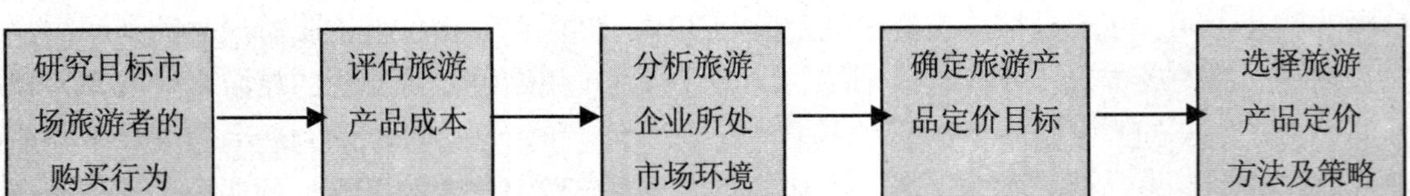

图 8–2　旅游产品定价的步骤

（一）研究目标市场旅游者的购买行为

目标市场是旅游企业开展营销活动的空间和获取预期收益的来源，因此，目标市场的大小及购买倾向就成为企业定价的前提条件。旅游企业通过对目标市场的评估，发现旅游消费者的现实需要，了解旅游者对旅游产品价值的理解程度和价格承受力，并从深层次上发掘出旅游者的潜在需要及消费偏好，以便采取主动、灵活的价格政策，引导目标市场的成长。

因而，对目标市场购买力进行评估时，除了要考虑旅游者的总收入、纯收入外，还要考虑旅游者可自由支配收入和可能用于旅游产品购买的收入比例，以及促进其旅游活动形成的其他费用来源，更重要的是掌握目标市场中的旅游者对旅游产品的喜爱程度和兴趣转移的可能，以及对价格的敏感性、所接受的非价格竞争方式等。评估目标市场购买力及购买倾向的方法主要有问卷调查、面对面交谈和专家意见法等。

（二）评估旅游产品成本

经营者在科学测定旅游市场需求量之后，需要进一步分析市场需求量、旅游产品生产经营成本和经营利润之间的关系。任何企业在定价时，都希望取得较高利润，而利润与一定价格下的市场需求量大小、生产经营成本高低又有着密切关系。弄清量、本、利三者关系是价格决策的基本前提。

1. 保本点与保利分析

旅游企业经营者有时会运用盈亏均衡点分析来协助价格决策。盈亏均衡点又称为保本点。企业产品销售若达到均衡点则可实现盈亏平衡。在制定产品价格时，经营者要考虑所制定的价格能否使企业保本，在市场不景气或竞争激烈的情况下按保本点定价，可以使企业减少损失，而且有灵活回旋的余地。

除了考虑保本因素外，企业在进行价格决策时还可进行保利分析，也就是以所制定的价格是否可以实现企业的预期利润来衡量能否执行该价格决策。保利分析可以保证在某种价格水平上完成一定销售额的前提下，能给企业带来一定的利润。

2. 边际分析

旅游经营者除了利用保本点和保利分析来考虑如何制定价格外，还可以通过边际分析考虑价格的制定。由于很多旅游产品中所包含的固定成本比例高，只要边际贡献为正值就意味着能收回全部变动成本和部分固定成本，只要边际贡献大于固定成本，就意味着有利可图。边际分析的公式为：边际贡献＝单位产品价格-单位变动成本。

（三）分析旅游企业所处市场环境

旅游产品价格的确定，还必须考虑企业内外环境的状况及变化的可能。就旅游企业内部环境而言，供货价格的稳定性、供货时间的衔接性和供货品种的齐全性等，关系到旅游企业能否有效控制原材料、燃料采购成本；就企业外部环境而言，政府规定的最高限价是旅游产品价格上扬的警戒线，国民收入水平、消费结构、产业结构、经济增长率、政府支出等经济环境因素的变化也会促进或制约旅游产品价格的升降；此外，社会文化环境中的道德规范与宗教禁忌、风俗习惯等因素，也限制了旅游者对旅游产品的购买规模和倾向，事实上也就影响了旅游产品价格的高低。

（四）确定旅游产品定价目标

旅游企业生产和经营最终是为了取得经济效益。在旅游市场营销实践中，一些旅游企业的目标是追求短期利润的最大化，指望通过某种产品很快取得丰厚的利润，而另有一些企业则谋求长期利润的稳定增长，追求可持续发展目标。为实现最终目标，旅游企业在进行价格决策时，在不同时期还要考虑阶段性目标，如危机时的求生存目标，平稳时的求扩张、求发展目标等等。旅游企业定价目标越明确，价格决策的目的性也就越清晰。在进行价格决策时忌目标不明确。

（五）选择旅游企业的定价方法和策略

遵循客观规律的要求，在全面、准确地调查、预测的基础上，运用科学方法确定的价格，应该能与市场的需求吻合。但是，由于旅游市场中竞争者的存在，旅游消费者需求的千差万别，以及价格因素的灵活性，旅游企业在定价过程中还必须充分考虑定价的策略，既与企业其他营销工作相配合，为企业的全面发展创造良好的环境和条件，又能充分体现出科学性、艺术性和技巧性，增进旅游者对旅游产品价格的理解、认可乃至偏爱。

第三节　旅游产品定价方法与定价策略

旅游业是一个季节性需求明显的行业，在大多数旅游企业如饭店、旅行社的成本结构中，变动成本所占的比重较大，因此旅游产品价格的制定比较灵活。一般来说，旅游产品价格更多地由需求因素而不是供给因素来决定。

一、旅游产品定价方法

在旅游市场中，旅游产品的定价方法有多种。企业为了在旅游市场上实现预期目标，要从诸多的定价方法中挑选出适当的方法，以便给自己的旅游产品制定价格。旅游产品的定价方法可根据定价时侧重考虑的因素不同分为成本导向定价、需求导向定价和竞争导向定价等方法。

（一）需求导向定价

需求导向定价法是以消费者对产品价值的理解程度和需求强度为依据的定价方法。由于与市场需求相联系的因素较多，并且旅游企业对这些因素的重视程度不一，因此需求导向定价法的具体形式有多种，本章主要介绍以下四种。

1. 理解价值定价法

所谓理解价值，也叫感受价值、认知价值，就是指消费者对某种商品的主观评判。理解价值定价法是指旅游企业不以成本为依据，而以消费者对商品价值的理解度为定价的依据。使用这种方法定价，旅游企业首先应以各种营销策略和手段，影响消费者对产品认知，形成对企业有利的价值观念，然后再根据产品在消费者心目中的价值来制定价格。理解价值定价法的关键在于获得消费者对有关商品价值理解的准确资料。企业如果过高估计消费者的理解价值，价格就可能过高，这样会影响商品的销量；反之，如果企业低估了消费者的理解价值，其定价就可能低于应有的水平，企业可能会因此减少收入。所以，旅游企业必须搞好市场调查，了解消费者的消费偏好，准确地估计消费者的理解价值。

2. 习惯定价法

这是指旅游企业依照长期被消费者接受和承认的习惯价格来定价的方法。某些旅游产品长期在市场中销售，旅游消费者已经接受并习惯了这种产品的属性和价格水平，因而当新产品、新品种投入市场时，只要产品的基本功能和用途没有改变，消费者往往只愿意按以往的价格进行购买。因此，经营此类产品的旅游企业不能轻易改变价格，涨价会影响产品的市场销路，降价会引起消费者对产品质量的怀疑。如一些地方土特名产、名小吃以及旅游小工艺品等的价格，就是根据消费者的习惯认定来确定的。

3. 区分需求定价法

区分需求定价法，是根据需求的差异，对同种产品或劳务制定不同价格的方法称为区分需求定价法，也叫“价格歧视”。主要定价方式有：

（1）因顾客而异。同种产品或劳务，对不同职业、收入、阶层或年龄的消费者群制定不同的价格，企业可根据上述差异在定价时给予相应的优惠或提高价格。

（2）因式样而异。对式样不同的同种商品制定不同的价格，价格差异比例往往大于成本差异的比例。

（3）因时间而异。根据产品季节、日期及钟点上的需求差异制定价格。

（4）因空间而异。企业根据自己产品销售区域的空间位置来确定商品的价格。

（5）因用途而异。同一种商品有时会有不同的用途和使用量，因而价格也应有所区别。实行区分需求定价法要具备一定的前提条件：一是市场能够根据消费者的需求强度不同进行细分；二是细分后的市场在一定时期内相对独立，互不干扰；三是竞争者没有可能在企业以高价销售产品的市场上以低价销售；四是价格差异程度，不会引导消费者的不满或反感。

4. 可销价格倒推法

旅游产品的可销价格是指消费者或中间商习惯接受和理解的价格。可销价格倒推法就是旅游企业根据旅游消费者可接受的价格或后一环节买主愿接受的利润水平而确定其销售价格的定价法。旅游企业往往为了满足在价格方面与现有类似产品竞争的需要，而采用可销价格倒推法设计出在价格方面能参与竞争的产品，或者在新产品推出时，先通过市场调查确定购买者可接受的价格，然后反向推算出产品的最初销售价格。

（二）竞争导向定价

竞争导向定价法是根据竞争者产品的价格来制定企业产品价格的一种方法。这种方法是以竞争为中心，同时综合考虑旅游企业自身的实力、发展战略等因素的要求来确定价格。由于不同的旅游企业对旅游市场竞争有不同的判断，因此这种定价方法可大致分为追随核心定价法和率先定价法两类。

1. 追随核心定价法

这一方法是指根据旅游市场中同类产品的平均价格水平或竞争对手的价格来定价的方法。由于每个旅游企业都经营着类似的产品，若产品价格高于对手，销售量就可能会减少；若价格低于对手，就必须增加销售量来弥补降低了的单位产品利润，而这样做又可能招致竞争者也降低价格，从而失去价格优势甚至引起价格战。在旅游市场营销活动中，由于“平均价格水平”易被旅游消费者接受，被以为是合理的价格，并且能保证企业获得与竞争对手相当的成本利润率，因此许多企业倾向于与竞争者保持一致的价格，尤其是在少数实力雄厚的企业控制市场的情况下，大多数中小旅游企业市场竞争力有限，无力也不愿与生产经营同类旅游产品的大企业做“硬碰硬”的正面竞争，因此就依照大企业同类产品的价格制定大致相同的价格，并随大企业同类产品的价格变化而相应地调整本企业产品的价格。

2. 率先定价法

这是一种主动参与竞争的定价方法，一般为实力雄厚或产品独具特色的旅游企业所采用。在制定价格时，旅游企业首先将市场上竞争产品价格与企业估算价格进行比较，将之分为高于、低于、一致三个层次；然后将企业产品的性能、质量、成本、产量等与竞争产品进行比较，分析造成价格差异的原因；再根据以上综合指标确定本企业产品的特色、优势及市场定位，在此基础上按企业所要达到的营销目标确定产品价格；最后，要跟踪竞争产品的价格变化，及时分析原因，相应调整本企业的价格。这种方法所确定的旅游产品价格较符合市场的实际需要，能使率先定价的旅游企业在竞争激烈的市场环境中获得较大的收益，居于主动地位。

（三）成本导向定价

以旅游产品的成本为主要依据，在成本的基础上加上一定的利润和税金来制定价格的方法被称之为成本导向定价法。由于产品形态不同以及成本基础上核算利润的方法不同，成本导向定价法可分为以下三种形式。

1. 成本加成定价法

成本加成定价法，是在单位产品完全成本的基础上，加上一定比例的利润和税金，构成单位产品的价格。采用成本加成定价法，一般是按成本利润率来确定的。其计算公式为：

$$\text{单位产品价格}=\text{单位成本}\times（1+\text{加成率}）$$

例如，某饭店某道菜的成本为 12 元，假定加成率为 150%，则该菜肴的价格定价为：

$$P=12\times（1+150\%）=30\text{ 元}$$

采用成本加成定价法，确定合理的成本利润率是一个至关重要的问题，而成本利润率的有效确定，必须研究市场环境、竞争程度、行业特点等多种因素。某一行业的某一种产品在特定市场以相同的价格出售时，成本低的企业能获得较高的利润率，并在激烈的市场竞争中有较大的回旋空间。

成本加成定价法的优点在于简便、易行，企业不必根据需求的变化而频繁调整产品价格；另外，旅游行业内的所有企业都采用这种定价方法，价格就会趋于一致，可以避免价格竞争。但是成本加成定价法并不是一种合理的定价方法，企业只考虑成本而不顾及当前的需求和竞争，制定出的价格可能是一个不切实际的价格。

2. 目标效益定价法

目标效益定价法，是指根据旅游企业的总成本和估计的总销售量，确定一个目标收益率，作为定价的标准的定价方法。这种定价方法用公式表示为：

$$\text{单位产品价格}=\frac{\text{固本总额}+\text{变动成本总额}+\text{目标利润}}{\text{产品数量}}$$

目标效益定价法在旅游业尤其是饭店业中广为应用，制定客房产品价格时使用的千分之一法和赫伯特公式法，实质上都是目标效益定价法的特殊形式和具体应用。下面简要介绍千分之一法。

千分之一法，又称千分之一规则或四分之一经验公式。饭店业常运用千分之一法进行产品定价。饭店建筑所需投资通常占其总投资的 60%～70%，因此饭店的房价与造价之间有着直接的联系。许多人认为，饭店要想获取利润，房价就应占造价的千分之一。千分之一法存在着明显的应用局限性，即旅游目的地一般物价上涨较快，而千分之一法把当前产品的价格与过去的建筑费用联系在一起．显然没有对旅游企业的运营费用和机会收益进行佔计。千分之一法往往只用于简便、粗略的定价。千分之一法的具体计算公式如下：

$$平均每间客房的售价 = (建造成本总额 \div 客房间数)/1000$$

例如，一座饭店有 500 个房间，总造价为 50000000 元，按照千分之一法可得：

$$每间客房的房价 = (50000000 \div 500)/1000 = 100(元)$$

3. 盈亏平衡定价法

盈亏平衡定价法又称收支平衡定价法，是应用损益平衡原理的一种保本定价方法。其计算公式如下：

单位产品价格=（固定成本总额+变动成本总额）÷保本销售量

如果企业把价格定在保本点价格上，则只能收回成本，不能赢利；如高于保本点定价便可获利，获利水平取决于高于保本点的距离；如低于保本定价点，企业无疑是亏损的。因此，也可以将盈亏平衡定价法理解为保本定价法，它规定了在产量一定的情况下，什么价格是保证企业不亏本的最低价格。

例如，某饭店拥有 110 间客房，平均房价是 36 美元，变动成本是 12 美元/占用房，固定成本 34000 美元/月。问该饭店每月需要出租多少客房才能保本？

运用收支平衡定价法，可知：

每月出租客房数=34000÷（36−12）=1416 间/月

二、旅游产品定价策略

旅游企业的定价策略就是指企业为了实现预期的经营目标，根据企业的内部条件和外部环境，对某种商品或劳务，选择最优定价目标所采取的应变谋略和措施。一般来说，旅游企业的产品定价策略主要有新产品价格策略、招徕价格策略、心理价格策略和折扣价格策略等。

（一）新产品价格策略

新产品定价是旅游企业价格策略的一个关键环节。因为新产品的成本高、顾客对它不了解，竞争对手可能还没有出现，所以新产品价格确定得正确与否，关系到新产品能否顺利进入市场，并为以后占领市场打下基础。常见的新产品定价策略有三种。

1. 撇脂定价策略

撇脂定价策略，即是采取高价策略，是指如同把热牛奶上的一层油脂精华取走一样，企业在新产品刚投放市场时把价格定得很高，以求在尽可能短的期限内迅速获取高额利润。随着商品的进一步成长再逐步降低价格。企业采取撇脂定价策略不仅能在短期内获取大量利润，而且可限制竞争者的加入，当竞争加剧之时，企业再降低价格，这样较为符合旅游消费者对价格从高到低的心理预期。

实行撇脂定价策略有一定的限制条件。首先，新产品比市场上现有产品有显著的优点，能使旅游者“一见钟情”；其次，在产品新上市场阶段，商品的需求价格弹性较小或者早期购买者对价格反应不敏感；最后，短时期内竞争对手无法模仿。此策略的优点是尽早争取主动，达到短期最大利润目标，有利于企业的市场地位的确定。但缺点也明显，即由于定价过高，有时渠道成员不支持或得不到旅游者认可；同时，高价厚利会吸引众多的竞争对手转向此产品的生产和经营，加速市场竞争的白热化。

2. 渗透价格策略

渗透价格策略也称低价策略，是指企业在新产品投放市场的初期，将产品价格定得相对较低，以吸引大量购买者，获得较高的销售量和市场占有率。这种策略同撇脂定价策略相反，是以较低的价格进入市场，具有鲜明的渗透性和竞争性。

由于价格偏低，所以企业采取这种价格策略可迅速打开旅游产品的销路，扩大市场销量，增加赢利，还能阻止竞争对手进入，便于控制市场。但是，一般来说，在旅游市场中运用渗透价格策略，也有可能导致投资回收期较长，产品若不能迅速打开市场或遇到强有力的竞争对手时，则会出现重大损失等问题。

这种价格策略的运用要具备以下条件：商品的市场规模较大，存在着强大的竞争潜力；商品的需求价格弹性较大，稍微降低价格，需求量会大大增加，通过大批量生产能降低生产成本。渗透价格策略作为一种长期价格策略，往往适用于能大批量生产、特点不突出、易仿制、技术简单的新产品，如旅行社的观光旅游类产品、低星级饭店的客房产品等。

3. 满意价格策略

满意价格策略是一种介于撇脂定价和渗透定价之间的折衷定价策略，其新产品的价格水平适中，同时兼顾生产企业、购买者和中间商的利益，能为各方面所接受。正是由于这种定价策略既能保证企业获得合理的利润，又能兼顾中间商的利益，还能为消费者所接受，所以称为满意定价。

这种价格策略的优点在于：满意价格对企业和顾客都是较为合理公平的，由于价格比较稳定，在正常情况下赢利目标可按期实现。其缺点是：价格比较保守，不适于竞争激烈或复杂多变的市场环境。这一策略适用于需求价格弹性较小的旅游产品。

以上三种新产品价格策略利弊均有，并有其相应的适用环境。企业在具体运用时，采用哪种策略，应从旅游企业的实际情况，如生产能力、市场需求特征、产品差异性、预期收益、旅游者的购买能力和对价格的敏感程度等因素出发，综合分析，灵活运用。

（二）招徕价格策略

这种定价策略实质上是发挥促销导向的作用，以特殊价格吸引旅游消费者，从而提高企业的销售收入和赢利。该策略又可分为下列两种：

1. 亏损价格

这是指旅游企业在自己的产品或服务结构中，把某些产品或服务的价格定得很低，甚至不惜亏损，以低廉价格迎合旅游消费者的“求廉”心态而招徕顾客，借机带动和扩大其他产品的销售。例如，某些餐厅向消费者免费提供饮料，虽然旅游消费者享用这些饮料会使餐厅在饮料销售上亏损，但消费者必然会购买甚至增加购买菜肴等其他产品，餐厅就可通过菜肴等产品的销售增长来弥补饮料销售上的亏损，从而提高总的销售收入和利润。有的旅行社在激烈的市场竞争中向旅游者提供优惠包价旅游产品，其中游、食、宿等分项产品都以成本价出售，企业在此产品上无利可图，但这一优惠会使游客增加，旅行社就可依靠行、购等分项产品的销售获取利润。

2. 特殊事件价格

这是指旅游企业在某些节日和季节或在本地区举行特殊活动的时候，适度降低旅游产品或服务的价格，招徕生意，增加销量。这种定价策略往往在旅游淡季时为旅游企业所采用。一般来说，采用这种策略必须要有相应的广告宣传配合，才可能有效地将这一特殊信息传递给广大的旅游消费者。

（三）心理价格策略

心理定价策略指企业针对旅游者心理活动和变化定价的方法与技巧。一般在旅游零售商中应用得比较多。心理价格策略主要有以下四种：

1. 整数定价策略

整数定价策略也叫整数原则，这种定价策略是指旅游企业在定价时采用合零凑数的方法，制定整数价格。在现代旅游活动中，由于旅游产品或服务十分丰富，旅游消费者有时只能利用价格来辨别产品的质量，特别是对一些消费者不太了解的旅游产品。为这类商品制定整数价格会显得高价优质，提高了产品的身价，使消费者产生"一分钱一分货"的购买意识，从而促进旅游产品的销售。

2. 尾数定价策略

这种定价策略也被称为非整数定价策略，即给旅游产品定一个零头数结尾的非整数价格。旅游消费者一般认为整数定价是概括性定价，定价不准确，而尾数定价可使消费者产生这是经过精确计算的最低价格的心理，并觉得旅游企业定价认真，对消费者负责，即便是对一些高价产品也觉得不太贵了。

3. 声望定价策略

这种定价策略是指针对旅游消费者"价高质必优"的心理，对在消费者心目中有信誉的产品制定较高价格。这是因为价格档次常被当作旅游产品质量直观的反映。旅游消费者在识别名优产品时，这种心理尤为强烈。可见，高价与性能优良、独具特色的名牌产品比较协调，能显示出产品特色，给消费者留下优质的印象，甚至使消费者感到购买这种产品可提高自己的声望。一般来说，旅游企业采用这种定价策略所制定的价格，往往为本行业同类产品中的较高价格甚至为市场中的最高价。当然，运用这种价格策略必须慎重，一般性的旅游企业及产品、服务不宜采用。

4. 分等级定价策略

由于旅游消费者有时不大会感觉到价格的细微差别，并且他们对许多旅游产品的需求曲线呈阶梯形状，因而旅游企业可把产品分为几档，为每一档定一个价格，这样的标价可使消费者觉得各档次价格反映了产品质量上的差别，从而简化其选购过程。

旅行社经常采用这种定价策略，将同样的旅行线路产品分为豪华、标准和特价三种档次，分别制定不同层次的价格来吸引不同层次的旅游者；饭店也常常采用这种定价策略来确定房价结构，即对客房分级定价。但是，在对旅游产品分级时，级数不宜太多，档次的差别不宜过大或过小，并且要使不同等级的产品在质量、性能、额外利益等方面有着明显的区别，使旅游者确信价格的差别是合理的。

（四）折扣价格策略

这种价格策略是指在旅游产品或服务的交易过程中，旅游企业不改变产品或服务的基本标价，而是利用各种折扣吸引经销商和消费者，促使他们积极推销或购买本企业产品，从而达到扩大销售、提高市场占有率的目的。这一策略能增加销售的灵活性，给经销商和消费者带来利益和好处，因而在现实中经常被企业所采用。折扣价格策略主要包括下列四种：

1. 数量折扣

这是指旅游产品或服务的生产经营企业为了鼓励购买者大量购买旅游产品或服务，根据购买者所购买的数量给予一定的折扣。数量折扣根据数量计算的不同又可分为下列两种：

（1）累计数量折扣

这是指在一定时间内，购买者购买旅游产品或服务的总数超过一定数额时，旅游企业按购买总数给予一定的折扣。一般情况下，随旅游消费者的购买数量增多，折扣会增大。这种定价策略有利于加强旅游企业与旅游产品或服务的购买者之间的业务联系。在旅游企业中，常见的累计数量折扣有团体价、会议价、公司价等。

（2）非累计数量折扣

这是指旅游企业规定旅游产品或服务的购买者每次购买达到一定数量或达到一定的金额时所给予的价格折扣，一次性购买数量越多，金额越大，折扣就越大。采用这种定价策略能刺激旅游消费者大量购买，增加赢利，同时减少交易次数与时间，节约人力、物力等开支。

2. 同业折扣和佣金

这种折扣方式也叫功能性折扣，是指旅游产品或服务的生产企业根据各类中间商在市场营销中所担负的不同职责，给予不同的价格折扣。一般来说，旅游企业给旅游批发商的折扣较大，给旅游零售商的折扣较小，这可促使批发商大量进货以及进行批转业务。使用同业折扣和佣金的目的在于刺激各类旅游中间商充分发挥各自组织市场营销活动的能力。要注意的是，旅游企业采用同业折扣和佣金策略客观上会使旅游产品的平均价格下降，因而实行同业折扣和佣金一定要使增加销售所带来的收入高于所需的成本支出，否则就应仔细研究是否实行同业折扣和佣金以及折扣、佣金的比例以多少为宜。

3. 现金折扣

现金折扣，是指企业了了鼓励购买者尽早付清货款，加速资金周转，规定凡提前付款或在约定时间付款的买主可享受一定的价格折扣。运用现金折扣策略，可以有效地促使顾客提前付款，从而有助于盘活资金，减少企业的利率和风险。折扣大小一般根据付款期间的利率和风险成本等因素确定。

4. 季节折扣

季节折扣指旅游企业在淡季时给予旅游产品或服务的购买者的折扣优惠。由于在淡季时旅游企业普遍出现客源不足、服务设施和生产设备闲置的情况，所以，为吸引旅游者增加消费，旅游企业往往制定低于旺季时的旅游产品或服务价格，以刺激旅游消费者的消费。需要注意的是，这种折扣价格的最低优惠度不应低于旅游产品或服务的成本。

本章小结

1. 旅游价格是旅游者为满足旅游活动的需求而购买单位旅游产品所支付的货币量，它是旅游产品价值、旅游市场的供求关系和货币币值三者综合反映的结果。旅游产品的价格由旅游者的实际花费、服务费用和利润三部分组成。

2. 旅游价格的作用集中表现在通过旅游产品的定价，为旅游企业收回成本和投资，并实现旅游企业的利润目标；调整旅游产品的供求关系；对付市场竞争；利用价格来进行市场区分等几个方面。

3. 影响旅游产品定价的因素很多，有旅游企业内部因素，也有旅游企业外部因素；有主观的因素，也有客观的因素。概况起来，大体上包括旅游产品成本、旅游市场需求、竞争因素和其他因素四个方面。

4. 定价目标是指旅游企业通过制定一定水平的价格所要达到的预期目的。定价目标一般可分为利润目标、销售额目标、市场占有率目标和稳定价格目标。定价方法主要包括需求导向定价法、竞争导向定价法和成本导向定价法。

5. 定价策略主要包括新产品价格策略、招徕价格策略、心理价格策略、折扣价格策略。

复习思考题

一、名词解释

成本加成定价法　目标效益定价法　撇脂定价策略　区分需求定价法

二、思考题

1. 旅游产品定价的影响因素有哪些？

2. 旅游产品定价目标有哪些？

3. 旅游产品定价方法有哪些？你会应用吗？

4. 心理定价的策略有哪些？

第九章　旅游产品促销策略

学习目标

1. 说出旅游促销的含义
2. 描述旅游促销的作用
3. 掌握旅游促销组合策略的制定步骤
4. 理解不同促销方式的优缺点

案例导入

2013年1月27日福州市旅游局发布了“游福州·新春汇”2013春节旅游系列活动信息，其中包括文化游、温泉游、生态游、乡村游和闽江游等旅游产品，准备在春节期间出游的市民不妨将此作为出游参考。

三坊七巷：春节期间，将推出“金蛇献瑞·坊巷春回”系统活动，安排南后街舞龙舞狮表演、光禄吟台闽剧专场演出、“十二婆姐送平安”活动、台湾电音三太子表演、木偶戏专场演出、“华夏礼仪·坊巷风采”活动、开市“接财神”活动、禅和乐专场演出、“非遗进三坊七巷”莆田春节专题展、民俗杂艺表演、摄影展等。

鼓山：至1月31日，推出群众登山岳活动，十八景园凭票根免费抽奖；春节期间，可观赏梅花，涌泉寺万盏许愿灯喜迎新春——燃灯祈福活动。

于山：2月10日至17日，于山兰花圃举办春节兰花精品展。

西湖公园：春节期间，举办迎春花展。

温泉公园：春节期间，举办郁金香花展。

左海公园：春节期间，左海海底世界吉祥金蛇与“千年白蛇”将在5米深的海水中恭贺新年；我国“水下变脸第一人”黄显忠在水下表演“川剧变脸”；还有扣人心弦的人鲨共舞、婀娜多姿的“美人鱼”等。

闽江公园：元宵节期间，有“喜庆吉祥·魅力民俗”最炫闽俗风系列活动。

福州国家森林公园：春节期间，樱花园内1500多株樱花喜迎游客；重新改造提升后的鸟语林将推出系列活动，鸟语林内的“鸟趣园”将免费开放。

闽江游：春节期间，白天增开“闽江观光游”，票价8折优惠，推出壶江岛一日游，品海鲜、欣赏江海交界风光；夜游闽江赠送小吃、福州特色表演，持老年证享受5折购票，一家三人游闽江免票一人。

晋安：2月13日至19日，美人谷温泉休闲园推出敬老送健康活动，60岁以上老人持身份证，可享受门票半价优惠。

马尾：2月17日至2月28日，举办第11届“两马同春闹元宵”活动，有马尾灯会点灯仪式、民俗荟萃文艺晚会、灯展，还有“两马”风味小吃美食节、台湾商品展示会、摄影采风活动等，并推出“万人游两马”活动，马尾、马祖互送游客，活动期间团费优惠；2月9日至28日，琅岐榕升休闲农庄推出台湾精品芭乐采摘、杨桃采摘等活动；琅岐四季采摘园主推采摘杨桃等水果和品尝农家饭等活动；琅岐绿丰农业观光园主推“活化石”银杏树、银屏藤、台湾香水莲等精品植物观赏活动；琅岐云龙村万叶葡萄园举办葡萄酒品尝活动。

福清：正月初一至初三，天生农庄景区门票6.8折优惠，所有身高1.4米以下儿童免票，骑马射箭另有优惠活动，还有定向寻宝、舞龙舞狮、踩高跷、车鼓表演等民俗活动。

长乐：2月1日至25日，九龙山庄推出开春惠民——新年幸运抽奖活动；2月23日、24日，南山公园将举办长乐市第六届民俗文化节，展示长乐市民风民俗以及传统文化。

闽侯：春节期间，昙石山景区有“闽越遗韵”闽越王城遗址博物馆文物精品展；龙台山生态园推出迎新春暨农产品展销、闹元宵、篝火晚会、龙王庙祈福等活动；军博园主推“快乐炊事班”——让孩子体验战地野炊的乐趣。

连江：2月10日至15日，贵龙温泉旅游度假村举办“温暖新春·泉心泉意”温泉养生游系列活动，喜庆财神拜年有礼——红包大派送、新年看图猜成语、燃放烟花、放生祈福、舞狮踩青、情侣/夫妻默契PK赛、亲子划船赛、三人障碍赛活动；2月1日至14日，溪山温泉景区推出2013年情人节优惠套餐和七夕节套票；2月10日至14日，推出派送新春祝福礼活动。

永泰：春节期间，云顶景区有异域风情竹竿舞、云山圣境山歌对唱、杀年猪祭祀仪式、福州特色小吃制作等表演，福建特色年夜饭体验、新春彩灯展、趣味灯谜会、水火传奇篝火大狂欢等活动；千江月休闲农场可赏樱花，参加CS野战及DIY汤圆、筒子鸡等活动。

闽清：春节期间，坂东镇将举办“十八坂”传统墟会暨商贸旅游节；七叠温泉景区专门推出温泉文化健身游，结合温泉文化摄影展，为游客举办联欢晚会；大明谷温泉景区推出精品牛奶浴、精油浴、茶浴、鱼疗等活动；黄楮林温泉景区推出“泡天然温泉、品纯正燕窝”、水上竞技、联合闽清县萌芽艺术中心举办新春晚会等活动。

罗源：2月21日，罗源县第六届畲族风民俗文化旅游节在霍口乡福湖村举办，推出畲族民间社火、舞狮、迎亲、祭祖等传统民俗表演。

由此案例可见，现代市场营销不仅要求旅游营销者开发适销对路的旅游产品和服务，制定令人垂涎的价格，还要实施五彩缤纷的促销活动，以吸引大量的游客，带动产品的销售。

第一节 旅游促销概述

旅游促销即旅游促进销售，是在旅游产品设计、定价、分销等策略的基础上所进行的，其具体包括广告宣传、公共关系、营业推广、人员推销等四个方面的组合应用。

旅游产品的无形性、销售的同时性以及旅游市场的高度竞争性，使得促销在旅游市场营销中的作用显得更加突出而重要。旅游企业通过宣传促销活动，帮助企业树立品牌，挖掘旅游者消费意识，推广旅游产品，刺激潜在旅游者的旅游欲望，从而让旅游者加入到旅游企业的促销活动中来。

一、旅游促销的概念与作用

（一）旅游促销的概念

促销（promotion）英文意为“产品的推销、宣传活动”。旅游促销的概念可以表述为：旅游营销者将有关旅游地、旅游企业及旅游产品的信息，通过各种宣传和说服的方式，传递给旅游产品的潜在消费者，促使其了解、信赖并购买自己喜欢的旅游产品，以达到扩大销售的目的。

旅游促销需要施加影响的主要群体不仅是当前的目标市场群体，也包括潜在的旅游者，还有必要对旅游零售商、旅游产业链中的其他合作者等交易伙伴以及记者、旅游作家等媒介施加影响。

（二）旅游促销的功能与作用

1. 树立良好形象，强化竞争优势

通过促销，旅游企业会把旅游产品的定位、旅游产品的特点传递给旅游者，使其产品或服务在消费者心目中有一个清晰的形象与定位。这种形象定位，使得旅游者很容易将本旅游企业的产品或服务从众多相互替代的产品中识别出来，从而强化旅游企业的竞争优势。

2. 提供旅游信息，沟通供需双方

旅游企业必须采取各种方式向旅游者传递产品及服务信息，向他们传达产品的性质、特点、价格、所提供的服务等消费者关心的信息，以引起旅游者和旅游中间商的注意。而旅游中间商也需要向其下游的零售商及消费者提供产品及服务信息，以达到促销的目的。

3. 刺激旅游需求，引导旅游消费

通过旅游产品的促销可以使旅游消费者增强对旅游休闲的认识，刺激消费者追求健康、和谐的生活方式。旅游促销活动不仅可以激发旅游需求，还能创造需求，吸引消费者去尝试以前未消费过的新产品，起到引导旅游消费的作用。同时，通过针对性的促销活动，购买旅游产品的消费者人数的迅速攀升，会产生一定的示范效应，促使持观望态度的旅游消费者迅速做出购买决策。

二、旅游促销组合策略的制定

旅游促销组合策略是指旅游企业为了达到最佳的促销效果，而对促销方式进行不同的选择和组合，依据市场环境，做出有效的促销组合策略。一般需要以下五个基本步骤，如图 9-1 所示。

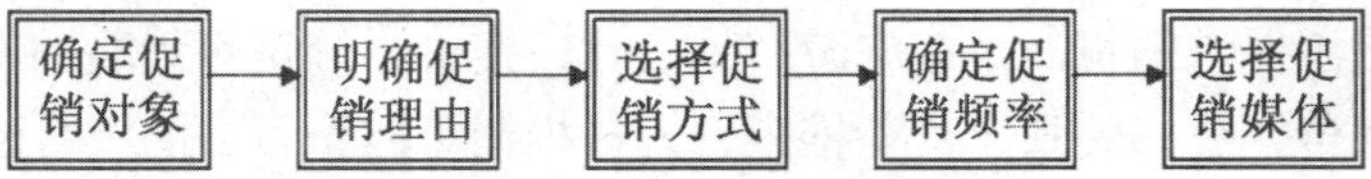

图 9–1 旅游促销组合决策的步骤

（一）确定促销对象

确定促销对象就是界定目标市场，即确定“向谁促销”。这个问题的答案并不容易找到。因为多数旅游企业还没有对自己的目标市场有清晰的界定，结果导致进行了大量的促销工作却没有什么明显的效果。明确促销对象对促销组合策略的制定尤为重要，其决定后面几个步骤的工作方向，否则所有的促销努力都将没有价值。

（二）明确促销理由

这个步骤，需要解决的是"为什么促销"的问题，即旅游企业通过促销要达到什么目标。促销目标包括通过促销要解决的问题以及预期的旅游者的反应。促销一般要达到的目标有三种——它们或者具有劝说性功能，或者具有提醒性功能，或者含有特定的信息。劝说性促销主要是让顾客在竞争对手和本企业的产品和服务中做出选择，并进行购买；提醒性促销则会唤起顾客对于他们所看到的广告的回忆，并诱导他们再次购买；而含有特定信息的促销主要针对于新的产品和服务，或者对于在早期购买阶段的旅游消费者效果更明显。

（三）选择促销方式

选择促销方式主要是确定旅游企业"如何促销"，即选择促销的渠道。这要求一方面了解各种促销渠道的特点，同时结合产品和服务的类型、旅游促销的目标以及旅游消费者市场特点来决定如何进行选择和组合。例如，旅游景区则强调向旅行社推销，酒店和航空公司经常选择"常客奖励"活动，快餐连锁店则展开了电视广告大战，而旅行社则通常在地方性的报纸上刊登广告。

（四）确定促销频率

在进行促销决策时，还必须明确"多长时间促销一次"，即促销活动将在多长时间间隔中进行，每一次促销将持续多长时间（如电视的时段、报纸的版面、飞机上的杂志），这些常常受到预算的限制以及时机的影响等，需要精心策划。

（五）选择促销媒体

这里涉及的是在"哪里促销"的问题，是选择印刷媒体还是电子媒体，或是其他的媒体。旅游企业要把费用合理分配于广告、公关、营业推广、人员推销和交互式媒介等具体沟通与促销方式中。各种沟通与促销方式作用不同，但又有一定的互补性、替代性。旅游企业在进行预算费用的分配时一般不必平均划分，而是根据不同目标受众、不同旅游产品、不同时期而有所侧重。

三、影响旅游促销组合策略的因素

旅游企业在运用旅游促销组合策略时，会受到诸多因素的影响。

（一）企业因素

企业内部因素包括产品性质和生命周期、资源条件和策略性选择等。

1. 产品性质和生命周期

旅游产品的性质和生命周期不同，采用的组合方式也不同。由于旅游产品的类型、性质不同，旅游者的行为动机也存在着较大的差异；此外，旅游产品在不同的生命周期，市场接受程度不同，旅游企业的营销重点也不相同。在产品的投放期，旅游者对产品不了解，促销的重点是提高顾客的认知率，宜选择新闻报道和广告方式；在产品的成长期，旅游消费者已经对产品产生兴趣，促销的重点是刺激旅游者购买和树立企业形象，宜采用公共关系、人员推销和广告；在产品的成熟期，旅游消费者已经形成消费偏好，促销的重点是与竞争者争夺市场，宜采取营业推广、公共关系以及广告等方式，提醒、诱导顾客购买；在产品的衰退期，旅游消费者兴趣发生转移，促销的重点是刺激消费，宜选择短期效果较好的促销组合。因此要适时选用不同的促销组合。

2. 资源条件

对于服务型的旅游企业来说，旅游企业资源的因素，除了人、财、物外，还应加上企业形象这个无形资产，它是各种因素综合而成的一种消费者认知结果。资源条件对于旅游促销组合策略的选择起着决定性的作用，例如，预算较有限的规模小的旅游企业通常不得不更强调低成本的促销，电视台黄金时段的高额广告费用对于它们来说是可望而不可及。

3. 策略性选择

旅游促销组合最基本的策略就是“推”的策略和“拉”的策略。“推”的策略是面向旅游中间商，即推着旅游产品沿分销渠道最终接近旅游者，表现为在销售渠道中，每一个环节都对下一个环节形成压力，强化其旅游者的购买动机；旅游企业如果采取这一思维来指导他们的营销活动，会选择以营业推广和人员推销为主、广告和公共关系为辅的组合。“拉”的策略是促销直接面向旅游者者，引导他们逆向来寻求产品或服务。若采取这种策略应以广告和公共关系为主，辅之以人员推广和营业推广。

（二）市场因素

旅游市场因素包括旅游供求关系、旅游市场的范围以及竞争的程度等。不同的旅游市场特点应采取不同的促销组合，如果市场范围大而分散，则可利用广告和公共关系；对于规模小而相对集中的市场，可采取人员推销和营业推广；竞争缓和时采用广告和人员等方式组合，市场竞争激烈时应采用多种促销方式组合。

（三）受众因素

旅游促销的目标受众是指构成潜在旅游消费市场或现实消费市场的旅游消费者群体。受其心理特征、人口统计特征、生活方式等因素的影响，旅游消费者在接触沟通信息以及相应的反应方面会有很大差异。个体旅游者与组织机构旅游者也有不同的购买特征，如旅游企业针对个人旅游者市场进行促销时往往在广告和营业推广方面投入较多，在人员推销方面投入较少；而以团体为目标市场则会在人员推广方面多下功夫，会议市场就是这样一个市场，它要求资深的推销人员协调运用各种因素，要以适当的价格满足客户的需要，又要让企业从中获利。

此外，当旅游者对旅游产品的了解处于不同阶段时，相应的促销策略也会不同。如广告和公共关系在旅游者认知和熟悉阶段扮演着重要角色，而在旅游者处于喜爱、偏好和信赖阶段，以广告相辅助的人员推广效果更加显著。

第二节　旅游广告与公共关系

一、旅游广告

（一）旅游广告的特点和作用

1. 广告的含义

美国市场营销协会将广告定义为：“是广告的发起者以公开付费的做法，以非人员的形式，对产品、劳务或某项行动的意见和想法的介绍。”换言之，广告是广告主有偿使用特定的媒体将商品信息传递给目标受众的一种促销手段。所谓目标受众，是指广告主预期的广告信息接收者，包括目标受众听众、读者等。

2. 广告的特点

（1）公众性。广告是一种大众化的信息传递方式。

（2）表现性。广告是一种富有表现力的信息传递方式。广告通过对文字、音响以及色彩等的艺术化的运用，将企业及其产品的信息传递给目标受众。

（3）渗透性。广告是一种渗透性的信息传递方式，它可以多次重复同一信息，能对旅游者需要起到唤起、强化、维持和改变的作用。尽管现代社会中人们总是用理性排斥广告，对广告信息的真实性表示怀疑，但人们却无法拒绝广告对人所起到的潜移默化的影响。在不知不觉中，我们的消费态度和购买行为已经因广告的作用发生了变化。

（4）有偿性。广告主是要向广告媒体支付费用的，这与公共关系不同。公共关系也常常利用媒体，但却以非付费的形式。因此，不管广告主选择哪种媒体，都需要向媒体所有人支付广告费用。在杂志、广播、电视、海报、日历等媒体上做广告，几乎都是这样。

（5）非人格性。广告是有人策划的，并针对人而传播的。但在这两端当中，广告将不再借助人的因素来完成，它以某种静止的既定形态存在并流传。广告是能对受众进行独白，而不能与其对话。

3. 广告的作用

（1）传递信息，促进销售

传递信息是广告最基本的作用。广告能够帮助消费者了解产品的特点，诱导顾客的需求，影响他们的心理，刺激他们的购买行为，能够创造销售机会。

（2）树立企业形象，提高知名度

无论是各类旅游企业还是旅游目的地不仅要树立产品形象，更要在公众心目中树立起品牌形象。这种形象的最终形成，要借助各种实质性手段和沟通性手段的运用。通过广泛的广告宣传，可以在一定程度上赢得旅游客户及各类公众的认知、认同和赞誉，从而不断培育和强化其品牌形象。

（3）开拓市场，指导和引导消费

旅游消费者在产品繁多、以买方市场为主的市场上，购买弹性较大，选择性较强，在自觉与不自觉中往往会参与广告。广告的积极、主动的功能突出表现在通过广告宣传诱导顾客的消费动机，促发顾客新的消费意识，并引导顾客进行健康消费。

（二）广告决策过程

1. 确定目标

制定广告策略首先是确定广告目标。各种目标应该以目标市场、市场定位和营销组合的有关信息为基础加以确定。营销定位和组合策略决定了广告在整个营销计划当中应该扮演的角色。

广告目标是在某个特定时期需要完成的与某些特定受众进行的一项特殊的沟通任务。根据广告的目的，可以将广告目标划分为三种：告知型广告、劝说型广告和提示型广告。

（1）告知型广告。告智型广告往往在新产品刚刚投放市场以及为了构建基本的需求市场时用得最多。当一家航空公司开发一条新航线，公司会用整页的篇幅打广告，向市场传递有关该条新航线的信息。例如为庆祝韩国首尔—郑州直航航线的开通，韩国的大韩航空公司曾在河南省第一大报《大河报》的二、六、八几个月的时间连续登载广告，介绍大韩航空公司的直航航班。

（2）劝说型广告。劝说型广告适用于当竞争激烈而公司又想占据一定的目标市场时。劝说型广告可以采取多种形式，比如可以采取对比性广告的形式，把一种品牌直接或间接地与另一种或几种品牌进行对比。例如，汉堡大王（Burger King）也曾运用直接对比性广告与麦当劳相抗衡。在汉堡大王餐馆的遮阳伞上，可以看到一个汉堡图形。在这个汉堡中间，一个白色圆圈里绘有麦当劳的小汉堡，与汉堡大王的汉堡形成鲜明对比。附文上写道："只有麦当劳不喜欢我们的新式汉堡，新式 2.8 盎司的烤制汉堡比麦当劳的汉堡多 75%的牛肉。"

（3）提醒型广告。提醒型广告一般适用于成熟期的旅游产品，因为它可以提醒旅游消费者一直想着该产品而不至于遗忘。例如携程网（Ctrip）在 2009 年 11 月和 12 月《普知》等杂志的广告，主题为"10 周年中有你"，唤起读者对使用携程服务旅行的美好回忆，并且提示了读者携程已经走过十个年头了。

一位营销、广告、公共关系公司的总裁认为：一个普通的企业要想快速地自杀，最好的办法就是有效地发动一场广告运动。你必须保证你的产品的价值无愧于广告中做出的承诺。如果你所拥有的产品、服务与宣传的不一致，那么你在广告及其他附加项目上所花的钱将一点作用也不起，只会增加不满意顾客的数量。

表 9-1 广告与产品生命周期

<table>
<tr><td rowspan="2">产品生命周期</td><td rowspan="2">介绍期</td><td colspan="2">成长期</td><td rowspan="2">成熟期</td><td rowspan="2">衰退期</td></tr>
<tr><td>前期</td><td>后期</td></tr>
<tr><td>广告类型</td><td colspan="2">通知性广告</td><td colspan="2">选择性广告</td><td>提示性广告</td></tr>
<tr><td>广告目标</td><td colspan="2">创造需要</td><td colspan="2">指导选择性需要</td><td>维持需要</td></tr>
<tr><td>广告战略</td><td colspan="2">开拓市场</td><td colspan="2">争夺市场保持</td><td>压缩或转移市场</td></tr>
<tr><td>广告策略</td><td colspan="2">告知</td><td colspan="2">说服
差别化 多样化</td><td>提示</td></tr>
<tr><td>广告对象</td><td colspan="2">领先使用者
早期使用者</td><td colspan="2">早期多数使用者 后期多数使用者</td><td>后期多数使用者与最后使用者</td></tr>
</table>

2. 编制广告预算

广告目标确定之后，企业应该为每一种产品编制出广告预算。在第一节中我们介绍了编制促销预算的方法：销售百分比法、竞争均势法、量力而行法和目标任务法，这些方法同样也适用于广告预算的编制。在编制广告预算时，也有一些需要做特殊考虑的因素。

3. 策划广告

组织应该为每个促销组合要素起草一份书面计划，包括广告。策划和实施一份广告计划一般包括以下十个步骤：

- 设定广告目标；
- 决定选用经营场所广告还是找广告公司；
- 拟定一份暂时的广告预算；
- 考虑合作广告（合作关系）；
- 决定广告信息战略；

- 选择广告媒介；
- 选择广告的时段；
- 预先测试广告；
- 准备最终的广告计划和预算；
- 衡量和评估广告。

4. 考虑合作广告

广告和其他促销组合要素一样也有可能合作。在合作广告中，两个或更多的企业分担一次性广告或大型广告活动的费用，其关键是找到能与合作者共享利益的目标市场和广告目标。旅游业有许多合作广告的典型案例，例如，携程网（Ctrip）与中国招商银行合作发行的携程信用卡与大多数的携带者和支持者共享一个目标，即鼓励更多的人出游，且在旅途中使用携程信用卡消费。因此，人们会注意到携程信用卡的广告出现在连锁酒店、机场大巴、航空公司和车站的各个角落。

合作广告有如下几点优势：

（1）提高可获得的广告总预算。这可以有更多的广告发放地点，使用更昂贵的媒介，或者扩大广告尺寸及其说服效果。

（2）可能会提升广告客户的形象或定位。

（3）能促进合作者的服务更加适合顾客需求。因为合作者或者目的地提供便捷的全包服务，广告可能更令人信服。

5. 广告信息决策

充足的广告预算并不是广告成功的充分条件。花同样多的费用做广告的两家旅游企业可能得到完全不同的效果。一些研究表明，广告信息的创意可能比广告经费对广告的效果更为重要。不管预算多么充足，只有广告信息能引起人们注意并形成良好的沟通效果时，广告才算成功。

特别是在当今费用高昂、信息充斥的广告环境当中，广告信息显得尤其重要。广告的泛滥不仅困扰消费者，也给广告商带来很多难题。越来越多的受众选择各种方法避开广告，一位专家预言，60%的观众会很刻意地避开商业广告。所以，广告策划者一定要对广告信息进行更好的策划，要让消费者感到广告更富有想象力、更有娱乐性并能得到更多的回报。通常，制定一个有创意的广告信息策略需要三个步骤：广告信息的产生、广告信息的评估和选择、广告信息的实现。

（1）广告信息的产生

饭店、度假地、B&B 旅馆和游轮公司都会面临一种与顾客进行有效沟通的内部障碍，这是因为它们的产品有一个共同的特点，即无形性。饭店产品只有在购买时或购买之后才能被顾客体验到。服务的这种无形性特点对于广告信息的创意无疑是一个挑战。广告可以描述一种有形产品如家具、冰箱、服装等，但它怎样描述一个无形的饭店服务呢？

那些有创意意识的人具有各种不同的广告策划方法。许多人的策划工作始于与消费者、经销商、专家以及竞争者之间的交谈；还有些人靠对使用产品的消费者的某种想象，借此决定消费者所寻求的利益，如浪漫的独家氛围离不开殷勤的酒店服务（参见图 9-2）

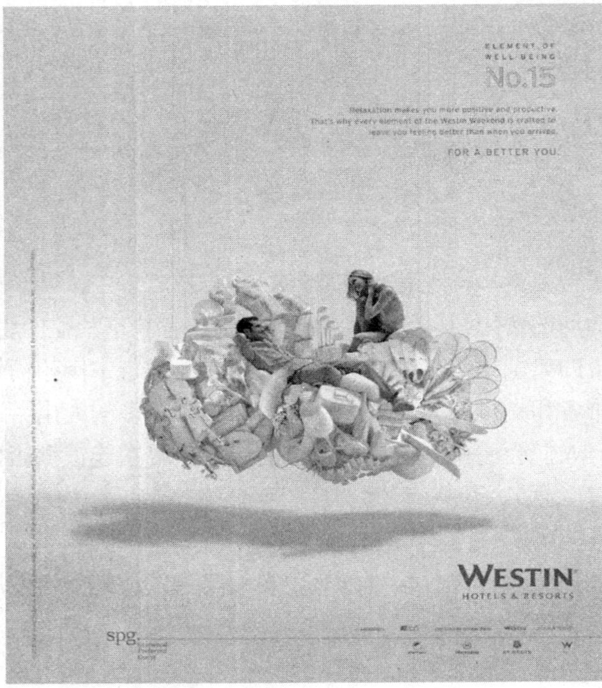

图 9–2 威斯汀酒店的广告

（2）广告信息的评价与选择

一个广告的好坏一般依据三个标准来评价。首先，广告信息应该是有价值的，能够向旅游消费者说明产品所提供的利益是他们所期待和感兴趣的。其次，广告信息要有特色，能使本产品与竞争产品区别开来。最后，广告信息要具有可信性。由于许多消费者都怀疑广告的真实性，因此，让受众信任广告信息是不容易的。一项研究发现，一般来说，消费者对广告信息的评价是“不怎么可信”。

（3）广告信息的实现

广告的效果取决于它在信息中说的内容和说的形式。广告的最终目的是通过某种方式来赢得目标市场的关注和兴趣。因此，广告代理商的策划人员必须寻找一种合适的实现广告信息的风格、音调、文字和形式。任何一种信息都可以通过不同的风格来予以体现。例如：

①生活片段。它表现一个或几个人在日常生活环境中使用该产品的情景。例如，法国雅高（Accor）酒店集团的品牌之一索菲特（Sofitel）酒店曾制作了一个宣传册广告，表现一群朋友在索菲特酒店享用晚餐的情景。

②生活方式。它表现一种产品如何适应某一种生活方式。例如，一家航空公司在一个宣传其客舱的广告中，通过几个画面来表现不同旅行目的的客人可以选择不同的方式享受旅行。如图 9-3 所示。

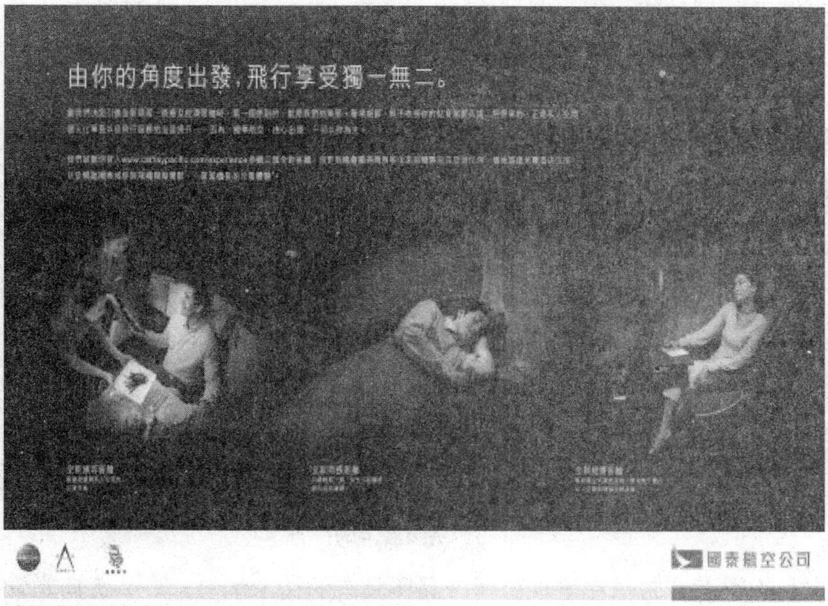

图 9-3　国泰航空公司广告

③幻境。这种风格围绕产品或者产品的用途创造一个奇幻的世界。例如，风平浪静的海面上，一位女士正躺在一个气垫上看着蔚蓝的天空，一位身着晚礼服的鸡尾酒服务生穿过海水给这位女士送来饮品，而远处停泊着一艘豪华游船……这是游船的广告。

④情绪或形象。这种风格的广告能围绕产品创造一种类似于美丽、爱情或静谧的情感或形象。除了暗示之外，这种广告不对产品进行任何标榜。如图 9-4 所示北京旅游局的广告。

图 9-4　北京旅游局的广告

⑤形象代言人。这种广告塑造一个代表产品的人物形象。这个人物形象可以是公司创作

的，如麦当劳公司的罗纳德·麦当劳（Ronald McDonald）；也可以是真实的人物，如歌星刘若英担任乌镇的旅游形象代言人（参见图 9-5），SOHU 网的 CEO 张朝阳是 2008～2009 年度瑞士旅游形象代言人。

图 9–5　乌镇旅游的广告

⑥技术专长。这种广告重在表现公司产品所具有的技术优势。一些饭店常常在针对会议策划人员的广告中采用这种技术，强调该饭店拥有支持会议的各种技术专长。美国航空公司大量地、经常性地使用技术专长（尤其是其飞行员和机械师方面的技术专长）来做广告。

最后，广告的格式对于广告的效果和成本会有不同的影响。在设计上的微小变动可能造成很大的广告效果差异。图画是首先引起读者注意的东西，它应该有足够的视觉冲击力以引起读者的注意。其次，标题必须能够有效地吸引人们阅读广告的文字。广告的行文——广告的主体内容——必须简明、有力、令人信服。这三个因素还必须有效地融合为一体。即便如此，一个真正出色的广告，也只有不到 50%的目标受众注意到它，而这些人当中只有大约 30%的人能够再回忆起标题中的要点，约 25%的人可能会记得广告主的名字，而读过大部分广告正文的人还不到 10%。那些平庸的广告甚至连这个效果也达不到。

6. 广告媒体决策

为广告选择媒介通常是起草计划的下一个步骤。这个选择通常很难，因为可获得的媒介和媒介载体（期刊、报纸、名录、杂志、电视台和广播电台）特别丰富多彩。 媒介主要有两种：印刷型和无线型。印刷型媒介包含了所有以印刷形式出现的广告，例如报纸、杂志、直接邮寄和户外广告。无线型媒介是通过电子手段展示的广告，有电视（包括有线电视在内）、广播、录像带和电脑生成的图像介绍等。

选择最好的媒介是广告计划中最具决定性的要素之一，必须考虑以下几点：

（1）目标市场及受众的收看、阅读和收听习惯。通过市场调查，组织应该了解所选的目标市场的媒介习惯。如果潜在顾客住在大城市中，那么可以特定地理位置的媒介，比如采用当地的报纸、广播、电视、直接邮寄和户外广告可能比较好。另一方面，如果目标是旅游中间商，专业的旅游行业杂志可能是最佳的传播模式。接触有特殊兴趣的顾客，例如喜欢网球、高尔夫球、潜水的人，选择专门的兴趣杂志最有效。

（2）定位方法、促销目的和广告目标。选择的媒介和媒介载体必须支持该机构想要传播的形象、促销目的和广告目标。促销目的和相关的广告目标将决定每个广告媒体遴选的合适度。

（3）媒介评价标准。企业应该使用一套标准来判断与促销目的和广告目标相关的媒介遴选的合适性。这些标准一般包括下面七个方面：

①费用。它包括总的广告费用和每接触一个读者、收看者或收听者的费用。后者通常用每千人成本（CPM）来计算。

②接触面。媒介的接触面是指至少一次接触到特定广告的潜在客户的数量。报纸或杂志的发行量（家庭数目或其他订购者）是衡量接触面的一种方法。一些印刷型媒介有原始受众和二次受众（发行量的二次传播率）。例如，大多数杂志会从订购者或购买者那里传递给其他人，这样会增加接触面。

③频率。频率指潜在顾客接触到特定广告或广告运动的平均次数。一些作者也用频率来描述具体媒介在特定时段内的使用次数。

④间隔期和灵活性。间隔期是指在广告制作和实际在选定的媒介上发布的时间间隔。一些媒介有很长间隔期（例如杂志），但是另一些却很短（例如报纸）。间隔期越短，媒介的灵活性越大（即如果需要能调整广告来更好地满足顾客需求）。

⑤混杂度和主导能力。混杂度代表在报纸或杂志、广播或电视节目上的广告数量。这个词一般用来描述顾客每天置身于大量的广告之中。主导能力指广告商在特定时间内支配特定媒介的能力。如果媒介混杂度高，那么广告不可能有主导能力。

⑥信息持久度。信息的持久度是指它的生命期和重复接触到同一顾客的可能性。一条繁忙的交通路线旁的广告牌有相对长的生命期，可能被同样的顾客注意过很多次；而一段广播或电视广告只有很短的 15～60 秒的生命期。

⑦说服效果和情绪。一些媒介和媒介载体有较强的说服效果（广告说服顾客达成广告目标的能力）。例如，电视运用多种视觉和听觉的刺激，经常有很高的说服力。情绪是特定媒介或载体赋予广告的兴奋感或者额外的扩张感。另外，伴随着声音、动作和其他可视刺激的有效性，电视趋向于创造更多的附加兴奋感和情绪。

（三）不同的广告媒介

在以上的任务中，已经讨论了选择媒介的有关标准，但是仍然必须具体到每一种媒介。广告策划人员必须了解每一种主要广告媒体的覆盖面、频率和效应的大小。表 9-2 概括了一

表 9–2　广告媒体的特性

广告媒体	优越性	局限性
报纸	①宣称面广，读者众多；②传播迅速；③简便灵活，制作简便；④便于剪贴存查；⑤费用低廉；⑥可借助报纸本身的威信	①广告接触时间较短；②登载内容较多，分散对广告的注意力；③单调呆板，不够精美
杂志	①专业性强，针对性强；②发行量大，宣传面广；③可以反复阅读，反复接触；④专业杂志读者的文化程次较高，易于接受开拓性广告；⑤印刷精美，引人注意	①发行周期长，广告时效性差；②篇幅小，广告受限制；③专业性强的杂志接触面窄
电视	①形象生动逼真，感染力强；②收视率高，深入千家万户；③表现手法多样，艺术性强；④可重复播放	①播放时间短，广告印象不深；②播放节目多，容易分散对广告的注意力；③编导制作复杂，费用较大
广播	①制作简便传播快；②覆盖面广；③通俗易懂；④灵活多样，生动活泼	①有声无形，印象不深；②转瞬即逝，难以记忆和存查；③听众的注意力不够集中

些主要的广告媒体。主要的媒介有：（1）报纸；（2）杂志；（3）广播；（4）电视；（5）户外广告；（6）直接邮寄；（7）电子邮件。每一种媒介都有各自的优势和局限。例如，假日快捷酒店（Holiday Inn Express）有75%以上的客人都是乘坐小汽车到达酒店的。酒店的营销总监詹尼弗说："广告板能够起到强化的作用。在人们决定住在哪里的最后一刻，它们就在脑海中浮现出来。"

二、旅游公共关系

（一）旅游公共关系的含义及旅游公共关系形式

1. 旅游公共关系的含义

旅游公共关系是指旅游企业以目标公众为中心、以信息和自身形象为重点、以现代传播沟通工具为媒介，协调旅游企业和社会公众关系及旅游企业内部关系，增进旅游企业与社会公众之间及企业内部的相互了解、支持与合作的一种现代经营管理行为。

2. 旅游公共关系的形式

旅游公关形式繁多，旅游企业营销人员可以运用多种公关手段，开展针对新闻界、社会公众、企业内部员工的公关活动。

（1）参与社会公益活动公关

旅游企业可以根据自身需要量力而行，有选择性地参与社会公益活动。参与社会公益活动既要积极又要讲求实效。通过对社会公益事业提供支持与赞助，在奉献爱心的同时，树立企业"义"与"善"的社会形象。

（2）新闻公关

新闻公关指利用或策划有吸引力的新闻事件上，吸引媒体报道以扩大企业影响。由于新闻界是站在旅游企业和旅游者之外的第三者立场上，能客观公正地提供信息，因而可信度高，往往会起广告难以达到的效果。在本地报纸上由美食专栏编辑编写的关于餐厅的稿件要比饭店营销者自己写的广告影响大得多。这就要求旅游企业与新闻记者和其他媒体相关的人员保持密切的关系，以抓住任何可得机会，提高企业知名度。

（3）出版各种宣传资料公关

旅游企业还可通过产品宣传手册、企业内部刊物、邮政卡片、视听工具等来进行公关宣传，还可以通过设计企业服装、企业标志等能展示形象的形式进行公关宣传。近几年，利用幻灯、电影、录像等视听手段的越来越多，尽管投入较高，但它所带来的生动效果为企业所看重，尤其是景点、大型游乐园、度假地更是热衷此道。

（4）专题公关

专题公关有开幕式公关、展览公关、开放参观公关、联谊活动公关等四种形式。

① 开幕式公关。旅游企业通过开业及专项活动的开幕式进行公关宣传，达到展示企业风采、扩大社会影响的效果。

② 展览公关。旅游企业通过展览形式进行公关，以达到扩大影响的目的。

③ 开放参观公关。旅游企业特别是酒店利用向社会公众开放参观进行公关。

④ 联谊活动公关。旅游企业通过与社区、共建单位、合作单位、友好支持单位等的代表和旅游者代表等开展联谊活动进行公关。

（二）公共关系活动的过程

有效的公共关系是一个过程。这一过程必须与旅游企业的营销策略相结合，为了使公共关系能够顺利进行，达到既定目标，通常会遵照一定的步骤来进行。主要包括：

1. 调研。这一阶段是进行公关事前调查，其目的是为了掌握足够的信息，弄清组织所处的环境，确定公共关系的目标和问题。

2. 设置公共关系目标。在进行公关活动之前，制定一个明确的目标是十分有必要的。对于公共关系来说，最好是为组织的每一类公众都设定具体的目标，这样就可以确保所有的公众都能持续地被关注到。

3. 选择公共关系的具体方式。旅游企业在确定了公关的目标后，应根据公关目标的要求，结合市场的具体情况和企业的实际设计、制定出公关活动的计划和方案。公关策划人员必须清楚，谁是你想要吸引的受众——你想要传递给他们什么信息？应该使用什么宣传媒介和技巧？

4. 实施公关计划。旅游企业公关人员在实施公关活动时需要用细致的思维进行慎重考虑，使公关活动顺利有效地进行，并且能够在发生事故及变化时迅速地找到替代的方法或解决的办法。

5. 评价公关效果。由于公关活动是一种长期的、间接的促销活动，因而其活动的效果相当困难。一般来说，可以用来评价的方法有：公众调查法。即旅游企业对目标公众采取一定的手段展开调查，从公众的态度、反映来判断公关活动的成效。通过统计旅游企业的公关活动在各种媒体中的展露次数，如在电台中播出的时间、报纸或杂志的版面和发行量等等，从而获得接受信息的公众数目，分析和评价公关活动的效果。

第三节　旅游人员推销与营业推广

一、旅游人员推销

旅游人员推销是指旅游企业派出人员直接与顾客接触，直接进行商务洽谈、产品宣传或销售的营销方式。它是一种最传统而又常用的促销方式，但它也是一种成本较高的沟通形式。

（一）人员推销及其特点

人员推销是指通过旅游企业的销售人员直接与顾客见面的形式，向顾客推销酒店产品和服务，以增加销售或预订。在人员推销过程中，有关人员向顾客传递产品和服务信息，介绍有关知识，尽最大可能唤起旅游者的关注和兴趣，以促进消费者购买。

人员推销具有以下特点：

1. 传递信息准确、针对性强，能解决旅游者的实际问题。人员推销是面对面洽谈业务，推销员可以面对面接触顾客，彼此能直接沟通，了解对方的特点和供求信息，使推销员能根据顾客的需要提供服务，帮助客户购买。

2. 能够尽快地促成交易。人员推销在赢得旅游者信赖方面有特殊优势，它能够更有效地把旅游者对旅游产品的需求转化为实际的购买行为，因为人员推销既可以使顾客得到个性化的信息，还可以使销售人员及时地得到反馈信息并采取相应的措施。通过人员推销，旅游企业可以从旅游消费者那里得到明确的许诺和预订，推销员有机会把旅游产品和服务卖给愿意购买它的顾客，有助于交易的达成。

3. 有助于树立良好的企业形象。推销员利用自己留给客户的良好印象，有助于旅游企业与外界保持良好关系，与旅游客户建立长期稳定的关系。更重要的是，可以随时解决旅游者的问题，有机会纠正顾客对本旅游企业产品和服务的偏见，改善其印象。所以，它既有利于维护老客户，也有利于开拓新市场。

当然人员推销也存在一些不足之处。首先，推销人员不能遍布整个市场，推销范围也不可能太大，往往只能选择某个区域做重点的推销；其次，人员推销的单位成本一般比较高，因此，选择适当的人员推销对象，从而最大限度地提高人员推销效率是其中的关键；最后，人员推销对专职推销员的素质要求很高，而高素质的人才又很难得到，也不易培养，如果推销员素质不理想，又会直接影响推销效果和旅游企业形象。

（二）旅游人员推销的方式

旅游人员的推销方式多种多样，主要有两大类：专业人员推销和全员推销。

1. 专业人员推销

专业人员推销，即旅游企业通过培训专业销售人员，让专业推销人员掌握推销的相关知识和技巧。专业人员推销是旅游企业最重要的推销方式。在实际推销过程中，由于旅游的最终消费者分布比较分散，大多属于少量购买，因此专业人员推销的主要目标是旅游中间商和团体购买者。一般来讲，专业人员销售经常采用以下三种方式。

（1）电话推销。指销售人员通过电话与客服沟通、推销旅游产品的方式。由于销售人员以电话与客服沟通，销售人员只能通过客户的语音、语调、语速等方面来判断客户的反应，而不能直接观察到客户的表情和动作，因此，增加了销售的难度。这种方式要求销售人员具有良好的语言表达能力和判断能力，并掌握语言沟通技巧。

（2）推销展示会。指推销人员借助于各种视听手段，向客户展示旅游企业和产品，以达到销售的目的，通常是销售人员同其他有关部门的人员一起，针对多个客户进行群体推销。这种方式接触面广，可结合旅游企业各部门人员的优势联合推销，省时省力，一次成交量大，主要针对旅游中间商进行。

（3）上门推销。指销售人员直接走访客户进行推销的方式。在推销过程中，销售人员借助于旅游产品的相关资料，向客户直接宣传旅游企业和产品的特点，并根据客户的反应，不断调整销售策略，恰当地选择时机，达成交易。这种方式要求推销人员有良好的沟通能力和说服能力，并掌握一定推销的技巧。

2. 全员推销

全员推销是指旅游企业内部旅游产品或服务的各个部门的员工，在接待旅游者、为旅游者提供服务的过程中，借助于旅游企业的各种内部设施、设备、资料进行推销，即服务的过程就是推销的过程，包括在服务过程中回答旅游者的各种询问，消除旅游者疑虑，促进销售。帮助旅游者在购买过程中选择需要的产品和服务，如顾客用餐时，帮助顾客点菜；在客人消费结束时，征求意见，发现问题，并及时给予客人相应的补偿，促使客人下次再购买。全员推销要求所有的员工都能掌握本企业的特点、产品价格、服务时间、服务方式以及能为客人提供的各种优惠，以便随时向旅游者进行有针对性的推销。

（三）旅游推销人员推销程序

旅游推销人员推销要按照一定的程序进行，推销过程的每一个步骤都值得重视。推销程序主要有七个方面。

1. 寻找和限定潜在客户

旅游推销的第一步是要寻找推销对象及客户，寻找客户是一个识别和确认的过程。推销人员可以通过多种渠道寻找潜在旅游者，如可从旅游供应商、旅游中间商处寻找潜在线索，从电话簿中寻找线索，从报刊杂志、广播电视、互联网等媒体中寻找线索，从政府驻外机构处寻找线索，等等。

有了潜在客户以后，推销人员还须进行筛选，剔除没有价值的线索，发现并锁定有价值的客户。

2. 访问前准备

旅游企业推销人员在访问客户前要做周密的计划和准备。首先，了解访问对象的需求特点、性质、所在机构的情况、主要决策人等。其次，推销人员要选择针对客户适宜的访问方法，如电话访问、登门访问等。再次，确定访问时机也很重要，如正赶上客户出差、开会或工作繁忙，则不宜访问。最后，推销人员应为此次访问活动制定出一个全面的推销策略。

3. 接近客户

这一阶段是指推销人员开始与潜在旅游者面对面地交谈。旅游企业推销人员接近客户时，为避免吃“闭门羹”，需要给客户以良好的“第一印象”，包括得体的着装、适合的“开场白”、恰如其分的谈话内容，争取客户的理解和接纳。

4. 旅游产品的介绍与示范

这是人员推销的核心环节，销售人员通过对旅游产品的介绍和展示手段，向顾客强调可以满足他们的需要。旅游产品基本上是无形产品，旅游推销人员无法向客户提供现场实物展示，就需要依靠讲解和图片等来吸引客户。旅游企业推销人员在讲解示范时可借助图片和景点光盘，但推销人员的口头表达能力是打动潜在客户的主要因素。在人员推销中，将产品特征转化为顾客利益的能力是极其重要的，帮助顾客理解产品的好处的销售代表可以使产品变得有意义，即不同于同类产品，更显个性化，从而使销售更容易成功。

5. 应对异议

旅游企业推销人员在向客服推销时，一般情况下客户不管是否有兴趣都会提出异议，以求推销人员给予更大的优惠。推销人员应当具有与持不同意见的买方洽谈的技巧，要善于应对各种反对意见。首先，对本企业所提供的旅游产品要心中有数、要有信心；其次，把客户反对意见看成是“常态”，甚至可把反对意见看成是客户对旅游产品感兴趣的另一种折射；第三，不直接反驳，最好是列出情况让客户自己得出结论。为了使推销获得成功，当然要克服这些障碍。克服这个障碍的简单有效的方法就是“四步走”：倾听、表示理解、解释和达成谅解。

6. 完成销售

旅游企业推销人员要善于捕捉时机，把客户的购买愿望转化成实际购买行为。一些经营丰富的推销人员往往能很好地把握“火候”，一旦时机到来，他们总会用肯定的询问诱导客户达成交易。

7. 事后跟进

推销人员在授权范围内代表旅游企业与客户签约后，并不等于推销工作的结束。推销人员要把有关信息传递给客户并把交易情况通报所在企业，以便各部门齐心协力准备好为客户服务。现代旅游企业特别重视对“回头客”的争夺，因此一笔交易的达成，还意味着新一笔交易的起点。所以推销人员在达成交易后还要追踪客户是否满意。

撰写访问报告并上交企业、建立客户档案，这是推销后续工作的重要内容。客户资源折射的是旅游企业的核心竞争力，推销人员流动性大，特别是掌握大量客户资源的推销员更是同行竞争对手“挖墙脚”的重点。

二、旅游营业推广的含义

（一）旅游营业推广的含义及其作用

1. 旅游营业推广的含义

旅游营业推广，又称销售促进，是指旅游企业在特定时间及一定的预算内，对某一目标旅游市场所采取的能够迅速刺激购买欲望以达成交易的临时性促销措施。它是与旅游广告、公关和人员推销相并列的四大基本促销手段之一，与其他方式不同的是，旅游营业推广限定时间和地点，以对购买者一定奖励的形式促进其购买。这些奖励或是金钱或是实物产品或是附加服务，以此来快速激发需求。

2. 旅游营业推广的特征

（1）灵活多样性。旅游营业推广的方式十分繁多，除了上面所提到的以外，还有贸易促销、奖售促销、义卖、优惠券等促销方式，这些方式各有其长处和特点，可以根据企业经营的不同商品的特点、所面临的不同市场营销环境灵活地加以选择和运用。

（2）短期效果比较明显。一般来说，只要旅游营业推广的方式选择运用得当，其效果往往可以很快地在其经营活动中显示出来，而不像广告、公共关系那样需要一个较长的周期。

（3）非常规性。典型的旅游营业推广不像广告、人员推销、公共关系那样以一种常规性的促销活动出现，而是一种短期的和临时的促销工作，其着眼点往往在于解决一些更为具体的促销问题。

3. 旅游营业推广的作用

（1）有利于加速旅游产品进入市场的进程

旅游产品在投入期，市场还缺乏了解，通过旅游营业推广可加速潜在购买者的知晓、认知和了解过程，有利于旅游产品在短期内在旅游市场上占有一定的份额，如一些刚开业的酒店区别不同产品，在一定时期内予以打折酬宾，以快速占领一定市场份额。

（2）有利于增加旅游产品销售

通过营业推广可使现有顾客增加购买量，能吸引潜在顾客加入购买，还有利于吸引回头客，从而增加旅游产品销售量。

（3）有利于诱导旅游者重复购买

通过一定物质刺激，有利于争取回头客，使现实型旅游者转为常客型旅游者。不少旅游企业通过再购买优惠形式吸引回头客，如有的酒店规定对第二次入住的客人，客房按门市价打八五折；还有的酒店通过提供额外的附加服务争取回头客。

（4）带动关联旅游产品销售

旅游营业推广不仅会吸引购买者增加某品牌的购买，而且还会带动相关联产品的销售，如一些酒店对住店客人在康乐产品价格方面予以优惠，不仅带动了客房销售，而且还带动了娱乐等产品的销售。

（5）有利于更好地应对竞争

旅游市场竞争是全方位的竞争，有时可能与竞争对手打促销战，有时又可能打广告战，有时还可能打人员推销战，也有可能打公关战，还有可能打营业推广战。旅游企业可扬长避短与对手进行营业推广竞争，有时会把原本用于广告竞争的一部分预算转用于营业推广，通过给购买者更多的实惠刺激其购买。

（二）旅游营业推广的工具

1. 针对旅游消费者的营业推广(Consumer Promotion)

可以鼓励老顾客继续使用，促进新顾客使用，动员顾客购买新产品或更新设备，引导顾客改变购买习惯，或培养顾客对本企业的偏爱行为等。其方式包括：

（1）优惠券：给持有人一个证明，证明他在购买某种商品时可以免付一定金额；

（2）赠送：向消费者赠送样品或试用样品，样品可以挨户赠送，在商店或闹市区散发，在其他商品中附送，也可以公开广告赠送，赠送样品是介绍一种新商品最有效的方法，费用也最高；

（3）奖励：可以凭奖励券买一种低价出售的商品，或者凭券免费以示鼓励，或者凭券买某种商品时给予一定优惠，各种摸奖抽奖也属此类；

（4）廉价包装：是在商品包装或招贴上注明，比通常包装减价若干，它可以是一种商品单装，也可以把几件商品包装在一起；

（5）组织展销：企业将一些能显示企业优势和特征的产品集中陈列，边展边销；

（6）现场示范：企业派人将自己的产品在销售现场当场进行使用示范表演，把一些技术性较强的产品的使用方法介绍给消费者。

2. 针对中间商的营业推广(Intertrade Promotion)

目的是鼓励旅游批发商大量购买，吸引旅游零售商扩大经营，动员有关旅游中间商积极购存或推销旅游产品。采用的方式有：

（1）推广津贴：企业为促使中间商购进企业产品并帮助企业推销产品，还可以支付给中间商以一定的推广津贴；

（2）批发回扣：企业为争取批发商或零售商多购进自己的产品，在某一时期内可给予购买一定数量本企业产品的批发商以一定的回扣；

（3）交易会或博览会、业务会议；

（4）销售竞赛：根据各个中间商销售本企业产品的实绩，分别给优胜者以不同的奖励，如现金奖、实物奖、免费旅游、度假奖等；

（5）工商联营：企业分担一定的市场营销费用，如广告费用、摊位费用，建立稳定的购销关系。

3. 针对销售人员的营业推广（Salesforce Promotion）

鼓励他们热情推销产品或处理某些老产品，或促使他们积极开拓新市场。其主要方式是：

（1）销售竞赛：如有奖销售、比例分成；

（2）免费提供人员培训、技术指导。

（三）旅游营业推广活动的策划

旅游企业进行营业推广必须有一个科学且可操作的方案。旅游营业推广方案是旅游企业营业推广活动的具体安排，包括规模与强度、对象、途径、时间及费用等内容。

1. 旅游营业推广规模与强度

一般而言，旅游营业推广规模越大，对潜在旅游者产生的影响面就会越大；强度越高，刺激程度就会越强。但从成本效益的角度看，规模大、强度高，不见得就能达到最佳投入产出比。有时营业推广强度过高，还可能引起受众的抵触情绪。

2. 旅游营业推广对象

旅游营业推广对象指企业进行推广的对象是谁，经销商、代理商、潜在旅游者还是推销人员，谁是重点，由谁去完成，强度如何，等等。

3. 旅游营业推广形式

旅游营业推广形式多样，每种形式又可以通过多种途径来实施，如既可通过赠券形式，也可采取赠物形式，还可采取抽奖形式等进行营业推广。在实际经营中旅游企业往往针对不同的目标市场采取不同的营业推广途径。

4. 旅游营业推广时间

旅游企业营业推广时间长短要适宜。营业推广时间太长不一定妥当，如酒店客房天天打五折，客人会怀疑价格虚高。营业推广时间也不能太短，太短则刺激作用有限。

旅游营业推广时机的选择也很重要。由于旅游产品季节性强，一般在旺季到来前就要进行营业推广，销售高峰期也是营业推广的高潮期，如果错过时机，营业推广效果往往很差，而且因旅游产品“过时”，不仅不能吸引旅游者购买，反而对企业有负面影响。

5. 旅游营业推广费用

要根据旅游推广目标、规模强度、推广途径、时间等来确定旅游营业推广预算。旅游营业推广费用多少要与带来的效益进行比较。

本章小结

1. 旅游促销是指旅游企业或旅游机构通过各种宣传、吸引和说服的方式，将旅游目的地及旅游产品的有关信息，传递给旅游产品的潜在购买者，以实现旅游产品生产者和消费者的有效沟通，使其信赖并购买自己的旅游产品，达到扩大销售的目的。

2. 旅游促销组合策略的制定步骤包括：明确目标受众，制定促销目标；拟定旅游信息；编制营销预算并制定沟通与促销组合策略。同时，旅游促销策略也受市场因素，产品因素；主动促销与接待式促销的选择；消费者准备状况和促销预算因素的影响。

3. 常见的旅游促销方式有：①旅游广告（报纸、杂志、广播、电视、户外广告、直接邮寄、电子邮件等）；②旅游营业推广；③旅游人员推销；④旅游公共关系；⑤交互式媒介。这些促销方式有各自的优缺点，旅游企业要结合自身的产品状况和外部环境，选择最适合的促销方式。

复习思考题

一、名词解释

促销 促销组合 促销方式

二、思考题

1.旅游促销组合策略包括哪几个步骤？

2.旅游企业在策划广告时，一般要进行哪些方面的决策？

3.如何理解网络沟通与促销已成为新时期旅游市场营销沟通与促销的“新宠”？

第十章　旅游产品营销渠道策略

学习目标

1. 掌握旅游产品营销渠道的含义、作用、类型和特征
2. 了解旅游中间商的概念
3. 熟悉旅游中间商的作用、类型和选择原则
4. 了解旅游产品营销渠道的选择策略、调整策略和管理策略
5. 熟悉旅游产品营销渠道的发展趋势
6. 了解网络营销在旅游业中的应用

案例导入

餐厅的网络营销渠道

华人李先生在加拿大一个人口密集的城镇上开了一家中餐厅，开业三个多月但生意一直不好，这让李先生很着急。他调查后发现当地人对中餐不太了解，并且不太喜欢中餐厅喧闹的环境；同时李先生又了解到当地网络技术较为发达。据此，李先生瞄准了网络营销渠道，将其中餐厅的信息和中餐的有关知识在网上发布，让顾客可以根据需要在网上点餐、付费，且在最短的时间内将顾客所点的菜肴送到顾客家。很快，李先生的餐厅生意兴隆起来。

旅游企业生产出旅游消费者需要的旅游产品之后，还应通过合理的营销渠道方式在旅游者需要的时间和地点将旅游产品的使用价值交付给旅游者，从而换回旅游产品的价值。因此，旅游产品营销渠道的选择对旅游企业的生存和发展至关重要。

第一节　旅游产品营销渠道概述

一、旅游产品营销渠道的含义

美国著名的营销学家菲利普·科特勒认为："营销渠道是指某种货物或劳务从生产者向消费者移动时，取得这种货物或劳务所有权或帮助转移其所有权的所有企业或个人"。简单地说，营销渠道就是商品或服务从生产者向消费者转移过程的具体通道或路径。

旅游产品营销渠道是指旅游产品从旅游生产者转移到消费者所经过的通道或路径。它的起点是旅游产品的生产者，终点是旅游消费者，中间环节包括各种代理商、批发商、零售商以及其他中介组织和个人。如图 10-1 所示。

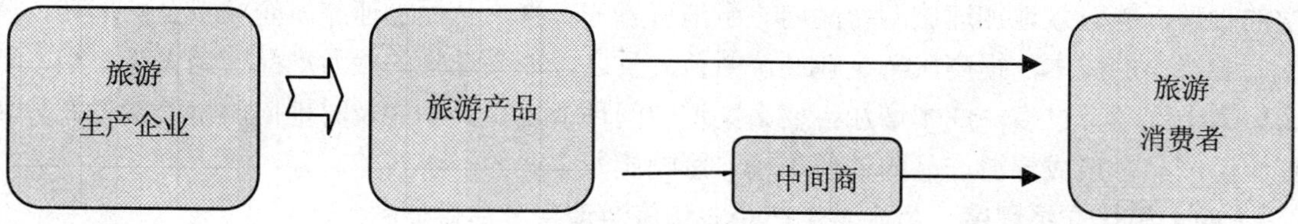

图 10–1 旅游产品营销渠道

从上图可以看出，旅游产品营销渠道包括两种渠道模式：一是直接营销渠道，即旅游企业在生产现场直接向旅游消费者销售其产品和服务或旅游企业依靠自身力量在生产现场以外的其他地方销售其产品和服务；二是间接营销渠道，即旅游企业借助旅游中间商（如旅行社、经纪人、官方旅游组织等）向旅游消费者销售其产品和服务。

旅游产品营销渠道实质就是一个完整的销售分配系统，由旅游产品生产者、最终旅游消费者以及一切中间商共同组成，中间商可以是一个组织，也可以是个人。组成这个系统的最终目的是为了传递旅游产品价值，通过系统中各方主体的买卖活动，完成旅游产品从旅游生产者到旅游消费者之间的传递，交换旅游产品的价值，最终实现旅游企业的营销目标。

二、旅游产品营销渠道的作用

旅游产品营销渠道作为有效连接旅游生产者和旅游消费者之间的通道，克服了时间、地点、所有权等将旅游产品与旅游消费者分离的障碍，对整个旅游产品的流通起着极大的促进或制约作用。

（一）促进旅游产品销售，保障旅游生产企业的再生产顺利进行

旅游生产企业把旅游产品推向分销渠道后，各渠道成员可利用自己拥有的专门人才、良好的公共关系及各种宣传手段，为旅游产品设计更好的旅游促销组合，充分激发旅游消费者的购买欲望，促进旅游产品的销售。例如，旅行社在进行散客拼团业务时，只负责组团的旅行社不需要对行程、车辆、导游、餐饮、住宿以及地接社等问题做具体的安排，于是就可以把更多的精力和时间放在广告、人员推销等促销手段上，在客观上促进了产品的销售。

此外，由于旅游产品具有价值的不可储存性和不可转移性等特点，必须及时地销售出去，因此，畅通、高效的旅游产品营销渠道是保障旅游生产企业再生产顺利进行的前提条件。只有通过各种有效的营销渠道，及时地将旅游产品转移到旅游消费者手中，实现资金的回笼，才能保证旅游企业的扩大再生产，实现旅游企业的营销目标。

（二）加强信息交流，及时调整产品结构

旅游产品的销售过程不仅是物质产品的转移过程，也是相关的信息流、商流等流动的过程。由于旅游营销渠道成员直接与旅游者接触，能及时了解旅游者的消费需求，把握旅游者需求变化的趋势，因此，旅游生产企业可充分利用信息的流动，根据渠道成员的信息反馈，及时调整产品结构，提供更加符合市场需求的产品，从而提高企业的经营效益，也促进了旅游业健康、有序地发展。

（三）提高经济效益，实现旅游产品的快速转移

旅游产品营销渠道的畅通与否，直接决定着旅游企业经济效益的好坏。针对旅游企业及其产品自身的特点，选择适当的旅游产品营销渠道，并对渠道成员的各个层级、环节进行科

学的管理，能有效地加速旅游产品向旅游消费者的转移，从而加速旅游企业资金的周转，降低旅游产品的成本，提高旅游企业经济效益。反之，如果选择的旅游产品营销渠道不当，要么渠道中间环节过多，成本增加；要么渠道中间环节过少，不能及时地向旅游消费者充分转移旅游产品，造成旅游产品的销售不畅，影响旅游企业的经济效益。

（四）简化交易程序，为旅游生产企业和旅游消费者提供便利

旅游产品营销渠道为旅游生产企业和旅游消费者双方都提供了极大的便利。就旅游生产企业而言，由于旅游中间商的存在，能为旅游企业节省大量的人力、财力和物力。就旅游消费者而言，能够节省大量购买时间和精力。如图 10-2、图 10-3 所示。

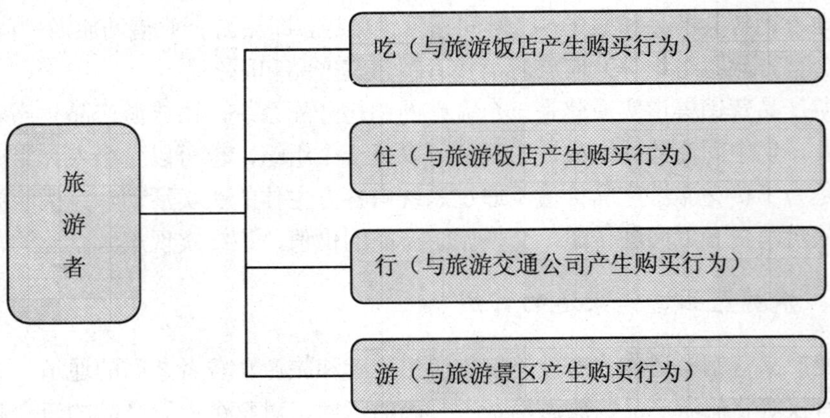

图 10–2　没有中间商时的旅游消费者购买图

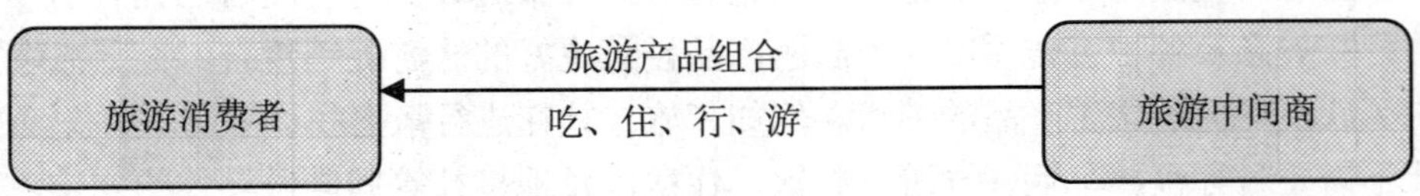

图 10–3　有中间商时的旅游消费者购买图

三、旅游产品营销渠道的类型

一般说来，旅游产品营销渠道有直接与间接、长与短、宽与窄等多种类型。

（一）直接旅游产品营销渠道和间接旅游产品营销渠道

根据旅游生产企业在旅游产品的销售中是否经过中间商来划分，旅游产品营销渠道可分为直接旅游产品营销渠道和间接旅游产品营销渠道。

1. 直接旅游产品营销渠道

直接旅游产品营销渠道也叫零层次旅游产品营销渠道，是指旅游生产企业不经过任何旅游中间商，直接将旅游产品销售给旅游消费者的营销渠道。例如，一个英国客人到中国旅游，他入境后直接到旅游酒店登记入住，自己去旅游景区游览并自己购买机票回国，整个旅游过程就没有经过任何旅游中间商。这种旅游产品营销渠道是一个直接旅游产品营销渠道，没有其他任何中间组织和个人。如图 10-4 所示。

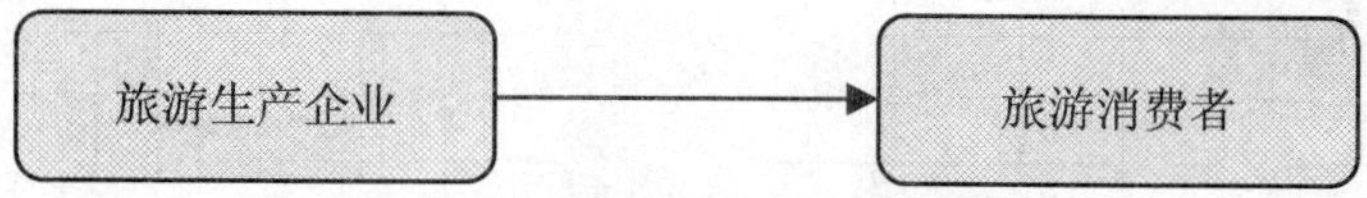

图 10–4　直接旅游产品营销渠道

直接旅游产品营销渠道的具体模式有：

（1）旅游消费者直接购买。即旅游产品的生产者直接向旅游消费者销售其旅游产品。例如：旅游酒店、旅游娱乐场和旅游景区等客上门的销售方式即属于这种模式。这一模式十分常见，至今仍被很多旅游企业所采用。

（2）旅游生产企业自设办事处或自营销售网点。即旅游生产企业在目标旅游市场设立办事处或销售网点销售其旅游产品。一般来说，规模较大的旅游企业会在其主要的客源地设立办事处或销售网点，以此来达到提高其知名度和扩大销售量的营销目的。

（3）直接预订。即旅游消费者通过电话、网络等通信方式直接向旅游企业预订或购买旅游产品。随着现代信息技术的迅猛发展及其在旅游行业的广泛应用，近年来，这种模式有了新的发展和突破，越来越多的旅游企业采用电话预定、网上订购等方式直接销售旅游产品，为传统的直接旅游产品营销渠道注入了新的活力。

直接旅游产品营销渠道由于没有中间商环节，一方面降低了销售成本，另一方面还可及时了解旅游市场的信息，及时调整或改进营销策略，更加适应目标旅游市场的需求。但是，在直接营销渠道模式下，旅游生产企业要把相当一部分精力放在旅游产品的生产上，势必造成与营销市场的接触面不广，影响其旅游产品的销售。因此，间接营销亦非常重要。

2. 间接旅游产品营销渠道

间接旅游产品营销渠道也叫多层次旅游产品营销渠道，是指旅游生产企业借助旅游中间商将其产品销售给旅游消费者，是目前比较主要的旅游产品营销渠道。其特点是旅游生产者不直接向旅游消费者销售旅游产品，而是通过一个或多个中间商销售。

按旅游产品营销渠道中间环节的多少，间接旅游产品营销渠道有以下三种模式：

（1）一级营销渠道。即旅游生产企业通过一个环节的旅游中间商（一般称为旅游零售商）向旅游消费者销售其旅游产品。这种渠道模式的中间环节较少，旅游产品流通成本比较低，能在瞬息万变的旅游市场营销环境下快速将旅游产品推向旅游市场，但这种模式销售的范围和规模有限，一般适用于规模较小、地区狭窄、产品较为单一的旅游生产企业。如图 10-5 所示。

图 10–5　一级旅游产品营销渠道

（2）多级旅游产品营销渠道。即旅游生产企业通过两个或两个以上的旅游中间商向旅游消费者销售其旅游产品，这一旅游产品营销渠道的主要特点是旅游生产者在进行旅游产品价格谈判的基础上，将旅游产品批量销售给旅游代理商或旅游批发商，再由旅游代理商或旅游批发商委托旅游零售商销售给旅游消费者，因此在旅游产品销售上有二个或三个环节。这种旅游产品营销渠道在国际旅游中使用较为广泛。由于旅游代理商或旅游批发商的企业规模、旅游资源、营销手段、销售网点比旅游零售商大得多，且销售地区较广，具有较为明显的优点，因此这种旅游产品营销渠道一般适宜于销售规模较大、地区较广、品种较多的旅游产品。

如图 10-6、图 10-7 所示。

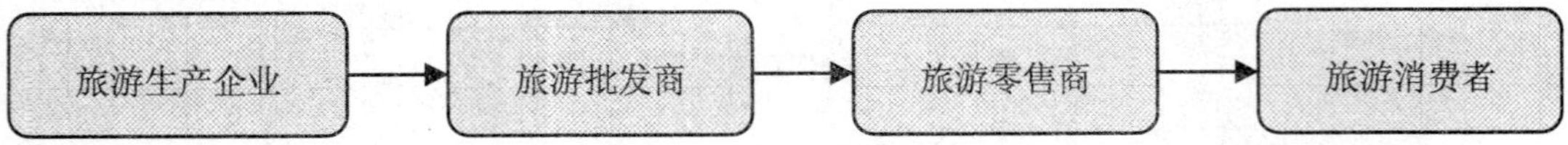

图 10-6 二级旅游产品营销渠道

图 10-7 三级旅游产品营销渠道

间接旅游产品营销渠道使旅游生产企业通过庞大的销售网络广泛渗透目标旅游市场，既扩大了旅游产品销售范围，又提高了旅游企业对旅游市场变化的灵敏性。但这种旅游产品营销渠道使得旅游企业的流通成本增高、利润降低，且削弱了对目标旅游市场的控制力。

（二）旅游产品营销长渠道和短渠道

根据旅游企业的旅游产品销售过程中所经过的中间环节的多少，又可将旅游产品营销渠道分为长渠道和短渠道两种。

旅游产品营销长渠道是指旅游生产者经过两个或两个以上的旅游中间环节，把旅游产品销售给旅游消费者，如通过旅游批发商、旅游零售商等。旅游产品营销短渠道是指旅游产品在从旅游生产者向旅游消费者转移过程中，没有中间环节或只经过一个环节。因此，旅游产品营销渠道的长短取决于旅游产品流通过程中经过的流通环节的多少。

旅游产品营销渠道的“长”与“短”只是相对而言，仅仅流通过程不同，并非是衡量旅游产品营销渠道优劣的标准。一般说来，旅游产品营销渠道越短，旅游生产企业承担的销售任务就越多，信息传递快，销售及时，能对旅游产品营销营销渠道进行有效的控制；旅游产品营销渠道越长，旅游企业的营销工作主要由旅游批发商和旅游零售商完成，旅游生产企业自己承担的销售任务就越少，信息传递慢，流通时间长，中间商介入多，旅游企业对其旅游产品的控制力也就越弱。

（三）旅游产品营销宽渠道和窄渠道

旅游产品营销渠道的宽度是指营销渠道中销售产品的中间商或销售网点的数目以及网点分配的分布程度。按旅游产品营销渠道的宽度，旅游产品营销渠道可分为宽渠道和窄渠道。

所谓旅游产品营销宽渠道，就是在某一销售环节上使用的同类中间商较多，旅游产品在旅游市场上的销售面较广的旅游产品营销渠道。目前国内有些比较大的旅行社如中国旅行社，在全国各个地区都有分社，还有很多的零售代理，这样的旅游产品营销渠道就比较宽。就旅游企业而言，一般的、大众化的旅游产品主要是通过旅游产品营销宽渠道进行销售的，通过多家旅游代理商或旅游批发商批发给更多的旅游零售商进行销售，从而大量接触旅游消费者，大批销售旅游产品。

所谓旅游产品营销窄渠道，就是在营销渠道的某一销售环节上使用的同类中间商较少，产品在旅游市场上的销售面较窄的旅游产品营销渠道。对于旅游生产企业而言，窄渠道比较容易控制，但市场的销售面有限，因此，旅游产品营销窄渠道一般只适用于专业化较高、特色较强或者费用较高的高端旅游产品的旅游企业，如太空游，探险游、等旅游产品的销售。

（四）旅游产品营销单渠道和多渠道

根据旅游企业所采用的渠道类型的多少，旅游产品营销渠道可分为旅游产品营销单渠道和旅游产品营销多渠道。

旅游产品营销单渠道是指旅游企业采取比较单一的营销渠道，如所有的旅游产品由自己直接销售或者全部交给旅游批发商经销。多渠道则是指旅游企业根据不同地区和不同层次旅游消费者采取多种营销渠道的组合，如某旅游企业在本地区采用旅游产品营销直接营销渠道，对外地采用旅游产品营销间接营销渠道，或同时采用旅游产品营销长渠道和旅游产品营销短渠道。

一般情况下，如果旅游企业规模比较较小或经营的旅游产品较少，比较适宜采用旅游产品营销单渠道；反之，则采取多渠道，以便扩大旅游产品的覆盖面，提高旅游企业销量。

第二节　旅游中间商

随着旅游市场的不断发展，旅游产品生产者和旅游消费者之间在数量、品种、时间、空间等方面的供需矛盾日益尖锐。这就使得旅游中间商的作用日益重要。

一、旅游中间商的含义

旅游中间商是指介于旅游生产者与旅游消费者之间，专门从事旅游产品交易并从中获利的中介组织或个人。由于旅游中间商的位置介于旅游生产企业与旅游消费者之间，因此它是供求双方的“桥梁”，在旅游产品营销渠道中占有十分重要的地位。旅行社就是典型的旅游中间商。从旅游生产者的角度看，由于市场距离的存在，它很难对旅游消费者的需求进行充分的了解，同时，旅游生产企业的经营活动需要有一定的客源量，这就需要有专门从事调查旅游需求并组织客源的旅行社的存在；从旅游消费者的角度看，由于缺乏对旅游地信息的了解，需要由旅行社安排旅游活动，以保证其旅游活动的顺利完成。

二、旅游中间商的类型

旅游中间商在旅游产品营销渠道中的作用不同，以及旅游生产企业与这些旅游中间商的责任和利益关系不同，旅游中间商的类型也呈现多样化。一般说来，根据旅游中间商是否拥有旅游产品的所有权，可将旅游中间商分为旅游经销商、旅游代理商和旅游专业媒介。

（一）旅游经销商

旅游经销商是指先从旅游企业购买旅游产品的所有权，然后再转卖给旅游消费者，通过买进和卖出之间的价格差来获取利益的旅游中间商。其关键所在是旅游产品的所有权由旅游生产者转移到了旅游经销商。旅游经销商形式较多，根据其业务性质，又可分为旅游批发商和旅游零售商。

1. 旅游批发商

旅游批发商指一些专门从事旅游产品批发业务的旅游公司或旅行社。他们从旅游生产企业那里大批量预订或购买单项旅游产品，然后将其组合成符合旅游市场需求的整体旅游产品，再销售给旅游零售商或旅游消费者。

2. 旅游零售商

旅游零售商是指先从旅游批发商处购买旅游产品，然后再直接销售给旅游消费者的旅游中间商。它与旅游消费者联系最为紧密，是旅游产品营销渠道中的主要环节。一些规模较小的旅行社大都是旅游零售商。旅游零售商直接面对旅游消费者，其作用较大，诸如提供有关旅游产品的信息；安排旅游者旅游活动中的住宿、餐饮、交通、观光等项目；受旅游产品供应商的委托，按照合同的约定出售旅游产品。

（二）旅游代理商

旅游代理商是指接受旅游产品生产者或供应者的委托，在一定区域内代理销售其产品的旅游中间商。这类中间商一般不拥有旅游产品的所有权，只是协助旅游生产企业进行旅游产品的销售，而从中获取一定的佣金。

在旅游营销活动中，旅游生产企业在推广能力无法达到的地区或者没有合适旅游经销商的情况下，可以利用旅游代理商来寻求旅游市场机会，销售其旅游产品，从这个意义上讲，旅游代理商是旅游经销商的一种补充。旅游代理商代理销售的主要是零售业务，直接面对广大旅游消费者，因而，他们往往又是旅游零售商，有的代理商还同时经营少量的旅游产品批发业务。旅游代理商与旅游经销商的比较参见表 10-1。

表 10–1　旅游代理商与旅游经销商的比较

类　别	产品所有权	收入来源	市场风险
旅游代理商	不拥有	被代理企业所支付的佣金	较小
旅游经销商	拥有	产品买卖之间的差价	较大

（三）旅游专业媒介

这是一类比较特殊的旅游中间商，主要包括旅游经纪人、奖励旅游公司、会议策划者等。他们不同于旅游经销商和旅游代理商，通常不收取佣金，在安排旅游活动时也没有品牌，只是代表本组织以较低的成本承办旅游业务。

近年来，随着旅游业的快速发展，旅游经纪人应运而生。旅游经纪人是为旅游资源及其相关产业经营者和旅游消费者之间实现市场交易而从事沟通、服务的中间人。他们不拥有旅游产品的所有权，只从事旅游中介活动，为旅游者提供旅游信息，将旅游消费者推介至指定的消费场所购买旅游产品或接受餐饮、住宿等服务，并从中获得一定的佣金。奖励旅游在欧美国家发展程度较高，它是一种现代化的管理工具，目的在于协助企业对达到企业特定目标的参与人员给予一个非比寻常的旅游假期作为奖励；同时也为各大企业安排以旅游为诱因、以开发市场为最终目的的客户邀请团。奖励旅游是以一种高效的旅游营销渠道中间环节。

三、旅游中间商的作用

在旅游市场不断发展并逐步走向成熟的今天，旅游中间商的作用日益引起人们的重视。具体说来，旅游中间商的作用主要有：

（一）提高旅游营销效率，减少旅游交易成本

旅游中间商是专门从事旅游产品销售的组织，市场接触面广，信息来源多，熟悉各种旅游产品，并能及时掌握旅游消费者的需求，因此，借助旅游中间商，旅游生产企业可使自己

的产品迅速打入广阔的市场，及时回笼资金，投入再生产，大大提高了营销效率和投资收益率。

假定有 3 个旅游产品的旅游企业和 3 个旅游消费者，在信息完全对称的情况下，没有中间商介入的直接销售有 9 次接触（3 个企业分别接触 3 个消费者）；而有旅游中间商介入的间接销售只有 6 次接触。而且，由于旅游中间商的介入，旅游企业与目标客户的接触次数由 3 次变成了 1 次，如图 10-8 所示。如果旅游产品和旅游消费者的数量大大增加，则减少的次数就更加可观了。显然，使用旅游中间商可以减少交易成本，加速旅游产品的销售。

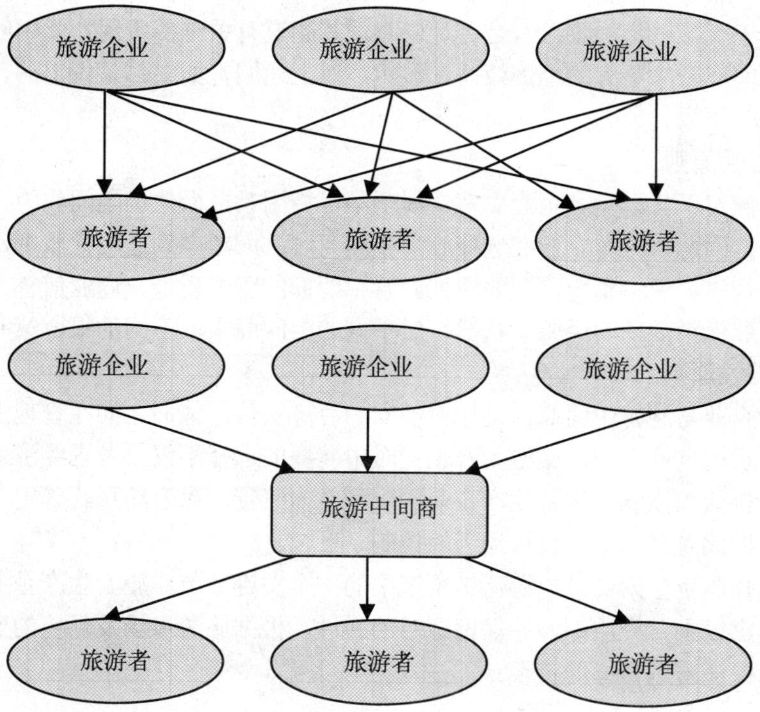

图 10-8 旅游产品流通过程图

（二）根据旅游市场需求，对旅游产品进行组合加工

任何一个旅游企业都不可能独自提供给旅游消费者在旅游活动中所需的食、住、行、游、购、娱等各环节的所有旅游产品。而旅游中间商则利用其较强的营销能力、协调能力和完善的关系网络，对多种旅游产品进行优化组合，形成一系列完整的旅游产品，以满足不同的旅游需求。

（三）为旅游消费者提供旅游消费建议

大多数旅游消费者对将要消费的旅游产品不太了解，而旅游中间商普遍被消费者认为是旅游业的职业工作者和专家，他们拥有大量的旅游业的信息和知识，熟悉和了解多种旅游产品和服务，有能力为旅游消费者提供专业化的旅游咨询和旅游消费建议，例如旅游景点的选择、行程安排、价格问题等。

四、选择旅游中间商的原则

旅游中间商在旅游营销渠道中占有十分重要的地位，直接影响着旅游生产企业的产品销售和经济效益。因此，旅游中间商的选择便成为了旅游产品营销渠道中的一个关键问题。旅游生产企业对旅游中间商的选择应遵循经济性、适应性及可控性三个原则。

（一）经济性原则

追求经济效益是旅游企业所有营销决策的主要目的，选择旅游中间商亦是如此。在选择旅游中间商时，旅游生产企业可做一个经济效益的对比：由旅游中间商产生的销售收入的实际增长是否大于直接销售的收入？是否足以补偿和超过有关维持费用？此中间商能否比其他可供选择的中间商带来更大的经济效益？显然，对上述回答如果都是肯定的，则选择是正确的。

（二）适应性原则

旅游中间商对于旅游生产企业而言，属于不可控因素，而他们之间作为一种协作关系，应该相互适应。因此，旅游企业在选择旅游中间商时，应考虑到适应性原则，既要充分考虑旅游中间商的规模、销售实力，还要根据旅游中间商的服务质量、商业信誉、管理水平、销售业绩以及开展促销活动的经验等状况，对不同的中间商采取不同的渠道策略。

（三）可控性原则

旅游生产企业与旅游中间商都是相对独立的经济实体，他们之间在管理上不存在从属关系。因此，从长远目标考虑，旅游生产企业对中间商的选择不仅要考虑经济效益，还应考虑能否对其实行有效的控制。旅游生产企业应以利益为纽带，以合约形式确定与旅游中间商的责权利关系，以此对营销渠道进行适当的控制。

总之，选择旅游中间商是旅游营销渠道中的一个关键环节，旅游生产企业在选择中间商时，应充分考虑以上三个原则，并保留适当的弹性，根据旅游市场及环境的变化，适时做出相应调整，以保证营销目标的实现。

第三节 旅游产品营销渠道策略

随着旅游业的不断发展，旅游市场竞争日趋激烈，旅游市场营销环境变化不定，旅游生产企业必须要拥有一套行之有效的旅游产品营销渠道策略，才能较为有效地实现旅游产品从旅游生产者到旅游消费者的转移。

一、旅游产品营销渠道的选择策略

为了提高旅游产品的销售量，扩大旅游市场份额，实现旅游企业经济效益的最大化，旅游产品生产企业不仅要明确目标旅游市场、优化旅游产品结构，更重要的是要选择有利的旅游产品营销渠道。

（一）旅游产品直接营销渠道和间接营销渠道的选择策略

一般情况下，旅游企业的这两种营销渠道兼而有之，这是由旅游市场的特点所决定的。旅游产品的目标市场往往非常分散，旅游生产企业通常无力凭借自身的力量去建立广阔的旅游产品销售网络，因而，要想扩大旅游产品的覆盖面，获得充足的旅游客源，就必须依靠各种旅游中间商来开展销售。

在旅游营销渠道实践中，规模较大、实力雄厚的旅游生产企业，往往可以依靠自身建立起强大的旅游销售网络；而规模较小、实力稍弱的旅游企业对旅游中间商的依赖较大。不过，在网络技术十分发达的今天，规模较小、实力稍弱的旅游企业可以建立自己的旅游渠道网站向旅游消费者展示自己的旅游产品与服务，并接受网上预订。一般来说，旅游景点、商务酒店等旅游企业多采用直接营销渠道；而休闲度假酒店、大型的游船公司、包机公司等市场销售面较广，则主要采用间接营销渠道。高端的旅游产品购买者较少，通常使用直接旅游营销渠道；大众化的低端旅游产品目标旅游市场较广，为争取到尽可能多的旅游消费者，宜采用间接旅游营销渠道，借助更多的旅游中间商的力量来扩大销售量。

（二）旅游产品营销渠道宽度的选择策略

旅游产品营销渠道的宽度选择所要解决的是每个营销渠道层级的中间商数量多少的问题。一般说来，主要包括：广泛型旅游产品渠道策略、选择型旅游产品渠道策略、专营型旅游产品渠道策略。

1. 广泛型旅游产品渠道策略

这种策略是指旅游生产企业在自身实力和销售能力有限的情况下，为扩大旅游产品的销售而不加限制地选择旅游中间商。在旅游消费者较多、旅游产品较为大众化的情况下，多宜采用这种渠道策略，旅游生产企业通过大量的旅游中间商，广泛接触目标旅游市场，方便旅游消费者的购买，同时也起到一定的旅游产品宣传展示作用。但是，由于这种渠道策略选择的营销渠道成员较多，旅游生产企业对营销渠道成员的控制力不强，容易造成营销渠道混乱。

2. 选择型旅游产品渠道策略

该策略是指旅游生产企业在一定的旅游市场范围内挑选一定数量的、商业信誉较好、服务质量较高的旅游中间商来销售其旅游产品。旅游企业根据目标旅游市场的情况，通过对旅游中间商的筛选，去掉那些信誉较差、效率较低、不易控制的旅游中间商，这样既可以拥有一定范围的旅游市场，又可适当地节约旅游渠道费用。因而这种营销渠道策略一般比较适用于旅游产品价格较高或生产量不大的旅游产品。

3. 专营型旅游产品营销渠道策略

这种策略是指旅游生产企业在一定时期和一定旅游市场范围内，仅择优选取一个旅游中间商来销售其旅游产品。该策略便于旅游企业密切与旅游中间商之间的协作关系，提高旅游中间商的销售旅游产品的积极性，有利于控制其营销渠道。但是，这种营销渠道销售范围较为有限，因此风险较大，是一种最窄的旅游产品营销渠道。这种策略一般适用于旅游生产企业在开拓旅游新市场或销售一些比较特殊的高端旅游产品时使用。

以上三种旅游产品营销渠道策略的优缺点参见表 10-2。

表 10–2　三种营销渠道策略的优点和缺点

类　别	优　点	缺　点
无限制型渠道策略	1．市场覆盖范围大 2．方便消费者购买 3．有利于进行产品宣传	1．对渠道成员的控制力不强 2．渠道成本较高

续表

类 别	优 点	缺 点
选择型渠道策略	1．渠道成本低 2．对渠道成员的控制力强	1．市场覆盖范围不大 2．具有一定市场风险
专营型渠道策略	1．渠道成本较低 2．对渠道成员的控制力较强 3．与中间商关系密切	1．市场灵活性小 2．市场覆盖范围小 3．销售风险较大

（三）营销渠道长度的选择策略

旅游产品营销渠道的长短取决于旅游产品销售过程中所经过的中间环节的多少。短渠道的中间环节比较少，相应产生的营销渠道费用就低，价格优势比较明显，所以，旅游企业在具有较强的经济实力或找不到较为合适的旅游中间商时，多采用较短的营销渠道或自行组织营销系统完成整体销售工作；长渠道的中间环节多，销售范围较广，因此，当旅游产品销量较大，旅游市场广阔而分散，需要旅游产品在旅游市场上广泛分布并具有区域延伸性时，宜采用较长的渠道。

总之，旅游产品营销渠道的选择策略同产品策略、价格策略和促销策略一样，是旅游企业能否成功占有市场、实现销售目标的重要手段。

二、旅游产品营销渠道的调整策略

旅游生产企业应根据复杂多变的旅游市场需求，针对不同的市场情况，适时对旅游产品营销渠道进行科学的调整和改进，保持旅游产品营销渠道畅通高效，促进旅游产品的销售。一般说来有三种调整形式。

（一）旅游产品营销渠道的长度调整

旅游产品营销渠道过长，旅游生产企业与旅游中间商的信息传递就慢，旅游产品流通时间长，渠道成本就高，对旅游产品的控制力也就较弱；反之，旅游产品营销渠道过短，旅游生产企业承担的销售任务就多，旅游市场覆盖面就会不广。

随着旅游市场的不断变化，旅游生产企业可能会发现旅游产品营销渠道过长或者过短，这时就需要及时进行有效的调整。如果旅游产品渠道过长，有些渠道环节作用不大，本着提高销售效率的原则，就要适当缩减一些可有可无的旅游产品渠道环节；如果旅游产品渠道过短，不能使旅游产品快速有效地传递到目标旅游市场，影响旅游产品销量，则应考虑增加新的渠道环节。此外，有时裁减大量不符合要求的旅游产品营销渠道往往会影响到旅游产品的销售面，这时可以采取削减现有旅游产品营销渠道的同时，又增加新的旅游产品营销渠道的调整策略。

（二）旅游产品营销渠道的宽度调整

旅游产品营销渠道的宽窄，取决于某一旅游产品营销渠道里旅游中间商数量的多少。因此，对旅游产品营销渠道宽度的调整，即增减某一旅游产品营销渠道里旅游中间商的数量。

在旅游产品营销实践中，旅游生产企业常常会发现，在同样一条旅游产品营销渠道中，有的旅游中间商销售积极性比较高，并且商业信誉可靠、营销能力较强、销量较为可观，这些旅游中间商都是旅游生产企业要努力保留并加强与其协同合作的优秀旅游中间商；而有的旅游中间商却营销能力一般，服务质量不高，市场开拓能力也很有限，销量较低，这时，旅游生产企业就要考虑及时将这部分旅游中间商予以淘汰，积极寻求新的合适的旅游中间商。

此外，当同行业竞争者的旅游产品营销渠道宽度扩大，影响到旅游企业的销售量时，或者本旅游企业的生产规模有所扩大时，也应该相应增加扩大旅游产品营销渠道的宽度，适当增加旅游中间商的数量。

（三）整个旅游产品营销渠道的调整

整个旅游产品营销渠道的调整，就意味着放弃原有的旅游产品营销渠道，建立新的旅游产品营销渠道。这种调整对旅游企业的影响较大，旅游生产企业一般不会采取这种较为极端的调整策略。在做出这个选择时，旅游企业一定要对旅游市场进行科学的调研和分析，充分权衡利弊关系，慎重决策。

三、旅游产品营销渠道的新发展

（一）旅游产品营销渠道的发展趋势

在旅游市场不断完善、竞争日益激烈的今天，旅游产品营销渠道也日益进入了一个新的发展阶段，旅游产品生产企业不再仅仅依靠单一的营销方式和传统的营销渠道来销售旅游产品。具体来说，旅游产品营销渠道有以下几种发展趋势：

1. 从旅游产品渠道类型选择来看：由单一渠道转向多元化组合

旅游产品渠道类型要根据不同地区情况和旅游产品情况选择。对于某一旅游产品的某一区域旅游市场而言，传统上多数旅游生产企业使用一种旅游产品渠道进入旅游市场。现在，随着旅游市场细分市场和潜在旅游产品营销渠道的增加，越来越多的旅游生产企业利用两个或两个以上的旅游产品营销渠道达到一个或多个旅游细分市场，即多元化旅游市场营销渠道组合。主要包括：在同一旅游市场对某一旅游产品同时使用多种旅游产品渠道进行销售；在不同旅游市场对某旅游产品采取不同营销渠道，提高旅游市场覆盖率，更好地满足旅游者的需求。

2. 从旅游产品渠道长度与宽度来看：渠道系统由“金字塔”式转向“短宽型”

随着旅游市场竞争的激烈化，越来越多的旅游企业开始注重打破传统的“金字塔”式旅游产品营销渠道，改变传统的层次较多的渠道模式，直接向终端旅游经销商和最终旅游消费者销售旅游产品，也就是采取“短宽型”营销渠道。“金字塔”式旅游产品营销渠道采用旅游生产者→旅游代理商或多层次级旅游批发商→旅游零售商的模式，而短宽型旅游产品营销渠道采取旅游生产者→旅游零售商或旅游生产企业直营店→旅游消费者的模式，使旅游生产企业更主动、全面地控制和开发旅游市场，旅游产品营销渠道越短，旅游企业距最终旅游消费者越近，对旅游市场就越了解，旅游产品的价格就更具有市场竞争力，对旅游企业长远发展意义重大。

3. 从旅游产品渠道成员的合作层次看：由传统的“交易型”转向“伙伴型”

传统的旅游产品营销渠道成员之间的关系是“交易型”，近年来，“旅游产品营销渠道内各成员之间应发展和保持密切的、固定的合作关系”的观点逐渐得到业内的重视，在纵向旅游市场的传统旅游产品营销渠道上，渠道成员之间是“我”和“你”的关系，即每一个旅游产品渠道成员都是一个独立的经济实体，以追求自身利益最大化为目标；现代旅游企业则越来越多地采取新型的整合渠道，在这种渠道体系内旅游产品生产者、旅游批发商和旅游零售商联合成一个统一体，由“我”和“你”的关系转变为“我们”的关系，从“交易型”向“伙伴型”转变，最终实现双赢乃至多赢。

4. 从旅游产品渠道的地域影响来看：由“有限市场”转向“无限市场”

传统的旅游产品营销渠道都有或大或小的目标旅游市场范围，它主要取决于旅游产品渠道所处的地理位置，即与旅游消费者距离的远近，以及企业自身的实力和吸引力。随着网络条件下虚拟旅游市场的出现，旅游电子商务日益成熟，使目标旅游市场打破了地域限制，范围扩展到无限，不再受时空的约束，且信息源庞大，支付手段方便快捷，大大促进了旅游产品的交易，逐步成为旅游产品营销的一个重要渠道。

（二）旅游网络营销

随着信息技术的快速发展和信息时代的来临，越来越多的旅游企业开始关注网路营销渠道，借助互联网、计算机通信技术、数字交换等平台进行一系列的商务活动，以此来扩大销售，拓展市场。

1. 我国旅游业网络营销的基本模式

近年来，我国旅游业网络营销渠道的发展速度比较快，大部分旅游企业在互联网上进行着不同程度的网络营销。具体说来，我国旅游企业目前开展的网络营销渠道模式有：

（1）大型饭店集团的中央预订系统（Center Reservation System，CRS）

大型旅游饭店集团拥有自己的中央预订系统，发挥其品牌资源优势，进行全球范围内整体销售活动。通过网络直销平台，旅游消费者可以直接通过酒店集团的中央预订系统平台实现与目标酒店的询价议价、订房以及实时互动，并最终完成酒店与顾客直接的营销过程。

（2）电脑预订系统（Computerized Reservation System，CRS1）

电脑预订网络一端联系旅游景区、航空公司、旅游酒店等旅游服务供应企业，另一端联系分布各地的旅行社等销售企业，为旅客提供预订机票、客房等服务。CRS1 是旅游业的第一代网上销售系统，它大大地提高了旅游销售的效率。

（3）全球分销系统（Global Distribution System，GDS）

GDS 是应用于民用航空运输及整个旅游业的大型计算机信息服务系统。现今，GDS 已经发展成为服务于整个旅游业的一个产业，酒店、旅游公司、铁路公司等也纷纷加入到 GDS 中来。经过技术与商务的不断发展，GDS 已经能够为旅游者提供及时、准确、全面的信息服务，并且可以满足旅游消费者旅行中包括交通、住宿、娱乐、支付及其他后续服务的全方位需求。

（4）综合性营销网站

综合性旅游网站经营网上营销代理，提供预定酒店、旅游线路、交通票务和设计旅行计划等服务。有的旅游网站提供旅游线路多达 3000 条以上，旅游消费者可以选择自己感兴趣的线路，提前预订，旅游网站为预订者安排合适的旅行社，并收取一定的预约金，顾客可以选择网上银行、邮汇等方式支付预约金。目前国内最大的旅游网络之一“携程网”并购了国内规模最大的订房中心现代运通，并与国内多家机票代理点、大陆及港澳的 1000 多家星级酒店签约，还有逾 3000 家可供查询的酒店信息，各地排名前十位的旅行社还为携程用户提供了精选的旅游线路和完善的旅游服务，并提供了各种可选的支付方式。

（5）旅游企业单位网站

在互联网上建立和发布自己的网站是目前具有一定规模的旅游企业普遍采用的一种网络营销渠道，著名的有华联饭店集团（www.hl.com.cn）、上海春秋国际旅行社（www.china-sss.com）、广东国际旅行社（www.citsgd.com.cn）、中国国际航空公司（www.airchina.com.cn）等。通过互联网，旅游企业可以直接与旅游消费者进行旅游信息沟通，并跨越时空达成交易，以此达到提高旅游市场销售的目的。

2. 旅游网络营销渠道的优势

（1）旅游交易双方可以互动交流

网络是人类社会最大限度的交互式自由空间。无论是旅游企业，还是旅游消费者，都可以利用旅游网络自由地发布和寻找旅游信息，互动式地在网上进行交流与沟通。一方面，旅游企业可通过网络将旅游产品的有关信息提供给旅游消费者；另一方面，旅游消费者可以通过网络将其需求和意见直接反馈给旅游企业，旅游企业可针对旅游消费者的问题及时予以解答，形成良性的双向互动沟通。

（2）旅游交易超越时空限制

旅游网络营销可以超越时间和空间限制进行旅游信息交流和旅游产品交易，使任何旅游企业都有可能全天候地提供全球性旅游营销服务。对旅游消费者而言，购买旅游产品不再受地理空间的限制，而直接通过电子商务的各种媒介进行异地交易。

（3）降低旅游交易成本

旅游网络营销的非店面销售省去了租金、水电、人工成本等大笔费用，同时也减少了旅游实物交换的物流成本。此外，网上交易还省去了传统营销渠道中很多的旅游中间环节，旅游产品营销渠道缩短了，旅游营销渠道费用和交易成本自然也就降低了。

（三）旅游特许经营渠道

1. 旅游特许经营的概念与特点

所谓旅游特许经营，是指特许授予人（特许人）与被授予人（受许人）之间通过协议授予受许人有偿使用其名称、商标、专有技术、产品及运作管理经验等从事经营活动的商业经营模式。

旅游特许经营的特点有：第一，旅游特许经营是一个特许人和多个受许人之间的契约关系，各受许人之间没有横向联系；第二，旅游特许人将允许受许人使用自己的名称、商标、服务标记、经营诀窍、商业和技术方法；第三，受许人自己对其业务进行投资，并拥有其业务；第四，受许人需向特许人支付费用。

2. 旅游特许经营的类型

（1）旅游生产特许

受许人投资建店，或通过 OEM 的方式，使用特许人的商标或标志、专利、技术、设计和生产标准来加工或制造取得特许权的产品，然后经过经销商或零售商出售，受许人不与最终用户（旅游消费者）直接交易。

（2）旅游产品商标特许

受许人使用特许人的商标和零售方法来批发和零售特许人的产品。作为受许人仍保持其原有企业的商号，单一地或在销售其他商品的同时销售特许人生产并取得商标所有权的产品。

（3）经营模式特许

受许人有权使用特许人的商标、商号、企业标志以及广告宣传，完全按照特许人设计的单店经营模式来经营；受许人在公众中完全以特许人企业的形象出现；特许人对受许人的内部运营管理、市场营销等方面实行统一管理，具有很强的控制力。

3. 特许经营的优势

（1）对于特许商来说，可以获得如下优势：

第一，特许商能够在实行集中控制的同时保持较小的规模，既可赚取合理利润，又不涉及高资本风险，更不必兼顾加盟商的日常琐事；

第二，特许商不需要参与加盟者的员工管理工作，因而本身所必须处理的员工问题相对较少；

第三，特许商不拥有加盟商的资产，保障资产安全的责任完全落在资产所有人的身上，特许商不必承担相关责任；

第四，从事制造业或批发业的特许商可以借助特许经营建立分销网络，确保产品的市场开拓。

（2）加盟商借助特许经营“扩印底版”，即可以：

第一，可以享受现成的商誉和品牌；

第二，避免市场风险。投资一家业绩良好且有实力的特许商，借助其品牌形象、管理模式以及其他支持系统，其风险大大降低；

第三，分享规模效益。这些规模效益包括：采购规模效益、广告规模效益、经营规模效益、技术开发规模效益等；

第四，获取多方面支持。加盟商可从特许商处获得多方面的支持，如培训、选择地址、资金融通、市场分析、统一广告、技术转让等。

本章小结

1. 旅游产品营销渠道就是旅游产品从旅游生产者转移到旅游消费者所经过的通道或路径。分为直接渠道和间接渠道、长渠道和短渠道、宽渠道和窄渠道、单渠道和多渠道几种类型。

2. 旅游中间商作为联系供求双方的“桥梁”，介于旅游生产者与旅游消费者之间，专门从事旅游产品市场营销。按照是否拥有旅游产品的所有权，可分为旅游经销商、旅游代理商和专业旅游媒介三类。选择旅游中间商是旅游营销渠道中的一个关键环节，旅游生产企业对旅游中间商的选择应遵循经济性、适应性和可控性三个原则。

3. 当今的旅游市场，旅游营销环境瞬息万变，旅游营销渠道多种多样，旅游产品生产企业必须要拥有一套行之有效的旅游营销渠道选择策略、调整策略和管理策略，才能快速实现旅游产品从旅游生产领域到旅游流通领域，最终到达旅游消费领域的转移。

复习思考题

一、名词解释

旅游产品营销渠道　直接营销渠道　间接营销渠道　长渠道　短渠道　宽渠道　窄渠道　旅游中间商　旅游经销商　旅游代理商

二、思考题

1. 旅游产品营销渠道的作用有哪些？
2. 试举例说明旅游产品营销渠道的类型，并指出它们各自的优缺点。
3. 旅游中间商有哪些类型？
4. 旅游中间商的作用有哪些？
5. 选择旅游中间商应遵循哪些原则？
6. 旅游企业应如何选择适合自身的营销渠道？
7. 旅游企业应如何调整营销渠道？
8. 如何认识旅游产品营销渠道的发展趋势？

第十一章 旅游市场营销管理

学习目标

1. 了解旅游市场营销管理的任务和过程
2. 掌握旅游市场营销计划的制定与执行
3. 熟悉旅游市场营销组织的演变过程
4. 掌握旅游市场营销组织的主要类型
5. 了解运用控制方法进行旅游市场营销控制

案例导入

让“完美”的营销计划真正实施

每一年的开始，很多旅游酒店为了更好地去规划和管理新一年的酒店营销工作，酒店管理部门都会制定一套新的企业营销计划，那是一份完美的书面计划。而在对待这份“完美”的营销计划的问题上，不同旅游酒店却有着两种截然不同的做法。部分酒店通常是制定完目标和计划之后就万事大吉了，坚持执行一段时间之后，这个计划的实施情况就无人问津了，到最后，因为出现的问题太多且错过了补救的最佳时机，导致无法挽回而只能全盘放弃当初拟定的市场营销目标。而另一类的酒店则非常重视新一年的营销计划，他们通过市场调查，认真详细地拟定营销计划，并把计划的每个管理细节的实施都看作与计划内容同等重要。

例如，郑州某酒店在 2012 年郑州酒店业客房平均出租率呈现负增长趋势的情况下，重新分析旅游市场，调整酒店的营销战略，拟定出酒店新的营销计划，以调整经营状况。酒店营销部门的管理者则对营销计划实施过程进行全方位监督和管理。管理者通过对所有反馈信息再次评估、监测，对营销活动过程进行调整和管理，确保了该酒店最终顺利实现预期的营销目标。

旅游企业要保证其营销目标得以顺利实现，对市场营销活动的管理至关重要。其内容包括旅游企业营销计划的制定、旅游企业组织的设立、营销计划的实施和营销过程的控制。

第一节 旅游市场营销管理概述

伴随着旅游业的不断发展，旅游市场竞争日趋激烈，旅游企业的营销活动是否成功在很大程度上取决于对其营销活动的管理。只有通过科学、严格的营销管理，才能使旅游企业根据旅游市场营销环境的变化以及随时出现的新情况和新问题，及时调整营销战略和策略，最终实现营销目标。

一、旅游市场营销管理的概念

旅游市场营销管理是指旅游企业为了实现其营销目标，对旅游市场营销活动的各个环节及旅游企业的各种营销资源进行分析、计划、执行和控制的过程。

旅游市场营销管理强调的是旅游企业的经营活动与旅游市场营销环境之间的动态适应性，即旅游企业市场营销战略和策略与旅游市场营销环境之间的动态适应性，其目标是通过其旅游产品或服务去满足旅游消费者的需求，以实现旅游企业的利润目标。因此，旅游市场营销管理的实质是旅游需求管理。

二、旅游市场营销管理过程

旅游企业为实现其旅游市场营销目标，根据旅游市场营销环境变化来调整旅游企业的行为，并对旅游企业的市场营销活动过程在时间和空间上整体进行管理的过程。这一过程包括以下步骤：分析旅游市场营销环境和机会、对旅游市场细分和选择目标旅游市场、制定旅游市场营销战略与策略、开展旅游市场营销活动等。如图 11-1 所示。

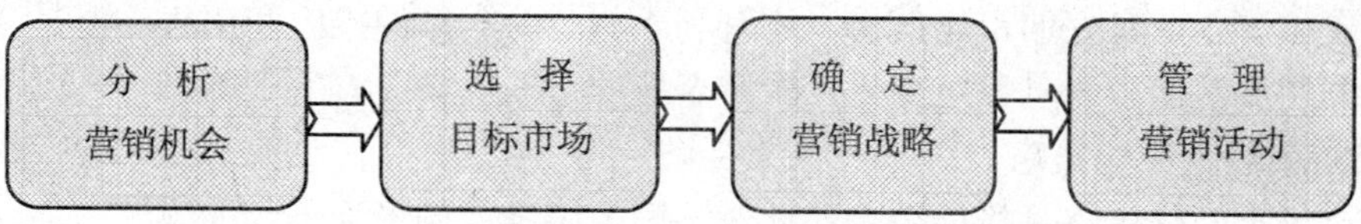

图 11–1　旅游市场营销管理过程

（一）分析旅游市场营销机会

所谓旅游市场营销机会，就是未满足的旅游需要，而旅游消费者的需求是广泛存在的。因此，任何旅游企业都存在大量的旅游市场营销机会。寻找、分析和评价市场营销机会，是市场营销管理的首要任务，也是旅游营销管理过程的首要环节。旅游企业能否未雨绸缪，及早发现旅游市场营销机会，并结合其自身的资源，研究和选择目标旅游市场，及时制定旅游营销计划和营销战略，这样才能使旅游企业在日益加剧的旅游市场竞争中立于不败之地。

旅游市场营销管理人员可通过以下方法来寻找和发现市场营销机会：

1. 广泛收集旅游市场信息

旅游市场营销管理人员可以通过阅读报刊杂志、上网浏览、回访顾客、发放旅游市场调查问卷、参加国内外旅游交易会等方法来寻找新的旅游市场机会。旅游企业要经常性地、多层次地开展旅游市场调研，收集、筛选、分析和评价旅游市场信息，为旅游市场机会分析提供数据资料。

2. 进行旅游市场细分

旅游市场细分是旅游企业长期生存和发展的前提，也是决定旅游企业营销成败的关键。旅游市场营销人员可通过旅游市场细分来寻找和发现新的旅游市场机会。随着人们旅游需求越来越个性化，这就需要在旅游市场细分上做更深的研究，要善于发现新的旅游市场机会，并加以正确的评价，制定出合理、有效的旅游市场营销策略，用以指导旅游企业的细分市场，提高自身的市场竞争力。

3. 发展具有本地特色的旅游项目

旅游市场机会也存在着地区差异。因此，要充分挖掘本地的旅游资源，加大旅游开发力度，探索特色旅游项目的开发，这对发现旅游企业本地的旅游市场营销机会至关重要。

（二）选择目标旅游市场

选择目标旅游市场是旅游企业营销决策的一项重要工作。市场营销管理人员在发现了有利的旅游市场机会后，还要进行进一步的市场研究、评价以及信息收集工作，如市场调研和市场预测等，并根据自己的企业目标、资源和特长等实施旅游市场定位，最终选择一个或若干旅游市场作为旅游企业的目标旅游市场。旅游企业选择目标旅游市场可考虑以下几种策略。

1. 旅游产品专业化策略

旅游产品专业化策略是指旅游企业同时向几个目标旅游市场销售一种旅游产品（如图11-2-Ⅰ所示）。旅游企业可通过这种策略在特定的旅游产品领域树立良好的旅游企业和产品形象，还有利于实施旅游产品规模化经营，通过旅游产品的专业化生产，实现旅游企业规模经济效益。但是，随着旅游新产品的出现，会冲击旅游企业的产品销售量。

2. 旅游市场专业化策略

旅游市场专业化策略是指旅游企业为了满足某一特定旅游消费群的各种需要，只选择一个目标旅游市场来销售多种旅游产品（如图 11-2-Ⅱ所示）。这种策略能更好地满足旅游者的需求，树立旅游企业良好的市场信誉，还有利于旅游新产品的推广和销售。但是，这一特定旅游消费群的旅游需求一旦发生变化，旅游企业的市场收益会有所下降。

3. 旅游市场全面化策略

旅游市场全面化策略是指旅游企业针对不同的旅游市场设计不同的旅游产品，广泛满足广大旅游消费者的需求（如图 11-2-Ⅲ所示）。这种策略有利于扩大旅游企业的市场占有率；但由于旅游产品和营销策略的差异化，增加了旅游企业管理的难度和营销费用，一般只有实力较强大的旅游企业才采取这种策略。

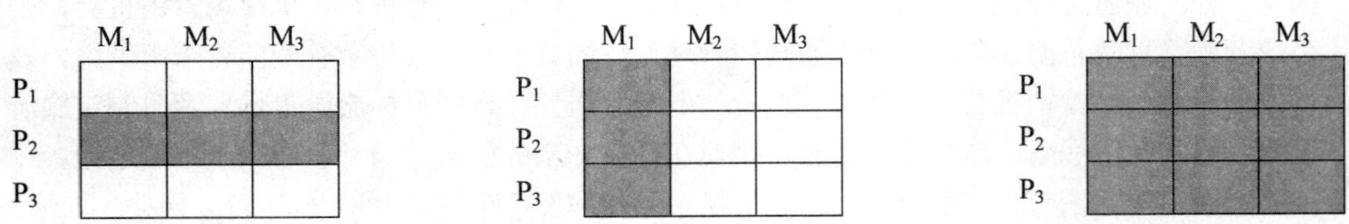

Ⅰ 产品专业化　　Ⅱ 市场专业化　　Ⅲ 市场全面化

图 11-2 目标旅游市场选择策略（P—产品，M—市场）

（三）制定旅游市场营销战略和策略

旅游市场营销战略是统领和指导旅游企业全局的方略。为了完成旅游企业的营销目标，旅游企业必须要在分析旅游市场营销环境及市场机会和确定目标旅游市场的前提下，对一定时期内的旅游企业的旅游市场营销活动进行总体的设想和规划，并制定相应的旅游市场营销策略组合。在旅游企业的营销管理过程中，制定营销战略是重中之重。为了满足目标旅游市场的需要，旅游企业要从长远的角度考虑，对自身可以控制的各种营销要素如质量、价格、广告、营销渠道等进行优化组合，重点应该考虑产品策略、价格策略、促销策略和渠道策略等。

（四）管理旅游市场营销活动

旅游市场营销管理过程的最后一个关键性步骤是管理旅游市场营销活动，即旅游市场营销计划、组织和控制。没有周密的计划，旅游企业的营销工作也就失去了方向和目标，旅游市场营销计划制定后，还要靠有效的旅游市场营销组织系统去实施、执行和控制。旅游市场营销计划、组织和控制这三个系统是相互联系又相互制约的。旅游市场营销计划是旅游市场营销组织活动的指导，旅游市场营销组织负责实施旅游市场营销计划，旅游市场营销计划的实施需要控制，保证计划得以实现。

第二节　旅游市场营销计划

旅游企业的市场营销活动能否达到预定的目标，取决于是否制定了切实可行的旅游市场营销计划，把旅游市场营销计划付诸执行，并在旅游市场营销计划的执行过程中实施有效的控制。因此，市场营销计划在旅游企业市场营销活动中具有非常重要的作用，它不仅为旅游企业的市场营销活动指明了方向，还为旅游企业营销目标的实现规定了具体的行动步骤。

一、旅游市场营销计划的概念

旅游市场营销计划是指旅游企业通过对旅游市场营销环境、旅游市场的变化、旅游市场竞争的态势以及旅游企业自身的实力和经营状况的分析，确定旅游营销目标、旅游营销战略和行动方案的过程。旅游市场营销计划针对目标旅游市场确定相应的旅游市场营销活动，能较为有效地保障旅游企业的旅游营销活动按部就班、有条不紊地开展，避免旅游企业营销活动的盲目性和混乱局面的出现。

现今的旅游市场具有高度的市场竞争性和波动性，旅游消费者受到自身因素外部环境的影响，新的旅游消费需求不断出现。旅游企业要想在这种复杂多变的旅游市场环境中得以生存和发展，就必须对旅游市场营销活动进行系统、科学的规划，制定出切实可行的旅游市场营销战略和旅游企业行动方案，在旅游市场营销计划规定的旅游市场目标范围内有针对性地开展各项工作。

二、旅游市场营销计划的内容

不同的旅游企业，所制定出的旅游市场营销计划的内容和形式也不尽相同。一般来说，旅游市场营销计划应包括八项主要内容（详见表 11-1）。

表 11–1　旅游市场营销计划的主要内容

项　目	内　容
旅游营销计划大纲	对旅游营销计划的总体概述，包括计划的制定背景、主要目标、实现途径等
旅游营销现状分析	内外部环境分析，包括旅游产品状况、销售情况、旅游市场潜力、渠道状况、竞争状况及宏观环境状况等 SWOT 分析：旅游企业内部的优势和劣势、外部的机会和威胁
机会和问题分析	包括旅游企业财务目标和市场营销目标
旅游营销目标	展示实现营销目标过程中使用的旅游营销战略
旅游营销战略	分析法：why（何因）what（何事）when（何时）where（何地）who（何人）how
旅游营销方案	（何法）
预计的损益	概述旅游营销计划预期的收入、支出和利润
执行控制	监控旅游营销计划的执行过程，并进行必要的调整

三、旅游市场营销计划的执行

旅游市场营销计划的执行一般要经过如下五个步骤：

（一）制定可行性的方案

为了较为有效地执行旅游市场营销计划，首先必须制定详细、可行的行动方案，明确旅游市场营销计划执行的时间、任务和要求，并将每一项工作落实到具体的责任部门或责任人。方案的制定要注重可操作性和时效性，以确保旅游市场营销计划的有效执行。

（二）完善旅游市场营销组织结构

旅游市场营销计划的执行是通过旅游市场营销组织来进行指导和控制的，因此，旅游市场组织的结构是旅游市场营销计划顺利实施的保证。旅游市场营销管理者应协调好旅游企业内部组织之间的关系，保证旅游市场营销组织结构与旅游企业的旅游市场战略思想和旅游市场营销计划相适应，并且与旅游企业的发展目标相一致。

（三）建立科学的决策机制

旅游市场复杂多变，正确的决策是旅游企业各项工作取得成功的重要前提。一是建立科学、合理的决策机制，在重大旅游项目的决策上，做到没有旅游市场调查研究不决策、没有民主讨论不决策；二是建立有效的决策评估机制，对重大决策事项，实施后要有相关组织人员进行决策效果的评估、评价，并公布结果或结论。

（四）建立旅游企业文化

旅游企业的文化建设并不是要抛弃旅游企业原来的基础去接受另一个旅游企业的优秀文化，而是要提炼出旅游企业的精神，并在此基础上培育属于旅游企业自身的企业文化。通过旅游企业文化的培育和建设，可以在旅游企业员工中形成共同的价值观和行为准则，每位员工都以主人翁的的姿态努力工作，从而保证了旅游市场营销计划的执行和旅游企业营销目标的实现。

（五）健全合理的激励机制

合理的激励机制能激发旅游企业员工的责任感，调动他们的工作积极性、主动性和创造性。旅游企业要建立健全激励机制，既注重物质激励，又注重精神激励。激励方式主要包括目标激励、奖惩激励、薪资激励、考核激励等。

第三节　旅游市场营销组织

旅游市场营销计划能否得以顺利实现，需要通过一定的组织机构来进行有效的执行和控制。因此，旅游市场营销活动的成功和旅游市场营销计划的实现都离不开有效的旅游市场营销组织。加强旅游市场营销组织建设，灵活机动地设置和调整旅游营销组织结构，已成为现代旅游企业在市场竞争中取胜的关键因素。

一、旅游市场营销组织的概念及任务

（一）旅游市场营销组织的概念

旅游市场营销组织是指旅游企业中负责管理和执行本旅游企业营销工作的组织机构，在

旅游企业经营管理中担负着计划、执行、控制与协调等职责，是旅游企业和旅游市场之间的桥梁。

（二）旅游市场营销组织的任务

旅游市场营销组织的根本任务是：根据旅游消费者的需求，指导和协调旅游企业的经营活动，确保旅游企业市场经营目标的顺利实现。一般说来，旅游市场营销组织的任务包括以下几个方面：

1. 制定并控制旅游市场营销计划

旅游市场营销组织的首要任务就是在认真进行旅游市场调研和旅游市场预测的基础上，编制旅游市场营销计划，包括选择目标旅游市场、制定旅游营销战略、设计旅游营销组合方案、编制旅游营销预算等，并对旅游营销过程中的各个环节以及旅游营销结果实施有效的评价和控制。

2. 加强旅游企业内部协调

旅游企业内部存在着许多职能部门，旅游市场营销组织要充分发挥其协调功能，经常性的与旅游企业的各部门进行旅游信息反馈和沟通交流，及时将旅游消费者反映的意见和建议反馈给相关部门，以便尽快采取纠正措施；还要经常就有可能影响营旅游市场营销效率的有关问题进行有效的沟通和协商，以便适时调整和完善旅游营销计划，促使旅游营销效率的最大化。

3. 承担旅游企业的外联工作

根据旅游企业市场营销活动的特点，旅游市场营销组织还要承担大量的对外交流与联系任务，如参加国内外旅游交易会、参加旅游企业业务洽谈会、开展针对旅游中间商的推销性外联工作、定期访问旅游企业合作伙伴、开展旅游广告和旅游公关等旅游促销活动等。

二、旅游市场营销组织的演变过程

随着旅游企业市场营销体制和旅游企业经营思想的不断改进，旅游市场营销组织结构也日趋完善，从一个单纯的旅游销售部门发展成为了一个复杂的职能群体。具体来说，旅游市场营销组织的演变经过了以下四个阶段。

（一）单纯的旅游销售部门

早期的旅游企业的经营管理指导思想是以生产为导向，因为当时的旅游产品较少，旅游企业要集中力量进行生产，因此，旅游企业的目标、规划、旅游产品价格等主要由旅游企业的生产部门和财务部门确定，而旅游销售部门对旅游产品的种类、旅游产品价格和数量等几乎没有任何发言权，只是单纯地将旅游企业生产出来的旅游产品推销出去。甚至有的旅游企业中，销售部门只是从属于旅游企业某一个部门下的一个职能小组，没有独立的地位。如图 11-3 所示。

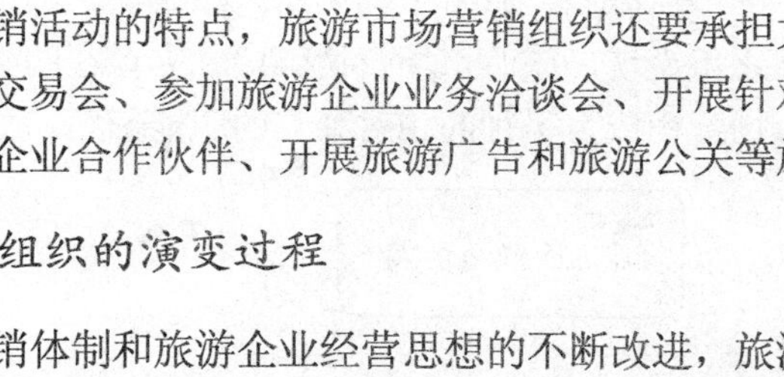

图 11–3 单纯的旅游销售部门

（二）兼有附属职能的旅游销售部门

随着旅游市场的不断发展，旅游产品的供给越来越丰富。旅游市场竞争压力的加剧，迫使旅游企业不得不更新旅游营销观念，旅游企业的经营观念由生产导向逐步转变为推销导向。旅游企业的销售部门不仅要千方百计地推销旅游产品，还需要经常性地进行旅游市场调研、旅游广告宣传以及其他旅游促销活动，由于这些营销职能的增加，旅游企业销售负责人一方面负责管理旅游推销员，一方面要针对新的旅游营销职能增设专门的附属机构进行旅游广告宣传、旅游市场调研等的管理。如图 11-4 所示。

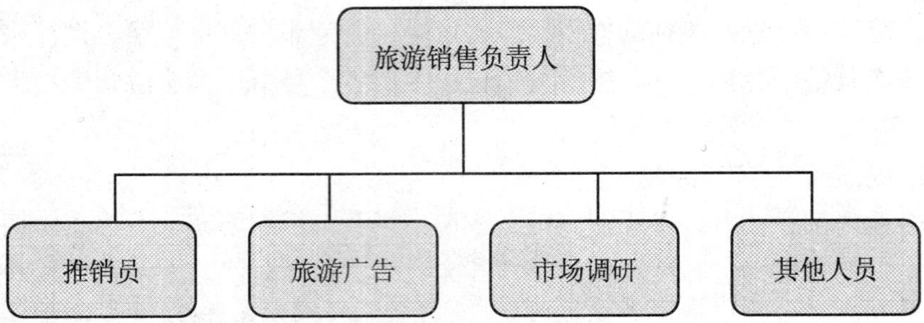

图 11-4　兼有附属职能的旅游销售部门

（三）独立的旅游市场营销部门

随着旅游市场竞争的日益激烈，旅游市场调研、旅游新产品开发、旅游广告促销等旅游市场营销职能的重要性逐步显现，旅游市场营销部门独立存在的必要性也日益凸显，最终使旅游企业销售和旅游市场营销成为平行的相对独立的职能部门，如图 11-5 所示。

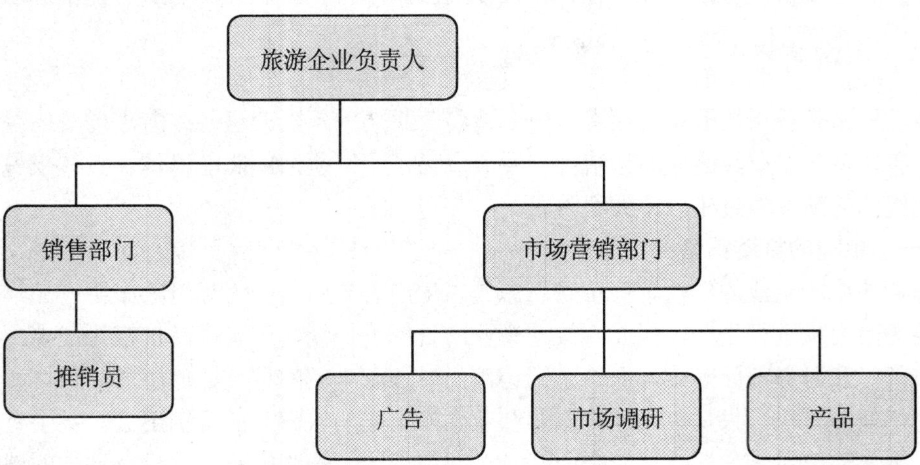

图 11-5　独立的旅游市场营销部门

（四）现代旅游市场营销部门

随着旅游市场营销实践的不断深入，旅游企业的销售部门和旅游市场营销部门平行存在的组织结构在旅游企业实际工作中的分歧和矛盾逐渐突出，旅游销售部门侧重于追求眼前的销售量和短期利润；而旅游市场营销部门多着眼于旅游企业的长期目标，侧重于制定适当的旅游市场营销计划和营销战略与策略，以满足旅游市场的长期需求。因此，旅游市场营销观念的进一步发展促使旅游企业销售和旅游市场营销两个部门合二为一，由旅游市场营销部门全面负责，最终形成了现代市场营销部门。如图 11-6 所示。

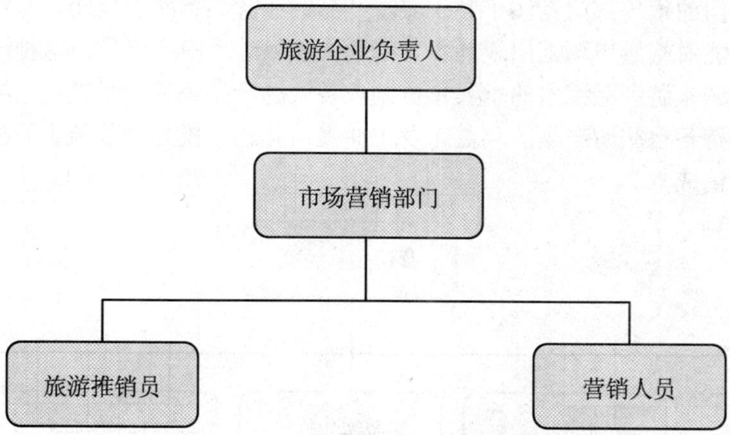

图 11-6　现代市场营销部门

三、旅游市场营销组织的类型

现代旅游市场营销组织形式多种多样，较为常见的旅游市场营销组织有职能型、旅游产品型、旅游市场型、地区型等。

（一）职能型组织

职能型组织是旅游市场营销组织结构最常见的一种，它是根据旅游营销调研、旅游广告、旅游产品销售等不同的旅游市场营销职能来设置旅游企业的旅游市场营销组织机构。一般来说，旅游企业设立一名旅游市场营销副总经理管理营销事务，并有若干名营销经理各执行某一项营销职能，他们都对营销副总经理负责，如图 11-7 所示。职能型旅游市场营销组织分工比较明确，结构也很简单，便于管理，有利于旅游管理者指挥和控制旅游市场营销活动，一般适合于旅游产品种类不多、规模不大的旅游企业采用。然而，随着旅游产品种类的增多和旅游企业规模的扩大，这种组织结构的管理效率将受到影响，各平行职能部门都强调自己的重要性，容易发生利益冲突，不利于旅游企业内部的协调。

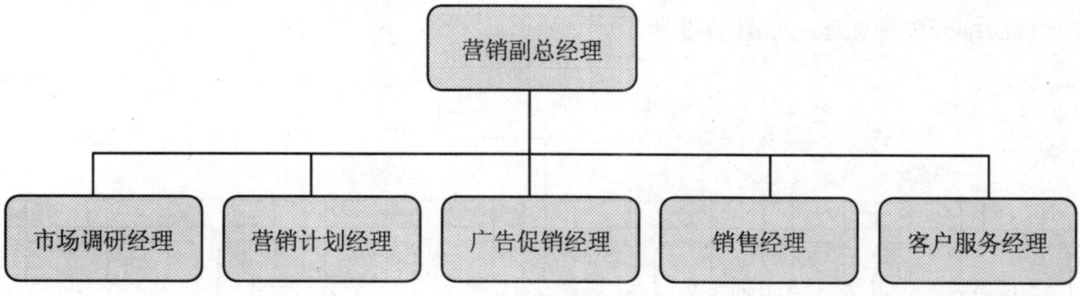

图 11-7　职能型旅游市场营销组织

（二）旅游产品型组织

旅游产品型组织是指根据旅游产品或品牌的类别来设置旅游企业的旅游市场营销组织机构。如果一个旅游企业生产多品种或多品牌的旅游产品，并且各种旅游产品之间的差别很大，比较适合组建旅游产品型组织机构。即由旅游产品销售经理领导若干个旅游产品大类经理，

旅游产品大类经理，再设立一定数量的具体旅游产品经理，如图 11-8 所示。旅游产品型营销组织机构有专门的销售部门专注于某一旅游产品的经营，有助于全面、有针对性地促进旅游产品的销售，能对旅游市场上出现的各种问题快速做出反应。但是，这种旅游市场营销组织形式过多地强调旅游产品销售的个人负责制，各旅游产品经理相互独立，缺乏整体旅游企业观念，常为保持各自旅游产品的利益而发生冲突，并且，权力分散和职能机构的重叠会增加旅游企业的营销成本。

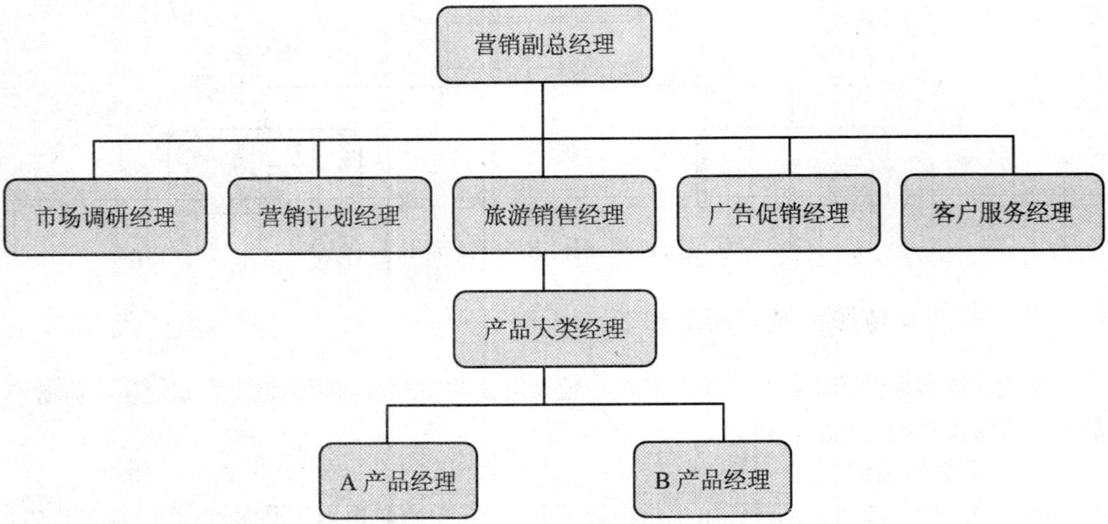

图 11-8 旅游产品型营销组织

（三）旅游市场型组织

旅游企业拥有单一的旅游产品大类，面对不同偏好的旅游消费者群体，以及使用不同的旅游营销渠道时，适合建立旅游市场型组织。旅游市场型营销组织更能体现“以旅游消费者为中心”的经营理念，旅游企业可围绕旅游消费者的不同需求，开展相应的旅游市场营销活动，有利于提高旅游市场占有率，但这种旅游市场营销组织存在权责不清和多头领导的矛盾。该类型的组织是按照旅游消费者的购买习惯细分旅游市场，由一名旅游企业销售经理管理若干个旅游细分市场经理，如图 11-9 所示。

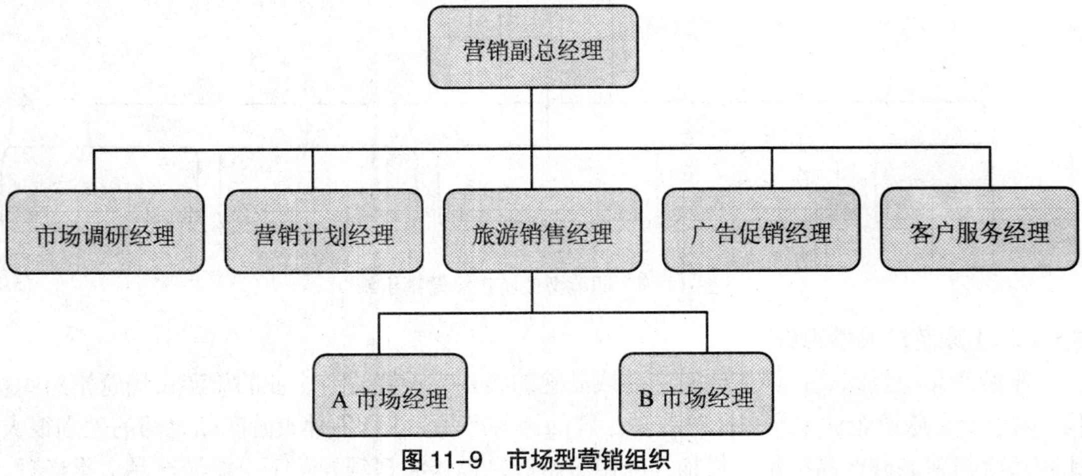

图 11-9 市场型营销组织

（四）地区型旅游市场营销组织

地区型组织是指旅游企业根据地理区域来安排旅游企业营销组织。如果一个旅游企业的旅游市场营销活动地理区域较广，较适宜建立地区型旅游市场营销组织。这种旅游市场营销组织一般先确定管理幅度的大小，再从较大区域到较小地区依次设置全国销售经理、区域销售经理、地区销售经理、地方销售经理和销售代表，形成一个严密的旅游销售网络，如图 11-10 所示。地区型旅游市场营销组织中的各区域销售经理一般都比较了解本地的旅游营销环境，便于有针对性地开展旅游营销活动，扩大旅游产品销售，但管理跨度太大，高层管理人员的控制难度加大，旅游营销费用也比较高。为了使旅游市场营销活动更为有效，地区型旅游市场营销组织通常都是与其他类型的旅游市场营销组织结合使用。

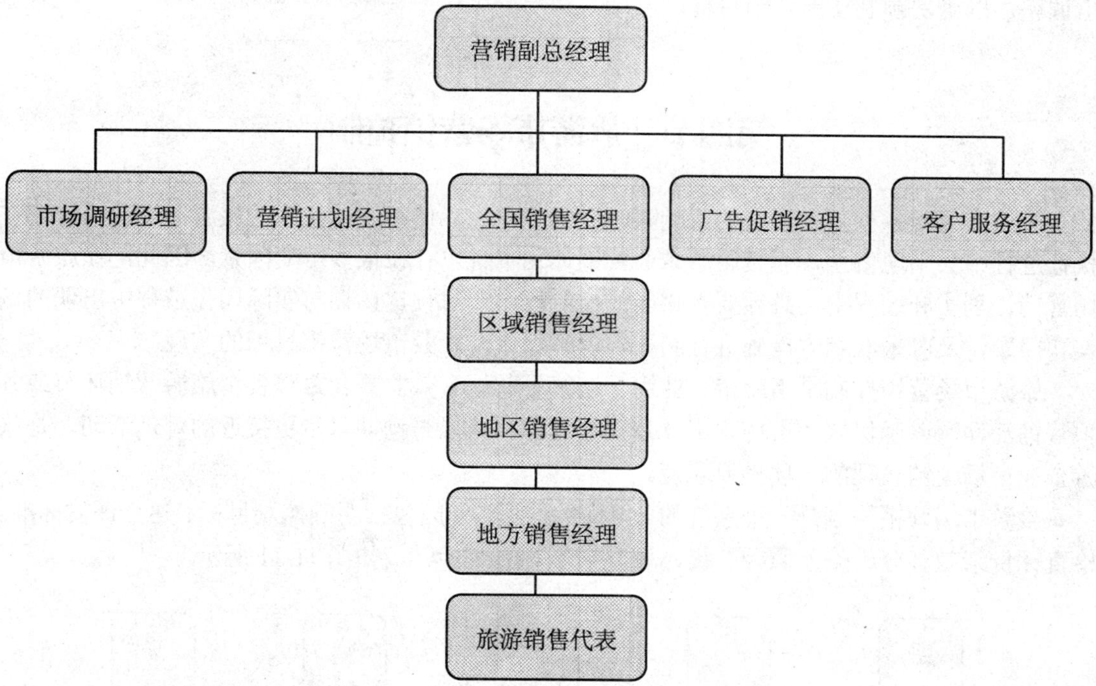

图 11-10　地区型营销组织

四、影响旅游市场营销组织设置的因素

由于不同的旅游企业提供不同的旅游产品或服务，并且旅游企业规模、旅游市场营销战略、旅游市场定位等存在较大的差异，旅游企业营销组织的设置当然也不尽相同。具体来说，影响旅游市场营销组织设置的因素主要有三个。

（一）旅游企业的规模

一般情况下，旅游企业的规模越大，旅游营销的任务就越繁杂，涉及的企业职能部门就越多，管理层次和幅度也相应越大，旅游市场营销组织的形式也就越复杂。反之，旅游市场营销组织设置就相对简单。

（二）旅游市场状况

目标旅游市场的数量，直接影响旅游企业市场营销组织的规模跨度，目标市场数量越多，旅游市场营销组织机构的设置就越复杂。相反，目标市场数量越少，旅游市场营销组织机构的设置就越简单。

（三）旅游产品的特点

如果旅游企业销售的旅游产品种类丰富，且各类旅游产品之间的关联度不高，那旅游企业应考虑设置旅游产品大类经理和具体产品经理。如果旅游企业经营的旅游产品类型单一，那只需要针对该产品的购买群体设置相应的营销组织机构，其营销组织相对简单。但不论是经营多样化旅游产品还是单一旅游产品，旅游企业都要根据产品购买群体的特点来确定旅游营销组织机构的设置。

总而言之，旅游企业在设置旅游市场营销组织时，必须立足本企业的实际情况，结合目标旅游市场状况和旅游产品的特点而定，并要随着旅游企业的发展和外部环境的变化不断做出调整，以确保顺利实现营销目标。

第四节 旅游市场营销控制

旅游市场受各种复杂因素的影响随时会发生变化，使得旅游企业的旅游市场营销计划在执行过程中会出现偏差，而且旅游企业营销计划本身也存在很多可变因素。因此，在旅游市场营销计划实施过程中，必须要有相应的控制程序，对预定计划与实际操作过程中出现的偏差和问题，及时采取有效措施进行纠正，以确保旅游企业市场营销目标的实现。

旅游市场营销控制是指旅游企业用于连续不断地有效监督和跟踪各个旅游营销环节或各项营销活动，以确保旅游市场营销计划执行过程和结果与预期目标更接近的管理活动，是旅游企业市场营销管理的一项重要职能。

旅游市场营销控制是一个系统的、严谨的过程，一般包括明确控制目标、建立评估标准、检查评价绩效、分析偏差原因、提出调整措施等五个步骤，如图 11-11 所示。

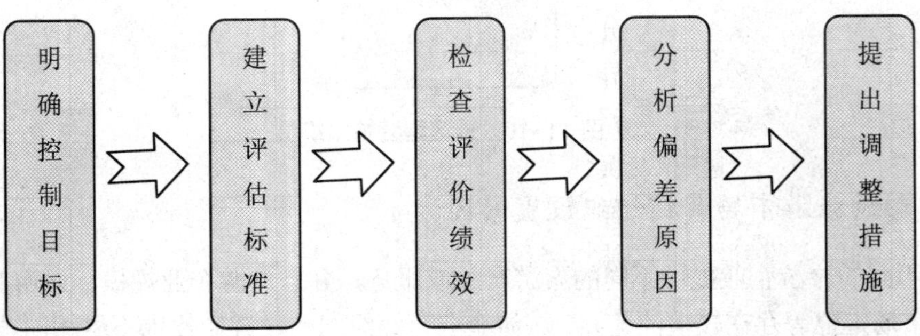

图 11–11 旅游市场营销控制过程

一般来说，旅游市场营销控制主要有年度计划控制、赢利能力控制、旅游营销效率控制、旅游营销战略控制等四种类型。如表 11-2 所示。

表 11-2　旅游市场营销控制的主要类型

控制类型	主要负责人	控制目的	控制方法
年度计划控制	中、高层旅游管理者	检查预定计划目标是否实现	销售分析、市场占有率分析、营销费用与销售额的比率分析、财务分析、顾客满意度追踪
赢利能力控制	旅游营销审计人员	审计企业盈利与亏损	测定不同产品、销售区域、顾客群体和营销渠道等的赢利能力
旅游营销效率控制	职能旅游管理者 旅游营销审计人员	监督旅游企业各项营销活动的进度和效果	销售人员效率控制、广告效率控制、促销效率控制
旅游营销战略控制	高层旅游管理者 旅游营销审计人员	检查企业是否最大限度地利用了营销机会	旅游营销效益评价、旅游营销审计

一、年度计划控制

年度计划控制，是指旅游企业在本年度内采取相应的控制手段，检查预定计划与实际操作过程中是否存在偏差，必要时采取调整和修正措施，以确保旅游市场营销计划的完成。其目的是督促和保障旅游企业年度旅游营销计划规定的销售额、利润及其他指标的实现。

年度计划控制一般包括旅游销售分析、旅游市场占有率分析、旅游营销费用与销售额的比率分析、财务分析、顾客满意度追踪五项内容。

（一）旅游销售分析

旅游销售分析主要是通过旅游企业计划销售目标与实际销售额之间的对比，分析销售额的完成情况。可通过比较分析销售额计划完成的百分比，检查年度计划的完成程度。一般有销售差异分析和分类销售分析。销售差异分析是在假定价格不变的情况下，由于销售量的变化对销售额变化的影响程度。分类销售分析即分别从旅游产品、目标旅游市场、旅游客源类型及其他方面分析产生销售差异的原因。

（二）旅游市场占有率分析

旅游企业仅仅进行销售情况分析是不够的，这并不能表明旅游企业相对于竞争者的绩效情况。有的旅游企业虽然销售额比过去有所上升，但旅游市场份额却下降了。因此，旅游营销管理者还要进行旅游企业的旅游市场占有率分析。旅游市场占有率是反映旅游企业市场地位和竞争能力的一项重要指标。

根据旅游企业选择的旅游市场范围不同，旅游市场占有率可分为绝对旅游市场占有率和相对旅游市场占有率。

1. 绝对旅游市场占有率

绝对旅游市场占有率是指旅游企业销售额占全旅游行业总销售额的百分比。它反映了旅游企业在整个旅游行业中的旅游市场地位。其计算公式为：

$$\text{绝对市场占有率}=\frac{\text{本企业某产品销售额}}{\text{行业同类产品销售总额}}\times 100\%$$

2. 相对旅游市场占有率

相对旅游市场占有率是指旅游企业销售额占旅游市场主导者销售额的百分比。它反映了旅游企业与旅游市场主导者的实力对比关系。若相对旅游市场占有率大于 1，表示本旅游企业即为本旅游行业的领先者；等于 1，表明本旅游企业与旅游行业最大竞争对手实力相当；小于 1，则说明本旅游企业与旅游行业的领先地位还有一定的差距。其计算公式为：

$$相对市场占有率=\frac{本企业销售额}{行业内最大企业的销售额}\times 100\%$$

（三）旅游营销费用与旅游销售额的比率分析

对旅游市场营销费用占旅游销售额的比率进行分析，能表明旅游企业营销费用支出的合理性，防止旅游企业为完成其旅游销售额指标而支付过多的旅游营销费用。显然，在旅游销售额一定的情况下，旅游营销费用越低，旅游企业的经济效益就越高。

（四）旅游企业财务分析

旅游市场营销管理者通过分析旅游企业一年来在市场营销方面的各种财务指标，如旅游销售利润率、资本金利润率等，来了解旅游企业的财务状况，以及利用财务分析来判别影响旅游企业净资产收益率的各种因素。

（五）旅游消费者满意度追踪

上述年度计划控制的内容大多是以旅游企业财务分析和数量分析为特征的定量分析。而旅游消费者的满意度跟踪是一项定性分析，即调查了解旅游消费者对旅游企业和旅游产品的态度。如果发现旅游消费者对本旅游企业和产品的态度发生了变化，旅游营销管理者就应较早地采取措施有效应对。可通过建立投诉建议系统、定期访问旅游消费者、随机发放意见调查表等途径，及时追踪旅游消费者的满意度。

二、旅游营销战略控制

旅游营销战略控制是指旅游市场营销管理者通过采取一系列的行动，不断地对旅游企业的旅游营销环境、旅游营销组织、旅游营销目标、旅游营销战略、旅游营销方法和程序等方面进行系统的、全面的评价和修正，从而为改进和完善其旅游营销活动提供决策依据。旅游营销战略控制主要涉及旅游企业的长远发展方向和目标，力求使旅游企业资源与变化的环境，尤其是与旅游市场和旅游消费者相匹配，以实现旅游企业的长期战略目标。旅游营销战略控制主要包括四方面的内容。

（一）旅游营销环境控制

旅游营销环境控制是对旅游消费者、旅游竞争者、旅游营销渠道以及其他影响旅游企业营销活动的因素进行检查，同时对政治、经济、文化和自然等宏观间接影响因素进行分析和评价。

（二）旅游营销组织控制

旅游营销组织控制是对营销组织在预期环境中实施营销战略的能力进行检查和分析。包括旅游营销组织机构的设置是否科学、各部门之间的协调配合是否默契、内部沟通渠道是否通畅等。

（三）旅游营销系统控制

旅游营销系统控制主要是对旅游企业的旅游市场营销信息系统、计划系统、控制系统以及新产品开发系统等进行检查和分析。包括旅游企业是否有足够的有关旅游市场发展变化的旅游信息来源，是否有通畅的旅游信息渠道，是否制定了周密的旅游营销计划，旅游营销计划的可行性如何，是否对年度计划目标、赢利能力和营销效率等进行有效的控制，新产品开发系统是否健全等。

（四）旅游营销效率控制

旅游营销效率控制是对旅游企业的不同旅游产品、不同旅游市场、不同旅游地区、不同旅游营销渠道的赢利能力以及各项旅游营销活动的成本收益进行检查和评价。

三、赢利能力控制

旅游企业的市场营销工作归根结底是围绕旅游企业经济效益展开的。因此，旅游企业在实行年度计划控制以外，还需要进行旅游企业赢利能力控制，即衡量和测定不同的旅游产品、不同销售区域、不同旅游顾客群体和不同旅游营销渠道等的赢利能力，并在综合分析各因素的赢利能力发展趋势的基础上，决定对旅游产品的增减、目标旅游市场的开拓或放弃、旅游营销渠道的扩张或缩减等，及时调整有关旅游市场营销策略。

四、旅游营销效率控制

旅游营销效率控制主要是对旅游销售队伍、旅游促销等的效率进行评价和控制，其目的在于监督旅游企业各项营销活动的进度和效果，及时发现问题，并加以改进。

（一）旅游销售人员效率控制

旅游销售人员是旅游营销活动的直接执行者，他们的工作效率直接影响到旅游企业营销效果。旅游企业对其销售人员进行效率控制可参考下列指标：

1. 每个旅游销售人员每天平均的销售访问次数；
2. 每次旅游销售访问平均所需时间；
3. 每次旅游销售访问的平均收益；
4. 每次旅游销售访问的平均成本；
5. 每百次旅游销售访问的成功率；
6. 每个访问周期内增加或减少的旅游顾客量；
7. 旅游销售成本对总销售额的百分比。

旅游企业可以通过对以上指标的分析，发现一些有待改进的问题，如旅游销售人员每天访问的次数太少、每次访问所花的时间太长、是否增加了足够的新顾客并且保留住原有的顾客等等，然后进行有针对性的改进，提高旅游销售人员的工作效率。

（二）旅游促销效率控制

为了改善旅游促销的效率，旅游企业还需进行旅游促销效率控制。旅游营销管理者应该记录每次旅游促销的费用与效果，注意搜集和分析以下资料：

1. 优惠旅游销售占总销售量的百分比；
2. 旅游促销优惠券（或赠券）的回收率；
3. 旅游促销现场的顾客咨询次数；
4. 旅游促销期内单位营业额的营销促进费用。

旅游企业可通过对以上资料的统计和分析，选取最有效果的旅游促销手段。

本章小结

1. 旅游市场营销管理的本质是旅游需求管理。它强调的是旅游企业的经营活动与旅游市场环境之间的动态适应性，亦即旅游企业市场营销策略与旅游市场营销环境之间的动态适应性，其目标是通过其旅游产品或服务去满足旅游消费者的需求，以谋求自己的利润目标。

2. 旅游市场营销计划在旅游营销活动中具有举足轻重的作用。旅游营销计划的执行要经过制定可行性方案、完善营销组织结构、建立科学的决策机制、培育旅游企业文化、健全合理的激励机制等五个步骤。

3. 旅游市场营销组织在旅游企业经营管理中担负着计划、执行、控制与协调等职责，是旅游企业和旅游市场之间的桥梁，也是旅游企业的重要的参谋。经历了单纯的旅游销售部门、兼有附属职能的旅游销售部门、独立的旅游市场营销部门、现代旅游市场营销部门等四个阶段。常见的旅游营销组织类型有职能型、旅游产品型、旅游市场型、地区型等四种。

4. 旅游市场营销控制是旅游企业市场营销管理的一项重要职能，是旅游企业用于连续不断地有效监督和跟踪各个旅游营销环节或各项营销活动，以确保旅游营销计划执行过程和结果与预期目标更接近的管理活动。主要有年度计划控制、赢利能力控制、旅游营销效率控制、营销战略控制等四种类型。

复习思考题

一、名词解释

旅游市场营销管理　旅游市场营销计划　旅游市场营销组织　旅游市场营销控制

二、思考题

1. 简述旅游市场营销的管理过程。
2. 执行旅游市场营销计划要经过哪几个步骤？
3. 简述旅游市场营销组织结构的演变过程。
4. 常见的旅游企业市场营销组织形式有哪些？其优缺点如何？
5. 影响旅游市场营销组织设置的因素有哪些？
6. 旅游市场营销控制有哪些类型？

参考文献

1. 于成国. 旅游市场营销[M]. 北京：中国科学技术出版社，2009
2. 林绍贵. 旅游市场营销实务[M]. 西安：西北工业大学出版社，2010
3. 魏敏. 旅游市场营销[M]. 长沙：中南大学出版社，2005
4. 赵西萍. 旅游市场营销学[M]. 北京：高等教育出版社，2005
5. 吴金林. 旅游市场营销[M]. 北京：高等教育出版社，2007
6. 刘葆. 旅游市场营销学[M]. 合肥：安徽大学出版社，2009
7. 舒晶. 旅游市场营销[M]. 上海：上海交通大学出版社，2007
8. 袁平. 旅游市场营销[M]. 郑州：郑州大学出版社，2006
9. 吉登星. 旅游市场营销与对策[M]. 南昌：江西高校出版社，2008
10. 胡自华. 旅游市场营销[M]. 武汉：武汉大学出版社，2009
11. 郭英之. 旅游市场营销[M]. 大连：东北财经大学出版社，2006
12. 韩勇，丛庆. 旅游市场营销学[M]. 北京：北京大学出版社，2006
13. 马勇，刘名俭. 旅游市场营销管理[M]. 大连：东北财经大学出版社，2008
14. 赵毅，叶红. 新编旅游市场营销学[M]. 北京：清华大学出版社，2006
15. 孙喜林. 旅游心理学[M]. 大连：东北财经大学出版社，2004
16. 卢泰宏. 消费者行为学[M]. 北京：高等教育出版社，2005
17. 韩杰. 旅游地理学[M]. 大连：东北财经大学出版社，2002
18. 刘纯. 旅游心理学[M]. 天津：南开大学出版社，2000
19. 谷慧敏. 旅游市场营销[M]. 北京:旅游教育出版社，2002
20. 李天元. 旅游市场营销实论[M]. 天津：南开大学出版社，2007
21. 罗明义. 旅游经济学[M]. 北京：高等教育出版社，1998
22. 苟自钧. 旅游市场营销学[M]. 郑州：郑州大学出版社，2006
23. 梁昭. 旅游市场营销[M]. 北京：中国人民大学出版社，2006
24. 林南枝，李天元. 旅游市场学[M]. 天津：南开大学出版社，2004
25. 郑聪建. 市场调查与预测[M]. 大连：东北财经出版社，2001
26. 卜妙金. 分销渠道管理[M]. 北京：高等教育出版社，2007
27. 郭国庆. 市场营销学通论[M]. 北京：中国人民大学出版社，2007
28. 阿拉斯塔·莫里森. 旅游服务营销[M]. 朱虹等译. 北京：电子工业出版社，2004
29. 菲利普·科特勒等. 营销管理[M]. 卢泰宏等译. 北京：中国人民大学出版社，2001
30. 菲利普·科特勒，约翰·T. 保文，詹姆斯·C. 麦肯斯. 旅游市场营销[M]. 谢彦君主译. 大连：东北财经大学出版社，2006
31. Swarbrook，Jand Horner S. 旅游消费者行为学[M]. 俞慧君等译. 北京：电子工业出版社，2004

32. Cooper C.，Fletcher J.，Gilbert D. 旅游学理论与实践[M]．张俐俐，蔡利平主译. 北京：高等教育出版社，2004

33. 阿拉斯塔·莫里森. 旅游服务营销[M]. 朱虹，党宁，吴冬青译. 北京：电子工业出版社，2004

34. 戴昀弟等. 旅游产品营销渠道的冲突与解决方法[J]. 商场现代化，2007（5）

35. 张卫红. 旅游动机定量分析及对策研究[J]. 山西财经大学学报，1999

36. 陈德科. 消费者对旅游产品的信息搜寻行为研究[J]. 社会科学家，2005（5）

37. 朱国兴，卢剑鸿. 刍论不完全信息条件下旅游消费行为[J]. 亚太经济，2002 （1）

38. 王汝津，吴刚. 什么是战略[J]. 生产力研究，2005（11）

39. 韩国旅游发展局. 开心胜地，好客邻邦[J]. 旅行者，2005（10）

40. 沈仲亮. 给城市穿上浪漫的“爱情嫁衣”[N]. 中国旅游报，2009

41. 杨玲莹. 瑞航恢复上海至苏黎世航班[N]. 中国旅游报，2008

42. 芬兰国家旅游局. 伊瓦洛：心灵栖息之地[J]. 旅行者，2005

43. 路六居，潭萍. 景区祭起文明“一刀”[N]．大河报，2006

44. 赵垒. 网上预订打响“服务之战”[N]. 中国旅游报，2007

45. 巫宁. 数字旅游与移动科技[N]. 中国旅游报，2007